"十三五"职业教育国家规划教材

物 业 管 理

教育部中等职业教育专业技能课立项教材

物业环境管理

U0853156

HUANJING GUANLI

主 编/张天琪

副主编/郭 冰 周道姗 李昌茂

中国人民大学出版社

·北京·

前言

Preface

《物业环境管理》于2018年出版，本次根据《国家职业教育改革实施方案》《职业教育提质培优行动计划（2020—2023年）》《"十四五"职业教育规划教材建设实施方案》《中华人民共和国职业教育法》等文件进行修改。教材完整、准确、全面地贯彻落实党的二十大精神，坚定不移地运用习近平新时代中国特色社会主义思想铸魂育人，并践行全国职业教育大会和首届全国教材工作会议的会议精神。本次修改体现了三个特色。

第一，推进习近平新时代中国特色社会主义思想进教材进课堂进头脑，发挥思政课铸魂育人主渠道作用，全面落实课程思政要求，挖掘课程所蕴含的"思政"元素和资源，将其融入知识传授与技能培养中，培养学生的社会主义核心价值观，发挥课程的价值引领作用。因此，本次修改增加了"拓展园地"内容，如"小习惯、大贡献"培养环保意识，"中国古代雨水再利用"等案例，引导学生坚定道路自信、理论自信、制度自信、文化自信，弘扬社会主义核心价值观，成为担当中华民族复兴大任的时代新人。

第二，贯彻全国职业教育大会和首届全国教材工作会议的会议精神，将物业行业新政策、新标准、新技术、新工艺、新规范、典型生产案例及时纳入教材，形成二维码，丰富课程资源，拓宽视野。比如增加《中华人民共和国民法典》《物业管理条例》《城市市容市貌干净整洁有序安全标准》《保洁员职业技能标准》《生活垃圾分类标志》《城市绿化条例》等新内容，且内容可定时更新，充分反映了物业的发展趋势和市场需求，体现了教材与物业行业的无缝对接。

第三，本教材结构对接国际先进职业教育理念，适应人才培养模式创新和优化课程体系的需要，内容结构安排符合中职学生成长规律和认知特点。教材结构新增思维导图形式的任务导读和学习目标，从而包括问题引入、任务导读、学习目标、任务单元（案例导入、知识探究、资料链接等）、项目小结、拓展园地、实训练习等栏目，体现了工作过程行动导向的教学理念，强调实践性。通过学习，学生能够参与物业卫生管理、物业接管验收管理、物业档案管理等工作，为个人职业发展和成为物业及社区基层管理人员储备知识和技能。

党的二十大报告提出，“健全共建共治共享的社会治理制度，提升社会治理效能”。物业环境管理是社区服务的重要内容之一，涉及面广，专业性强，涉及环保、绿化等多个学科，做好物业环境管理、提升物业服务质量是物业管理从业者面临的重要理论和实践课题。本教材从物业环境卫生管理、物业垃圾与防疫管理、物业环境绿化管理、物业环境绿化设计与养护、物业水质管理、物业水景管理、物业安全管理等方面全面介绍物业环境管理，并且根据实际教材和专业教程设置情况，删减了环境管理应包括的设备设施和房屋等管理内容，避免同“物业设备管理”和“物业房屋管理”教程的重复。本教材定位于物业管理和房地产管理专业，具有针对性强、实操性强、理论性适中、覆盖面广、形式多样等优点，适合中等职业技术院校物业管理专业的学生以及物业管理爱好者使用。

本教材的编写人员为来自高校的专业教师和来自企业的一线管理人员，理论和实践经验丰富。编写分工为：张天琪编写项目一、项目二、项目三和项目六，周道姗编写项目四和项目五，郭冰编写项目七，谭利芬编写项目八。本教材由张天琪担任主编，郭冰、周道姗担任副主编，张天琪对全稿进行了组编和修改。

本教材在编写过程中，参考了已出版的有关教材以及相关专家、学者的论著，吸取了已有的重要研究成果和材料，得到了物业管理企业相关人员的支持和帮助。在这里，向他们表示衷心的感谢！由于编者水平有限，书中不足之处在所难免，欢迎读者和同仁不吝赐教。

编者

2022 年 11 月

目 录

Contents

项目一 物业环境管理概述

任务一 物业环境管理的相关概念 …… 2

任务二 物业环境管理的相关内容 …… 10

任务三 物业环境管理机构设置 …… 18

项目二 物业环境卫生管理

任务一 物业环境卫生管理概述 …… 26

任务二 物业环境卫生保洁用品及应急管理 …… 37

任务三 物业日常保洁操作 …… 48

项目三 物业垃圾与防疫管理

任务一 物业垃圾概述 …… 70

任务二 物业垃圾的防治与处置 …… 75

任务三 公共场所卫生防疫管理 …… 85

项目四 物业绿化管理

任务一 物业绿化管理概述 …… 98

任务二 物业绿化接管验收 …… 110

任务三 物业绿化档案 …… 117

项目五 物业环境绿化设计与养护

任务一 物业环境绿化设计 …… 125

任务二　物业绿化树木栽植 …… 138
任务三　物业绿化植物养护管理 …… 141

项目六　物业水质管理

任务一　物业水污染 …… 153
任务二　水质检测 …… 159
任务三　物业二次供水 …… 168

项目七　物业水景管理

任务一　水景概述 …… 182
任务二　水景水源、水质 …… 185
任务三　水景养护与管理 …… 191

项目八　物业安全管理

任务一　物业安全管理概述 …… 205
任务二　物业消防与治安管理 …… 211
任务三　物业车辆与公共设施安全管理 …… 219
任务四　物业突发事件应急管理 …… 226

参考文献 …… 233

项目一 物业环境管理概述

问题引入

小区内失窃，摄像头却全坏了，物业要担责吗？

近日，杏坛家园小区市民陈先生家中失窃，两万多元现金被盗。事情发生后，陈先生报了警，经多方核实，民警判断为入室盗窃。因为家门口安装有摄像头，陈先生找到小区物业公司，想查看一下公共视频，希望找到一些线索，可物业公司工作人员告诉他，小区摄像头全坏了。另外，陈先生了解到，和他一样被盗的还有邻居丁女士。两人认为，摄像头损坏无法收集证据，物业应该承担部分责任。物业公司经理告诉记者，因线路老化，自2019年起，小区内视频设备陆续出现黑屏情况，无法正常使用。物业公司多次向上级管理部门报修，但一直没有被审批。该物业公司于2017年正式接管杏坛家园小区，小区内的视频设备不是物业公司安装的，平时维护也不属于物业负责。据物业公司介绍，小区失窃案发生后他们也采取了一系列措施，但管理起来仍比较困难。那么，小区住户家中被盗，物业公司是否要承担责任？

资料来源：佚名．小区内失窃，摄像头却坏了，物业要担责吗？．广州市物业管理行业协会，2022-01-05.

任务导读

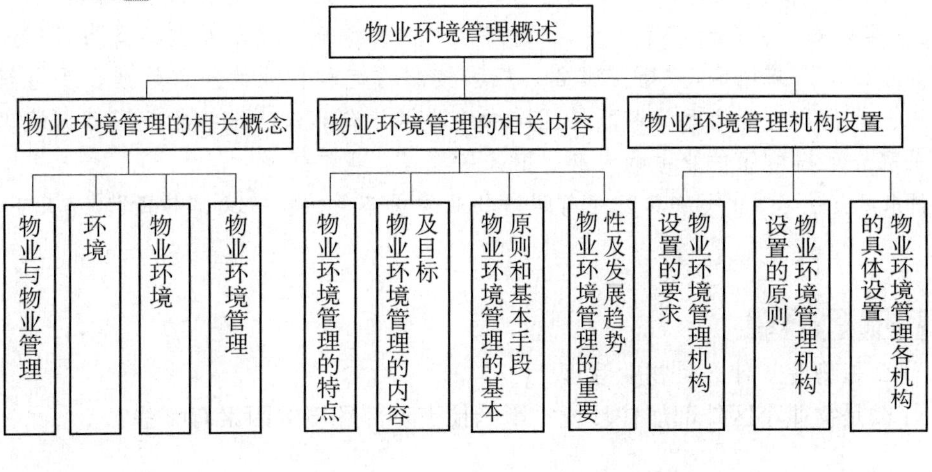

学习目标

- 学习目标
  - 知识目标
    - 掌握物业环境管理的基本概念、内容和目标。
    - 熟悉物业环境管理的基本原则及手段。
    - 了解物业环境管理的特点、重要性及发展趋势。
  - 能力目标
    - 设计一例物业公司的环境管理机构。
  - 素质目标
    - 阅读《勠力同心、共克时艰——致敬最美物业人》，了解物业管理行业的劳动者在疫情期间是如何奋战一线，互助互爱，共同为打赢这场“战役”而努力的。通过学习，我们要更加坚定理想信念，坚持社会主义道路，弘扬社会主义核心价值观。

任务一　物业环境管理的相关概念

案例导入

《民法典》视角解读物业管啥不管啥

在日常生活中，家里灯泡坏了，找物业；停水停电了，找物业；房屋出现质量问题，还找物业……在一些居民眼中，只要是出现问题就要求物业来解决，物业就是“万能”的。物业公司究竟是做什么的？物业的管理权限有哪些？出现一些问题时业主究竟该找哪些部门？绿地被侵占物业该不该管？有业主问：“我们小区才交房没几年，就已经出现个别业主毁坏公共绿地的现象，物业也是不管不问。物业到底有没有管理义务？”

《民法典》第二百七十四条规定，“建筑区划内的绿地，属于业主共有”；同时，《民法典》第九百四十二条规定，“物业服务人应当按照约定和物业的使用性质，妥善维修、养护、清洁、绿化和经营管理物业服务区域内的业主共有部分，维护物业服务区域内的基本秩序，采取合理措施保护业主的人身、财产安全。”

资料来源：佚名．《民法典》视角解读物业管啥不管啥？一文“秒懂”！房天下，2020-09-24.

？问题与思考

1. 什么是物业？什么是物业管理？
2. 什么是物业小区外部居住环境？影响住宅外部环境的因素有哪些？

知识探究

物业管理与环境密不可分，物业环境管理是维护现代居住小区的生态环境乃至城市生态环境，促进城市可持续发展的基础。物业环境是城市环境的一部分，是城市范围内某辖区的小环境。物业环境时刻影响着人类的居住、工作、教育、卫生、娱乐、经济、贸易、生产等活动，是人类生存和发展的基本环境。如果物业环境得不到保护，则很容易成为污染源，如此将会直接威胁城市整体环境，甚至影响人类的身体健康和生活质量。

一、物业与物业管理

（一）物业

1. 概念

所谓物业，是指已建成并具有使用功能和经济效用的各类居住和非居住的房屋及与之配套的设备、市政公用设施、房屋所在的土地、附属的场地和庭院等。

其中，房屋是指地上的建筑物和地下的构筑物，主要分为两类：一是住宅房屋，如居民楼、公寓、别墅等，是供人们遮风避雨、居住、工作、储藏物品和进行其他活动的空间场所；二是非住宅房屋，如工业厂房、仓库、商店、饭店、宾馆、教学楼、医院、体育馆、办公楼等。各类房屋可以是一个建筑群，如住宅小区、工业区等；也可以是单元建筑，如一幢高层或者多层住宅楼、停车场等。

2. 内涵

从物业的内涵来看，其一般由以下四部分组成：

（1）供居住和非居住的建筑物本体，即房屋。包括建筑物自用部分和共用部分。

（2）配套附属设备。包括自用设备和共用设备。自用设备是指由建筑物内部业主和非业主使用人自用的门窗、卫生洁具及通向总管道的供水、排水、燃气管道，以及电线等设备；共用设备指建筑物内部全体业主和非业主使用人共同使用的供水、排水、落水管道，以及照明灯具、垃圾通道、电视天线、水箱、水泵、电梯、邮政信箱、避雷装置、消防器具等设备。

（3）配套公共设施。指物业区域内全体业主和非业主使用人共有共用的设施，如道路、绿地、停车场（库）、照明管线、排水管道等设施。

（4）相关场地。指物业所占用的场地。

资料链接

“物业”一词的来源

“物业”一词来自香港方言。它源自 Real Property 或 Real Estate，表示房地产或不动产。在中国港澳地区及东南亚一些国家，物业一词往往作为房地产或不动产的别称或同义词。在《香港房地产法》中，李宗锋先生称“物业”是单元性的房地产。物业既可以是单元性的地产，也可以是单元性的房产；既可以是一套住宅，也可以是一栋楼宇或房屋，故物业所涉及的范围非常广泛。应注意的是，尽管物业一词常常作为房地产的同义词，但是物业的概念与房地产的概念在很多方面却存在着差别。一般来说，房地产一词涉及宏观领域，泛指一个产业；而物业则是一个微观概念，它一般是指一个单项的房地财产或一项具体的实物资产。

3. 特征

物业与其他事物一样，也有自己独特的性质。从它的自然属性看，物业具有以下特征：

（1）固定性。表现于土地、建筑物的不可移动性或位置的确定性。

（2）耐久性。表现于建筑物长久的使用期。

（3）多样性。表现于建筑物构造、外观、功能等的多样性。

《物业管理条例》

（二）物业管理

国务院颁布的《物业管理条例》明确指出：物业管理是指业主通过选聘物业服务企业，由业主和物业服务企业按照物业服务合同约定，对房屋及配套的设施设备和相关场地进行维修、养护、管理，维护物业管理区域内的卫生环境和相关秩序的活动。物业管理有广义和狭义之分。

1. 广义的物业管理

广义的物业管理是指在物业的寿命周期内，为发挥物业的经济价值和使用价值，管理者采取科学的方法与管理手段对各类物业实施全过程的管理，并为物业所有者和使用者提供有效周到的服务。广义物业管理的范畴相当大，它涉及物业全部寿命周期内的多种管理与服务活动。如物业的开发建设管理、租售管理、装修管理、修缮管理，以及为物业使用者的经营、生产、居住提供的多种形式的服务。

2. 狭义的物业管理

狭义的物业管理是指专业组织或机构，受业主委托，按合同或契约，运用现代经营手段和修缮技术对已建物业进行管理，为业主和用户服务。狭义的物业管理，一般包括对房屋建筑及附属配套设备、设施、场地以经营的方式进行管理，对房屋周围的环境、清洁卫生、安全保卫、公共绿化、公用设施、道路统一实施专业化维修、管护，维持物业使用功能，向业主和使用人提供多方面服务。

由此可见，广义的物业管理与狭义的物业管理的区别在于其管理范围的大小不同。广义的物业管理涵盖范畴较宽，包括了从物业的产生到寿命终止的全部过程，即建设策划、经营管理、投资增值和报废的善后处理等。在大多数的企事业组织或机构内，其内部物业的管理均体现出这种广义性的特征。而狭义的物业管理则多体现在物业建成并投入市场后，专业的物业管理服务企业接受业主和使用人的委托，而进行的物业使用期的管理与服务，表现为物业运行管理。我国的物业管理行业起步较晚，物业管理的市场体系正在建立中，目前开展的物业管理多属于狭义的物业管理。随着我国物业管理业的进一步发展，广义范畴的物业管理将会成为一种发展趋势。

二、环境

《中华人民共和国环境保护法》规定：环境是指影响人类生存和发展的各种天然的和经过人工改造的自然因素的总体，包括大气、水、海洋、土地、矿藏、森林、草原、湿地、野生生物、自然遗迹、人文遗迹、自然保护区、风景名胜区、城市和乡村等。环境是人类进行生产和生活活动的场所，是人类生存和发展的物质基础。从另一角度来说，就是作用于“人类”这一主体的所有外界事物与力量的总和，即与“人”有关的周围地方和“人”所处的情况和条件。环境有自然环境和社会环境之分。

《中华人民共和国环境保护法》

（一）自然环境

自然环境是指环绕在人们周围的各种自然因素的总和，如大气、水、植物、动物、土壤、矿物、太阳辐射等。自然环境是人类赖以生存的物质基础。通常把这些因素划分为大气圈、水圈、生物圈、土壤圈、岩石圈五个自然圈。

（二）社会环境

社会环境是指人类通过长期有意识的社会劳动，在自然环境的基础上，加工和改造的自然物质、创造的物质生产体系、积累的物质文化等所形成的环境体系，是与自然环境相对的概念。社会环境一方面是人类精神文明和物质文明发展的标志，另一方面又随着人类文明的演进而不断地丰富和发展，所以也把社会环境称为文化-社会环境。

社会环境按所包含要素的性质可划分为：（1）物理社会环境，包括建筑物、道路、工厂等；（2）生物社会环境，包括驯化、驯养的动物和人工种植的植物；（3）心理社会环境，包括人的行为、风俗习惯、法律和语言；（4）其他社会环境等。

从环境功能出发则可把社会环境划分为：（1）聚落环境，包括院落环境、村落环境和城市环境；（2）工业环境；（3）农业环境；（4）文化环境；（5）医疗休养环境；（6）其他社会环境等。

以上关于社会环境的分类如图1-1所示。

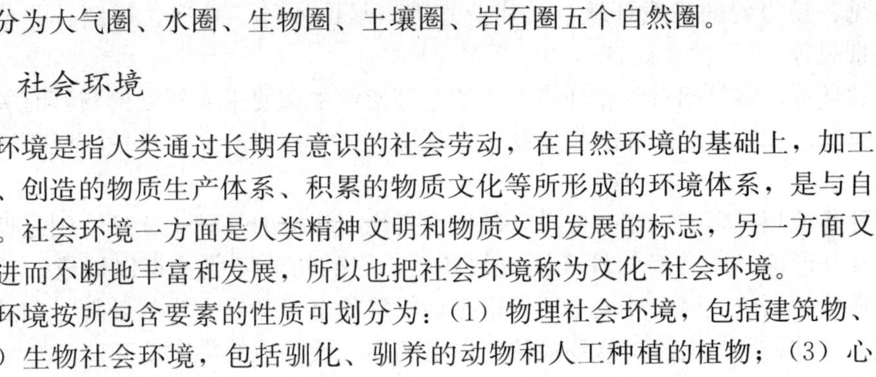

图1-1　社会环境的分类

三、物业环境

（一）概念

物业环境是城市环境的一部分，主要是指城市中某个物业管理区域内的环境，它是与业主和使用人的生活及工作密切相关的各种必需条件和外部变量因素的总和。

（二）分类

1. 按区域分

通常分为物业内环境和物业外环境，一般来讲，楼宇内的环境称为物业内环境，楼宇外的环境称为物业外环境。

2. 按自然条件和社会环境分

（1）硬环境。是指业主和使用人所处的与其有关的外部物质要素的总和，也就是那些可以看得见、摸得着的物质环境，如物业管理区域的水体、楼房、道路、花草树木、雕塑、人造景观等。

（2）软环境。多是相对于硬环境而言的，是指业主和使用人所处的与其有关的外部精神要素的总和，如邻里之间和睦相处的人文环境、行为良好的文明环境、夜不闭户的安全环境等。

这两种环境相互影响、相互促进，硬环境是物业环境的基础，软环境则是保持良好硬环境的指标与形象。没有好的硬环境或软环境，好的物业环境就难以形成。若硬环境虽好，但软环境不到位，则硬环境也不能很好地保持甚至会受到人为的破坏。因此，硬环境的建设离不开软环境的支持，软环境的建设也离不开硬环境的物质基础。

3. 按用途分

（1）生活居住环境。生活居住环境是指提供给人们居住的物业环境，包括内部居住环境和外部居住环境两个方面。

1）内部居住环境。内部居住环境是指住宅（以家庭为居住单位的建筑）的内部环境。影响住宅内部环境的因素见表 1－1。

表 1－1　影响住宅内部环境的因素

影响因素	说　明
住宅标准	住宅标准主要包括面积标准和质量标准。面积标准一般是指平均每套或每户建筑面积和平均每人居住面积的大小；而质量标准是指设施设备的完善程度，如卫生、供水、供电、供气、供热等的设施的完善程度
住宅类型	住宅类型涉及住宅的高度和层高。住宅有低层、多层和高层之分。一般来说，低层和多层住宅居住的方便性比较突出；而高层住宅因室内容量大、室外视觉效果好，居住的舒适性较为突出
隔声	住宅建筑的居室上下、前后和左右要有良好的隔声效果，对电梯、楼梯、管道及外部噪声要有良好的防护效果
隔热与保温	住宅建筑在夏天具有良好的隔热效果；在冬天具有良好的保温功能。这是改善居住环境的重要条件
光照	住宅建筑室内必须具有适宜的光照时间和光照强度，包括自然采光和人工照明两种形式
通风	通风一般是指自然通风。居室应具有良好的通风条件，特别是在炎热地区又没有空调的情况下，居室更应具有良好的通风条件。另外，风向与风力也是影响居室环境的重要因素

续前表

影响因素	说　明
室内小气候	住宅建筑室内要具有适宜的气温、湿度和空气对流速度，确保室内居住环境空气清新，温度、湿度适宜，不损害人身健康，保持居室内环境的舒适性
室内空气量和二氧化碳含量	住宅建筑室内要保持足够的新鲜空气量，尽量降低对人身心健康有害的气体含量，使人们居住在一个安全、舒适的室内环境之中
其他	如电器噪声等

2）外部居住环境。外部居住环境是指在居住物业所在区域内，与居民生活居住密切相关的各类公共建筑、公共设施、绿化、院落和室外场地等设施与设备的情况和条件。外部居住环境与内部居住环境的有机组合，构成了居住物业的生活居住环境。影响住宅外部环境的因素见表1-2。

表1-2　影响住宅外部环境的因素

影响因素	说　明
居住密度	居住密度是指单位用地面积上居民和建筑的密集程度，通常用单位用地面积所容纳的居民人数和建造的住宅建筑面积两个指标来衡量。从居住的舒适性角度考虑，居住密度以低为优
公共建筑	居住物业的公共建筑是指为居民生活服务的各类公共建筑，包括中小学、幼儿园、托儿所、医院、电影院、商店、邮局、银行等文教、卫生、商业服务、公安、行政管理等方面的公共建筑。居住物业公共建筑配套的完善程度，是能否保证居住物业具有良好外部环境的物质基础
市政公共设施	市政公共设施是指居住物业的居民生活服务设施，如道路、各种工程管线、公共交通等。一般来说，完善、便利的市政公共设施能够给居住物业的居民提供一个良好的外部居住环境
绿化	绿化是指居住物业的室外公共绿化面积和绿化种植。绿化不仅有利于调节小气候，而且还能美化居住环境，有利于人们的身心健康
室外庭院和活动场所	室外庭院主要是指住户独用的室外庭院和公用的生活用地；活动场所主要包括儿童游乐和成年人、老年人休息活动的场所。这些都是居民生活居住场所不可缺少的组成部分
室外环境小品	室外环境小品主要包括建筑小品、装饰型公共标志、公共小设施、公共游憩小设施以及地面铺砌等
大气环境	居住物业区域内，空气中有害气体和有害物质的浓度与气味，直接影响着居民的身心健康。因此，要保持良好的室外大气环境，应消除空气中的有害、有毒气体与物质，或者最大限度地降低其浓度，确保居民人身安全和身心健康
声环境和视环境	为了确保一个良好的居住环境，应尽可能降低噪声强度和住户相互间视线的干扰程度
小气候环境	应做好居住区内的气温、日照、防晒、通风、防风等的维护工作，确保居住区内温馨、舒适的小气候环境
邻里和社会环境	居住区内的社会风尚、治安状况、邻里关系、居民的文化水平和艺术修养等，都会直接影响居住环境
环境卫生状况	应确保居住区内的卫生状况良好，为居民提供一个清洁宜人的生活环境

（2）生产环境。生产环境是指提供给企业及其工人从事产品生产的相关设施与条件，

其主要影响因素见表 1－3。

表 1－3　　影响生产环境的因素

影响因素	说　明
用途及类型	物业用途及类型是否与使用该物业生产相关产品的要求相一致，是影响生产环境的首要因素。例如，将一个层高较低的生产用房用于生产一种需要较高层高的厂房才能正常生产的产品，其生产环境一定比较差
隔声	要求生产用房之间、生产用房与外界之间不造成噪声污染，确保生产者在进行生产工作时不受噪声干扰，同时保证不影响外界人们的活动
隔热和保温	要求生产用房在夏天能防止室内温度急剧上升，在冬天能防止室内温度急剧下降。确保生产者在一个适宜的温差环境中从事生产活动
光照与通风	要求生产者在具有足够的自然采光或人工照明和通风条件良好的生产用房内从事生产活动
绿化	生产区域内若有足够的绿地面积和绿化种植，不仅有利于厂区小气候的调节，而且能够美化厂区环境，有利于生产者的身心健康，对树立企业形象也有一定帮助
环境卫生状况	良好的环境卫生能够确保生产者在一个清洁、卫生的环境中从事生产，是高效率生产高质量产品的重要条件
交通条件	生产型企业通常需要运进大量原材料及燃料并运出产品，因此必须要有便捷的交通条件
基础设施	企业生产对基础设施的依赖性较强，如生产用房的电力供应情况、生产用水是否能够满足需要、排污及污染治理的可能性、通信条件等都是影响生产环境的因素
行政服务条件	为生产型企业服务的公安、银行、工商、税务、环卫等机构的设置，对于确保企业拥有良好的生产环境起着十分重要的作用

（3）商业环境。商业环境是指用于商业经营的物业，包括商店（商场、购物中心、商铺、市场等）、旅馆（宾馆、酒店、招待所、旅店等）、餐馆（饭店、酒楼、酒家、茶楼等）、游艺场馆（娱乐城等）和商务写字楼等，其主要影响因素见表 1－4。

表 1－4　　影响商业环境的因素

影响因素	说　明
类型与档次	商业物业有低层、高层之分，同时其物业档次也不同。一般来说，档次越高，相关的商业环境越好，客户对商业环境的要求也相对要高一些
隔声	商业物业应有较好的隔声效果，以免影响他人或外界，造成噪声污染
光照与通风	商业物业在使用中，其室内应有足够的自然采光和人工照明，同时应具有较好的通风效果
室内小气候	要求室内具有适宜的气温、湿度和空气流动速度
室内空气含氧量	室内空气要具有足够的含氧量，最大限度地降低有毒、有害、有异味的气体和物质的气味与浓度，确保室内人的人身安全和身心健康
绿化	商业物业要有足够的绿化面积、绿化种植、盆花种类
环境卫生状况	良好的环境卫生有利于商业活动的开展和吸引顾客
环境小品	美观、合适的环境小品，能给商业活动的开展营造一个良好的氛围
商业设施	完善、配套和便捷的商业设施是商业活动开展的基础

续前表

影响因素	说　明
交通条件	对于商业物业来说，应考虑两个方面的交通条件：一是顾客方面，主要是公共交通的通达度（附近公交线路的条数、公交车辆时间的间隔以及公交线路联结的居民区人数；距飞机场、火车站、码头等的远近）和自行车、摩托车和汽车的停车场地问题。二是经营方面，要考虑进货和卸货的交通便利程度
服务态度和服务质量	商业物业的服务态度越好、服务质量越高，其商业服务环境就越佳，相应的商业效益就越好

(4) 办公环境。办公环境是指以办公为目的的各种物业环境，主要包括商务写字楼、宾馆及其他类型的办公楼等。办公环境包括办公室内环境和办公室外环境。

1) 办公室内环境。影响因素主要包括办公室结构、隔声效果、隔热与保温、光照和日照、室内空气、室内景观布置、办公人员的基本素质等。

2) 办公室外环境。影响因素主要包括室外绿化、环境小品、大气环境、声环境、视环境、环境卫生状况、治安状况等。

四、物业环境管理

（一）物业环境管理的含义

物业环境管理是物业管理公司按照物业服务合同的约定，对所管辖区域的物业环境进行维修、养护的活动。物业环境管理是物业管理的专项内容，也是物业管理系统中十分重要的一个环节，同时也是一种市场行为和有偿活动。物业环境管理的主体一般是具有企业性质的物业服务公司，还包括一些物业服务公司聘用的专业清洁公司或保安公司等。

（二）物业环境管理的任务

物业环境管理的任务主要是保护和维持物业管理区域内的面貌，防止人为破坏和自然损坏，并维护物业管理区域内正常的公共秩序，为区域内的居住人群提供良好的生活、办公和生产环境。

案例评析

所谓物业，是指已建成并具有使用功能和经济效用的各类居住和非居住的房屋及与之配套的设备、市政公用设施、房屋所在的土地、附属的场地和庭院等。国务院颁布的《物业管理条例》明确指出：物业管理是指业主通过选聘物业服务企业，由业主和物业服务企业按照物业服务合同约定，对房屋及配套的设施设备和相关场地进行维修、养护、管理，维护物业管理区域内的卫生环境和相关秩序的活动。

物业小区外部居住环境是指在居住物业所在区域内，与居民生活居住密切相关的各类公共建筑、公共设施、绿化、院落和室外场地等设施与设备的情况和条件。影响因素主要包括居住密度、公共建筑、市政公共设施、绿化、室外庭院和活动场所、室外环境小品、大气环境、声环境和视环境、小气候环境、邻里和社会环境、环境卫生状况等。

任务二 物业环境管理的相关内容

案例导入

"从天而降"的垃圾

某小区的林女士反映，一年来经常有人从楼上往下扔垃圾，她家窗下几天就积了厚厚一层垃圾。不仅扔垃圾的声响吓得她胆战心惊，而且垃圾散发的臭味、滋生的蚊蝇更是影响了她家的生活。对于楼里住户从楼上往下扔垃圾，物业卫生管理工作人员说，他们曾张贴通知不让往下扔东西，但根本没什么效果。

?问题与思考

1. 对于此事件，物业公司能对业主实施罚款吗?
2. 如果物业公司对业主实施罚款，会违背物业环境管理的什么原则?

知识探究

一、物业环境管理的特点

(一) 管理范围的局限性

无论是住宅小区还是办公楼，物业环境管理都只是在城市区域中的某一个地段、地点上实施管理，其环境管理是对一种聚落空间的特定环境进行管理。各地段、地点的自然环境和人文环境往往差别较大，所面临的环境问题也不完全一样。

(二) 管理对象的特定性

物业环境管理一方面是对物业所有人和使用人的环境行为进行管理，另一方面是对所管辖区内的不动产的环境质量进行管理。这两方面的管理都是与特定地方的特定人、特定物相结合的。

(三) 管理任务的服务性

物业管理企业的环境管理任务主要由物业管理委托合同加以规定，规定企业必须按照物业服务合同为业主和使用人提供服务。

(四) 管理内容的有限性

狭义的物业环境管理主要涉及房屋维修管理、设备设施管理、辖区安全管理、绿化管理、环境卫生管理等与人们的健康安全和环境质量相关的内容。广义的物业环境管理除包括上述内容外还包括对辖区内的业主和使用人进行可持续发展观、科学生态环境观的宣传教育，发动群众参与所在城市和社区可持续生产和消费活动等环境文化建设事项，这种宏观意义上的环境管理内容，在现代城市管理中是不可缺少的。

（五）管理工作的配合性

物业环境管理的中心任务是维护和提高辖区的整体环境质量。为此，物业管理企业一方面要自主开展有益于辖区自然环境质量保持和改善的事业；另一方面要积极配合国家，特别是地方政府做好关于城市环境和社会环境建设的落实工作。另外，关于环境违法行为的查处权由有关行政主管部门掌握，物业管理企业一般只有监督权而无处罚权，所以对辖区内发生的环境违法行为，要配合有关行政主管部门做好查处事宜。

二、物业环境管理的内容及目标

（一）物业环境管理的内容

1. 物业环境保护管理

物业环境保护管理是指物业管理企业执行国家有关环境保护的法律、法规，采取各种可行、有效的措施，防治物业管理区域内的大气污染、水体污染、固体废弃物污染、噪声污染等。

2. 物业环境绿化管理

扩大绿化面积及花草树木的种植种类，不仅可以净化空气，调节物业区域小气候，保持水土，而且还可以消声防噪，达到净化、美化环境的目的。具体而言，物业环境绿化管理包括绿化和美化两部分内容。

（1）环境绿化主要是在物业管理的公共场所种植和养护花草树木，在楼宇公共场地布置和维护绿化景观。

（2）环境美化主要是增设人文景观，建设各种环境小品。环境小品具有美化环境、提供生活便利等功能，就其性质来说，可以分为功能性（如电话亭、标示牌、儿童游乐设施、休息厅廊等）、装饰性（如花架、花坛、水池、人工喷泉、假山等）和分隔空间（如围墙、栏杆、台阶）三类环境小品。

3. 物业环境卫生管理

物业环境卫生管理是物业管理中的一项常规性管理服务工作，其目的是净化环境，给物业业主和使用人提供一个清洁宜人的工作和生活环境。良好的环境卫生不仅可以保持物业区域外观的整洁，而且对于减少疾病、促进身心健康也十分有益，同时，对社会精神文明建设也具有重要作用。其管理主要包括以下两方面内容：

（1）对管理区域的卫生情况进行保洁管理，包括清除公共设施和楼宇的污渍、收集和清运生活垃圾、维护和保养卫生设施等。

（2）对公共场所设施进行消毒管理，如灭杀公共场所的害虫等。

4. 物业区域内的违章搭建管理

违章搭建是对整个物业区域和谐环境的破坏。它既有碍观瞻，又影响人们的日常工作和生活，还可能带来交通、消防等方面的问题。因此，物业管理公司一定要协助有关部门，认真做好清除和防止物业区域内违章搭建的管理工作。

资料链接

违章建筑

违章建筑是指在城市规划区内，未取得建设工程规划许可证或违反建筑工程规划许可证规定的建筑物，或者是采取欺骗手段骗取批准而占地新建、扩建或改建的建筑物。

违章建筑主要包括：(1) 未申请或申请未获得批准，未取得建设用地规划许可证和建设工程规划许可证而建成的建筑；(2) 擅自改变建设工程规划许可证的规定而建成的建筑；(3) 擅自改变使用性质建成的建筑；(4) 擅自将临时性建筑改建为永久性建筑。

通常表现为擅自搭建的棚房、摊位、简易楼宇等。违章建筑最主要的特征就是不具有合法性，即违章建筑是不受法律保护的。由于其违反了法律规定，所以不赋予当事人所有权，不能依法进行产权登记。

5. 市政公用设施管理

为物业业主、使用人和受益人生产、生活、办公等服务的市政公共设施是该物业区域的一个重要组成部分，它一旦遭到破坏或损坏，便会影响人们正常的生产、生活和工作。因此，加强市政公用设施的管理也是物业环境管理的一项重要工作。

6. 物业环境小品管理

环境小品具有方便实用、美化环境、优化空间的功能。不同物业的环境小品布置的原则和方法也不尽相同。因此，环境小品的管理应从使用功能出发，在整体环境协调统一的要求下，与建筑群体和绿化种植保持紧密配合才能达到理想的效果。

7. 物业车辆交通安全管理

车辆是人流、物流的载体，是现代生活的重要组成部分。物业区域的交通道路是物业人流、物流流动的通道。物业车辆交通管理的目的是建立良好的交通秩序、车辆停放秩序，确保物业业主、使用人和受益人的车辆不受损坏或失窃，以创造良好的交通安全环境。

8. 物业治安安全管理

物业区域内的治安安全管理工作是指物业管理企业为防盗、防破坏、防不法侵害、防意外及突发事件而在所管物业区域内进行的一系列管理活动。治安安全管理防治的对象主要是人为造成的事故与损失。其目的是避免所管物业区域内财物受损失、人身受伤害，维护正常的工作、生活秩序。治安安全管理在整个物业管理中占有举足轻重的地位。它是物业业主、使用人和受益人正常工作、生活的基本保证，也是整个社区及社会安定的基础。同时，良好的物业治安环境能提高物业和物业管理企业的声誉。

9. 物业消防安全管理

消防管理工作在物业管理中占有头等重要的地位。为使物业业主、使用人和受益人享有一个良好的物业使用环境，物业管理公司应做好物业消防设施和器材的配置与管理、消防宣传教育等工作。预防物业火灾的发生，最大限度地减少火灾损失，为物业业主、使用人和受益人的生产和生活提供安全的环境，增强其安全感，保护其生命和财产的安全。

10. 物业人文环境管理

新型的人文环境管理应该是为了营造和睦共处、互帮互助的生活环境，互利互惠、温馨文明的商业环境，融洽和谐、轻松有序的办公环境，安全舒适、相互协作的生产环境等而实施的管理。新型的人文环境可以使人们焕发热情，提高工作效率，热爱生活，充满爱心，对社会治安状况的改善有很大的促进作用。

（二）物业环境管理的目标

党的二十大报告指出，“必须坚持在发展中保障和改善民生，鼓励共同奋斗创造美好生活，不断实现人民对美好生活的向往”。根据物业环境管理的实质，就是要遵循社会经济发展规律和自然规律，采取有效的手段来影响和限制物业业主、使用人和受益人的行为，以使其活动与环境质量达到较佳的平衡，保证物业正常良好的工作、生活秩序与创造优美舒适的工作、生活环境，实现人民对美好生活的向往，确保物业经济价值的实现，最终达到物业经济效益、社会效益和环境效益的统一。按照这个总目标，物业环境管理的具体目标，主要有以下几个方面。

1. 创造一个可持续发展的健康环境

合理开发和利用物业区域的自然资源，维护物业区域的生态平衡，防止物业区域的自然环境和社会环境受到破坏和污染，使之更好地服务于人类劳动、生活和自然界生物的生存和发展。

要达到这一目标，就必须把物业环境的管理与治理有机地结合起来，也就是合理利用资源，预防环境污染；在产生环境污染后，做好综合治理的补救性工作。这是防止环境污染和生态破坏的两个重要方面。在实际工作中，我们更应注意以防护为主，把环境管理放在首位，通过管理促进治理，为物业业主、使用人和受益人创造一个有利于生产和生活的优良环境；一个既能保证技术的合理发展，又能防止污染的健康、舒适、优美的物业环境，以达到物业经济效益、社会效益和环境效益的统一。

2. 创造一个清新、美好的绿色环境

随着人民生活水平的不断提高，基础性居住环境已远远不能满足人民群众日益增长的物质和精神文明的需求，因此，物业环境管理要加强绿化管理，以满足当今人们“择绿而居”的要求，建设美丽绿色家园。

3. 创造一个洁净、整齐的卫生环境

这个目标是物业环境管理的基本目标。物业管理区域是否干净、设施是否整洁，最能直观体现物业环境的好坏和管理水平的高低。如果物业管理区域内存在道路及绿地内杂物随处可见、楼道墙角灰尘覆盖、各种设施锈迹斑斑、各种设备破坏严重、公共网线杂乱交织、路面“疤痕”累累等现象，那么就没有达到物业环境管理的要求，必须进行必要的整改。

4. 创造一个放心、稳定的安全环境

这个目标实质上是通过对硬环境建设来实现软环境的目标。物业管理公司有责任和义务贯彻落实国家关于物业环境保护的法规、条例、政策、规划等，并制定具体的物业环境安全管理方案和措施。切实做好物业环境安全的维护和监督工作，选择能够保护和改善物业环境安全的途径，形成一个社会安定、居住安全的物业管理区域，为社会稳定和发展尽到物业管理公司的职责。

5. 创造一个和谐、舒适的人文环境

物业环境管理的提出与发展，孕育了一种新型环境文化，这种环境文化代表了人与自然关系的新价值取向，即人与自然本质上是一个整体，人与自然应当和谐相处。这种新型的环境文化标志着人类环境意识的觉醒，不断提高公众的环境意识是现代文明进步的标志。

通过提高物业管理人员的服务热情、积极开展环境保护宣传教育、引导公众参与物业环境管理等，可实现更高水平的物业环境管理，为人们创造一个正常的生活和工作秩序。

物业环境虽是一个局部区域的环境，但它直接影响着一个城市乃至整个国家的整体环境，最终涉及人们的切身利益。因此，普及环境意识，引导人们自觉遵守和维护有关保护物业环境的法律、政策，使人们关心物业环境、社会公共利益与长远利益，把物业环境管理方面的要求和标准变成人们自觉遵守的行为准则和道德规范，是实施物业环境管理的根本和基础。

资料链接

什么是绿色建筑?

绿色建筑又称生态建筑、可持续建筑，是指为人们提供健康、舒适、安全的居住、工作和活动的空间，同时在建筑全生命周期（物料生产、建筑规划、设计、施工、运营维护及拆除、回用过程）中实现高效率地利用资源（节能、节地、节水、节材）、最低限度地影响环境的建筑物。要求在建筑设计、建造及使用中充分考虑环境保护的要求，将建筑物与环保、高新技术、能源等紧密结合起来，在有效利用各种使用功能的同时，能够有益于使用者的身心健康，并构建符合环境保护要求的工作和生活空间结构。

绿色建筑的特点：(1) 绿色建筑能够使能源、资源消耗降至最低程度，想方设法使用太阳能、风能、地热、生物能等天然能源和可再生能源，利用节能技术并防止污染。绿色建筑和既有建筑相比，耗能可以降低70%～75%，最好的能够降低80%。(2) 绿色建筑具有地域性特征，强调采用当地的原材料，尊重当地的人文、自然、气候条件，在风格上完全是本土化的，所以会产生新的建筑美学和健康舒适的生活环境。(3) 绿色建筑周围有洁净的空气、水源和土壤，可使人们避免不良自然环境的危害。

我国人口众多，年建筑量世界排名第一，资源消耗总量增长迅速，而许多资源的人均占有量则在世界平均水平以下。随着我国各项资源日益紧缺，建筑物如何在满足居住需要的前提下，实现高效率地利用资源，最低限度地影响环境，逐渐成为业界共同关注的话题。因此，发展绿色建筑是一项意义重大而又十分迫切的现实任务。

三、物业环境管理的基本原则和基本手段

（一）物业环境管理的基本原则

1. 依法管理的原则

物业环境管理主要是指业主依法将物业环境管理服务通过合同形式委托给具有相关资质的物业服务企业，而物业服务企业通过业主的授权，依据物业环境管理的标准、规程、规范，对所委托的房屋及配套的设施设备和相关场地进行维修、养护、管理，保障物业管

理区域内的环境卫生和相关秩序的活动。物业管理企业依法确定，环境管理内容通过合同约定，合同必须遵守《民法典》相关规定。管理活动须依照相关规程和规范处理，物业管理中发生矛盾和纠纷也必须通过相关法律程序解决。因此，物业环境管理自始至终都是依照国家法律法规和地方的规章、规范性文件开展工作的，不论是对物业管理企业内部的管理和工作要求，还是对小区内业主的服务和规定，必须依法行事。

《中华人民共和国民法典》

2. 业主主导的原则

业主在物业环境管理中应处于主导地位，物业环境管理应以物业管理区域内的业主（或业主委员会）为核心。物业企业在接受了业主委托后，应按照业主的意志和要求，通过专业的环境管理服务人员，对物业的环境进行管理。物业管理在提供专业服务的同时，也离不开业主的参与和配合，特别是在卫生、绿化、消防、车辆等方面，业主应主动配合物业管理公司共同做好物业环境管理工作，创造一个和谐、洁净、安全的物业环境，这也有助于物业管理区域不断升值，为业主提供物业保值、升值服务。

3. 服务第一的原则

服务是物业环境管理的本质特征。现代物业环境管理要求以新的管理思想、技术手段、管理手段管好物业，为业主和使用人提供优质、高效、经济、便捷的服务。物业环境管理是直接涉及业主利益的工作，从事物业环境卫生、绿化、安全、车辆和消防等服务的工作人员必须牢固树立为业主和使用人服务的思想，增强服务意识，表现出良好的服务态度，提高服务技能，做好日常管理服务工作。

4. 权责分明的原则

物业环境管理是物业管理的一项重要内容，每天都要进行，因此必须分清权责。具体权责包括物业服务公司与物业环境管理部门的权责、内部人员管理的权责、物业服务公司和业主之间的权责等。主要通过各种规章制度来规范各种管理行为，做到物业环境管理工作依靠制度而不是依靠人来进行管理。

5. 专业高效的原则

物业管理企业对物业开展管理是市场选择的结果。物业管理行业总体上进入门槛相对较低，企业之间竞争激烈，物业管理企业必须为业主提供优质的、专业的和高效的服务，才有可能被业主认可。物业环境管理包括许多方面，但其性质和功能不完全相同，如绿化、安全和消防等，其管理人员要求必须专业化，这样才能适应物业环境管理的发展需要。只有建立专业化的物业环境管理模式，才能真正提高物业管理的实效，提高业主的满意度。

6. 统一管理的原则

物业环境管理要实行统一管理，避免各个管理环节之间的衔接出现问题，造成物业环境管理的失误。如要进行物业二次装修，则要注意环境卫生的清扫、建筑垃圾的收运、物业消防的要求等，只有统一管理起来，才能使得物业环境得到持久的保持。

（二）物业环境管理的基本手段

1. 法律手段

依法治企、依法管理是做好物业管理的基本保证。在物业环境管理中涉及许多法律问题，如环境污染方面的问题如何处理？环境安全方面的问题如何处理？这些都要以我国的法律、法规为依据，只有这样，才能有效地解决问题，从而得到法律的保护。

2. 经济手段

在物业环境管理过程中，资金充足是搞好环境管理的物质基础。通过经济手段，如采取收取物业费、物业装修保证金、车位费等措施，可保障物业小区内环境优美、整洁有序。收费应遵循合理、公开以及费用与服务水平相适应的原则。收缴的费用要让业主和使用人能够接受并感到物有所值。

3. 技术手段

物业环境管理专业性强，涉及管理、建筑工程、电气设备、排水、门禁自动化、消防设备、保洁、绿化等多个专业领域。可以通过运用先进技术和设备，提高物业环境管理的专业性、高效性。

4. 宣传教育手段

物业环境管理人员一方面要加强对物业区域内成年人的环境意识教育，另一方面要重视向物业区域内的中、小学生和学龄前儿童普及环境科学知识，使他们从小养成良好的环境意识和习惯。总之，加强公众环境意识的宣传教育工作，是保护环境、促进社会经济持续发展的重要手段。

四、物业环境管理的重要性及发展趋势

（一）物业环境管理的重要性

物业环境质量的好坏对人们的生活、物业管理区域的价值、物业管理公司的发展以及整个城市环境的改善都具有十分重要的意义。

1. 物业环境质量直接影响着人们的生活质量

在优美、安全的环境中工作、居住、生活是一种美的享受，会使人感到舒适、方便、安全、顺心，这是外界环境给人的直接感受。可以说，居住环境既是物质文明程度的体现，也是精神文明建设的标志。作为人们工作、居住和生活的场所，物业环境的好坏是人们生活质量的一个重要体现，也是关系到社会能否稳定、人们能否安居乐业的大事。

2. 物业环境质量关系到城市的可持续发展

随着国家城市化进程的加快，人们更注重人和环境的和谐发展。城市是由一个个小的单元组成的，其中物业管理区域是城市发展的重要组成部分，而物业环境管理的好坏，既关系到城市环境的好坏，也关系到城市形象的好坏，同时又关系到城市能否有序发展。因此，物业环境质量的好坏直接影响着一个城市能否持续发展。

3. 物业环境管理质量具有品牌效应

近年来，房地产市场经历了从集团购买到散户购买的转型，国内的房地产市场已经发生了根本性变化，市场需求方的成熟带动了住宅产品的逐步成熟，楼市竞争逐渐演变成差异性竞争，强调产品的个性化品质已经成为产品创新的主流，并已应用到房地产市场的营销手段中，而良好的物业管理品牌不仅具有强大的市场号召力，而且符合市场发展方向，已成为物业管理企业迈向市场并取得竞争优势的重要法宝。

4. 良好的物业环境管理可以实现经济效益

从业主角度看，物业环境管理做得好，能延长房屋的主体结构和设备设施的使用寿

命，使业主的切身利益得到保障；从开发企业角度看，物业环境管理做得好，不仅有利于房屋销售，而且有利于开发企业以较高的价格售房，从而获取更多的利润；从物业管理企业角度看，物业环境管理部门可通过提供各种有偿服务，来弥补管理经费的不足，以取得良好的经济效益；从政府角度看，如果没有小区物业管理，政府就要投入大量的人力、物力、财力用于房屋维修、环卫、治安、绿化及市政设施管理。小区由物业公司管理后，政府不仅不需要投资，而且还可以向物业管理企业征税，经济效益是很明显的。

（二）物业环境管理的发展趋势

物业管理企业应在环境科学和可持续发展思想的指导下，认清环境管理和环境质量对社会以及业主的重要意义和作用，不断创新、不断完善所承担的物业环境管理工作，使业主获得最大的价值。以下是今后物业环境管理工作的发展趋势。

1. 建立物业小区环境质量动态评价系统

借鉴环境影响评价技术，同本地环境监测部门保持环境信息交流，定期对本辖区的环境质量做一次评价，并将每次的评价指标、数据和评估结果建立相应的数据库。当然，如果科技力量强，也可以开发一套辖区可持续发展评价系统，把辖区内的环境与经济、社会的复合关系量化，以指导物业环境管理工作的有效开展。

2. 积极争取环境管理达到国际标准

环境管理体系（ISO14000 系列标准）是国际标准化组织继 ISO9000 系列标准后提出的又一套重要的系列标准，它包括环境审计、环境标志、环境行为评价、产品寿命周期等几个方面。该标准是以消费行为为根本动力的，强调持续改进，通过第三方认证的方式实施。根据实际情况，适时采用环境管理体系，对加强物业管理服务全过程的环境管理与控制，提高物业管理企业的环境管理水平和企业形象，实现环境保护和改善目标具有积极意义。

3. 采取有效行动和措施推动物业小区内可持续生产和消费

加强辖区环境文化建设，提倡和鼓励辖区内生产经营单位（含个体工商户和物业管理服务企业）和居民坚持可持续生产与消费，通过高效生产和合理使用自然资源，做到废弃物的最小化、产品和服务的最优化，对环境质量的提高做出贡献。

此外，区分辖区内各种污染源的性质和特点，采取相应对策予以控制，加强辖区防灾减灾预防和实施工作，提高环境管理科技含量，开发辖区立体园艺，努力做到在促进人与自然、人与社区和谐相处的基础上，开拓辖区居民舒适的生活空间、美好的感应空间和愉悦的精神空间。

案例评析

物业公司不能对业主实施罚款。

如果物业公司对业主实施了罚款，就违反了物业环境管理依法管理的原则。罚款是一种行政处罚行为，物业公司不是行政主体，因而没有罚款的权力。处罚权只能由行政机关、司法机关或其他具有处罚权的组织在其法定职权范围内行使。物业公司擅自处罚，没有法律依据，不具有约束力。即业主与物业公司之间没有行政管理的法律关系，而是一种平等的合同关系，物业公司不能凌驾于业主之上行使处罚权。

任务三　物业环境管理机构设置

案例导入

“小区存在的问题该怎么解决?”近日，家住滨州市和风江岸小区的业主王某向市政府投诉：小区物业管理混乱，物业机构设置不合理，出现问题找不到相应的管理人员，各部门之间职责不清，互相推诿。

问题与思考

1. 物业环境管理机构设置有哪些要求?
2. 为避免遇事推诿的现象，在进行物业环境管理机构设置时需要遵循哪些原则?

知识探究

一般而言，物业公司设立的物业环境管理部门一般包括安全保卫部、保洁管理部、绿化管理部、工程维修管理部等。对于小型物业公司而言，有些部门可以合并，以节约管理成本。

一、物业环境管理机构设置的要求

物业环境管理机构的设置应满足以下四个基本要求。

（一）具备服务性功能

物业环境管理机构是专门从事物业环境管理与服务的企业，其设置必须保证具备服务功能，并有助于实现企业的服务宗旨。

（二）充分发挥员工潜能

物业环境管理机构的管理、经营和服务活动都是依靠每一个员工来实现的。因此，管理机构的设置要求每一位职员都能人尽其才，充分发挥个人智慧。

（三）关系协调统一

物业环境管理机构是一个有机整体，是由人、财、物、技术、信息等要素和子系统组成的开放系统，这种系统能否最大限度地发挥出整体功能，有赖于系统内各要素能否协调配合。因此，物业环境管理机构的设置必须和物业公司的整体设置保持一致，以保证公司内部各种关系的相互协调。

（四）效率与效益并重

物业环境管理机构的设置要从实际出发，尽可能以适当的成本投入达到最好的工作效率、经济效益、社会效益以及环境效益。

二、物业环境管理机构设置的原则

物业环境管理机构的设置应遵循以下原则。

（一）目标原则

物业公司有自己的经营发展目标，物业环境管理机构的设置必须以公司的总体目标为依据。一般而言，其设置是实现公司总目标的一种管理手段。因目标设置机构，因机构设职设人，这是组织机构设置的目标原则。

（二）统一领导与层级管理原则

重大决策权应集中于高层领导，而日常工作的管理与经营权力则应逐级授权，实行层级化管理。统一领导是各项工作协调进行和实现总目标的决策保证；分层级管理则是充分发挥各级管理人员积极性的机制保障。如果公司的高层领导整日忙于事务性工作而很少花精力去考虑重大决策问题，则会影响各层级管理人员的积极性，还会使企业逐渐失去长远的战略目标，甚至迷失发展方向。在企业逐渐步入正轨的情况下，高层领导更应注意层级化管理问题。

（三）分工协作原则

分工协作是社会发展进步的标志，它不仅能提高劳动生产率，而且能发挥整体效益。物业环境管理机构能否最大限度地发挥整体效益，取决于公司内各机构的专业分工与相互协作。公司总的目标如能分层级落实到各个部门，使之各司其职、相互协作，目标也就不难实现了。

（四）责权对应原则

在组织机构中，一个人的责任和权力是相对应的，即一个人被委以责任的同时也必须被委以自主完成任务所必需的权力。有责无权，不仅不能调动管理人员的积极性，而且会使其责任意识淡薄，最终无法保证公司任务的完成；有权无责，则会助长官僚主义，导致权力滥用。

（五）有效管理幅度原则

在处理管理幅度与管理层级的关系时，一般情况下应尽量减少管理层级，尽可能地扩大管理幅度。否则，管理层级多了，人员和费用也会增加，从而影响公司的经营效率。但是，有效的管理力度也必须考虑到机构特性、管理内容、人员能力以及组织机构的健全程度等因素，管理力度过大同样也会影响公司的经营。

三、物业环境管理各机构的具体设置

（一）保洁机构的设置

为了搞好物业区域的环境保洁管理工作，物业管理企业应当确定物业区域的环境保洁管理模式，并在此基础上设置不同的保洁管理机构。

1. 设置方式

（1）委托式。物业管理区域的环境保洁管理工作委托给专业的保洁公司负责。采用这种模式，物业公司一般要使用招标的方式选聘专业的保洁公司。物业企业只需配备一两名管理人员，根据委托协议对保洁公司进行检查、监督、评议。

（2）自主式。物业管理区域的环境保洁管理工作完全由物业公司负责。当物业管理区域规模大、类型多、清洗高层楼宇外墙的任务比较重，需要建立一个比较完备的物业环境保洁管理机构才能完成工作任务时，可采用这种模式。

（3）结合式。物业管理区域的环境保洁管理工作一部分由自己负责，一部分由专业保洁公司负责，也就是自主与委托相结合的方式。这种模式主要用于物业区域规模小、清洗高层楼宇外墙的任务不多的情况。一般情况下，物业管理企业下设的公共区域保洁班主要负责公共区域的清扫与保洁任务，清洗高层楼宇外墙的任务则交由拥有一定设备的专业保洁公司来完成。

2. 主要职责

物业环境保洁机构主要负责完成物业管理区域各部位的清洁、防疫等工作，具体职责如下：

（1）负责制订物业环境卫生保洁服务方案。

（2）负责编制物业公司的各种保洁卫生用品和物料的使用计划。

（3）负责物业的日常清洁工作。

（4）负责物业公共区域及周边的绿化及环境布置。

（5）负责对外接洽各种保洁服务业务，做好对外提供保洁服务的创收工作。

（6）负责随时检查、保养、保洁机器设备。

（7）负责物业的除虫灭害工作。

（8）完成上级领导交办的其他任务。

（二）绿化机构的设置

1. 设置方式

物业公司的环境绿化管理模式同保洁管理模式基本相同，根据其绿化管理模式，服务机构一般采取以下三种设置方式：

（1）委托式。将物业管理区域的环境绿化管理工作委托给专业的绿化公司负责。采用这种方式时，物业管理企业一般采取承包的方式将绿化工作转包给专业的绿化公司，物业管理企业只需配备一两名管理人员，根据承包协议书对绿化公司进行检查、监督和评议。

（2）半委托式。物业管理区域的环境绿化管理工作一部分由自己负责，一部分委托给专业绿化公司负责，实行半委托方式。这种模式主要用于物业公司无专业绿化技术人员的情况。

（3）自主式。物业管理区域的环境绿化管理工作完全由物业公司负责。采用这种方式时，物业公司要建立自己的绿化管理机构，其规模大小可根据具体情况而定。如果物业区域规模较小，则绿化管理机构相对可以小一些，有一个绿化养护组就可以了；如果物业区域规模大、类型多、任务重，物业管理企业就需要建立一个比较完备的物业环境绿化管理机构。

2. 主要职责

（1）协助物业公司业务主管（或经理）管理好物业区域的绿化工作。

（2）培育各种花卉苗木，不断学习和引进新品种，以满足居住区绿化的需要。

（3）负责种花、养花，满足节假日摆花、用花的需要。

（4）负责组织绿化管理人员的岗位培训和技术培训工作。

（5）负责提供物业区域绿化设计要求和改进建议，制订花草树木的购买计划以及维护、改进物业景观的计划。

（6）负责绿地、树木、花草的保护工作，禁止人为破坏、践踏以及改变绿地用途。

（7）及时浇水、施肥，清除害虫并进行树木花草的补植、更新等。

（8）负责清除绿地的杂草、枯枝败叶，铲除乔（灌）木树坑，处理草地鼠洞，扑杀草地蚂蚁，保持园林小品、雕塑及绿地设施完好。

（9）妥善保管和使用各种工具和材料。

（10）完成上级领导交办的其他工作。

（三）安保机构的设置

物业公司的安保机构负责对物业管理区域内的人身安全、财产安全、交通安全、消防安全等进行管理，即为保证物业管理区域内的正常生活和工作秩序而进行的防盗、防破坏、防火以及防止人为破坏等事故而进行的一系列管理活动。安保机构的服务范围一般包括治安服务管理、消防管理、车辆服务管理三个方面。

1. 设置方式

在安保工作的实施中，可以与社会专业保安公司合作，也可自己组建保安部。采用何种方式应根据物业公司的运作特点和所管理区域的特点来确定。

2. 主要职责

（1）负责物业的防火、防盗、防破坏和警卫工作。

（2）配合公安、消防、司法部门做好治安防卫工作。

（3）成立义务消防队，定期举行消防演习。

（4）建立、健全、制定物业的各项安全规章制度。

（5）与业主签订《消防安全责任书》。

（6）负责物业大型活动的警卫布置。

（7）负责物业的日常巡逻工作和固定岗位的安排。

（8）负责地上、地下停车场的安全秩序管理工作。

（9）负责监控室的管理工作。

（10）负责安全管理员的管理、培训、考核工作。
（11）完成上级领导指派的其他工作。

案例评析

物业环境管理机构的设置必须为实现公司的经营目标和部门环境管理目标服务，它的设置应满足具备服务性功能、充分发挥员工潜能、关系协调统一、效率与效益并重四个基本要求。

为了发挥物业管理公司的整体功能，实现公司的总目标，根据上述四个基本要求，物业环境管理机构的设置应遵循目标原则、统一领导与层级管理原则、分工协作原则、责权对应原则及有效管理幅度原则。

项目小结

物业环境管理是物业管理公司按照物业服务合同的约定，对所管辖区域的物业环境进行维修、养护的活动，是物业管理的专项内容，也是物业管理系统中十分重要的一个环节。主要包括物业环境保护管理、物业环境绿化管理、物业环境卫生管理、物业区域内的违章搭建管理等重要内容。在物业管理过程中，物业环境管理要遵循依法管理、业主主导、服务第一、权责分明、专业高效、统一管理的原则，利用法律、经济、技术及宣传教育等手段进行管理。同时，物业环境管理机构的设置应满足具备服务性功能、充分发挥员工潜能、关系协调统一、效率与效益并重四个基本要求。总之，物业环境管理的实质就是要遵循社会经济发展规律和自然规律，采取有效的手段来影响物业业主、使用人和受益人的行为，从而保证物业正常良好的工作、生活秩序与优美舒适的工作、生活环境，确保物业经济价值的实现，最终达到物业经济效益、社会效益和环境效益的统一。

拓展园地

勠力同心、共克时艰——致敬最美物业人

“治疗一线在医院，防控一线在物业”，在这场抗击疫情的无声“战役”之中，物业人自始至终都没有缺席，他们也许只是最普通的保安、保洁、客服，您甚至认不出他的面容、叫不出他的名字，但他们坚守着物业人的职责，他们守护着千家万户的健康，他们担得起“最美”二字。在抗击疫情的关键时刻，他们坚守岗位，恒志笃行。在这场没有硝烟的“战役”中全力以赴，他们是守护在人民群众身边的物业人，风中、雪中、疫情中他们一直都在。下雪了，他们为你们除雪清障；疫情中，他们为你们消毒检测；封锁后，他们为你们配送物资。病魔虽肆虐，物业人没有专业医护知识，也没有专业装备，仅靠一只普通的口罩逆风前行，测温消杀、防疫宣传……他们用一颗颗丹心筑起抗疫的第一道防线，

将防控大网不断织密编牢！

他们没有倡议书的呐喊，有的是物业人对社会的责任与担当；他们没有医疗物资的驰援，却有着物业人勠力同心、共克时艰的信心与力量。面对这场突如其来的疫情，物业人也害怕，物业人也有家人，但是物业人不会退缩，在万家团圆时，他们坚守在岗位，勇往直前，没有退缩，一直奋战在维护安全、协助疫情防控的执勤岗位上，加班加点，用平凡的实干书写不平凡的赞歌！致敬最美、最可爱的物业人！

资料来源：兴盾物业集团．勠力同心、共克时艰——致敬最美物业人．搜狐网，2020-02-08.

思考：上述内容带给我们哪些启示？

实训练习

一、填空题

1. 自然环境包括________、________、________、________、______五个自然圈。

2. 物业环境按用途的不同，可分为________、________、商业环境和办公环境等。

3. 物业环境按区域分通常分为________和________；按自然条件和社会环境的不同可分为________和________。

4. 物业环境管理应以物业管理区域内的________为核心。

5. ________是物业环境管理的本质特征。

二、判断题

1. 物业环境管理本质上是以人为本且围绕为居住物业的业主服务而展开的。(　　)

2. 大气、水、植物、动物、土壤、矿物、太阳辐射等属于自然环境。(　　)

3. 工业环境、农业环境、文化环境、医疗休养环境等都属于社会环境。(　　)

4. 自然环境是人类精神文明和物质文明发展的标志。(　　)

5. 随着人类文明的不断演进，也有人把社会环境称为文化-社会环境。(　　)

6. 软环境是物业环境的基础和先决条件，硬环境则是保持良好硬件环境的指标与形象标准。(　　)

7. 物业环境管理作为物业管理的一部分，也是一种市场行为和有偿活动。(　　)

8. 物业环境是城市环境的一部分。(　　)

9. 委托式管理是指物业公司可以把某项管理工作全权委托给专业公司，无需配备任何人员。(　　)

三、选择题

1. 在物业环境管理中，收取装修押金属于(　　)。

A. 法律手段　　B. 经济手段　　C. 行政干预手段　　D. 宣传教育手段

2. (　　)是环境管理的主体。

A. 环境　　B. 居民　　C. 政府　　D. 物业企业

3. 下面哪些属于自然环境？(　　)

A. 村落环境 B. 植物 C. 大山 D. 农业环境
E. 狗

4. 下面哪些属于软环境？（ ）

A. 人文环境 B. 雕塑 C. 安全环境 D. 花草树木
E. 人造景观

5. （ ）是人类精神文明和物质文明发展的标志。

A. 自然环境 B. 安全环境 C. 社会环境 D. 城市环境

四、简答题

1. 什么叫物业软环境和硬环境？它们有何区别和联系？
2. 物业环境的类型主要有哪几种？
3. 影响居住环境的因素有哪些？
4. 物业环境管理的内容和目标是什么？
5. 物业环境管理应遵循哪些基本原则？

五、案例分析题

案例名称	物业环境问题引发的纠纷
工作任务	某小区的魏女士租用新建居民楼门市房从事餐饮业，在未采取有效污染防治措施、未通过环保审批手续的情况下，擅自开张营业。随着居民入住率的增加，油烟、噪声等问题引起小区业主多次向物业公司反映情况，物业公司因为利益关系一拖再拖，起初对魏女士进行宣传教育收效甚微，最后罚款 3 000 元，想以惩戒的方式引起魏女士重视。但罚款后整改效果也不明显，魏女士甚至更加理直气壮，引起的店群矛盾和纠纷日趋突出。后来，该楼住户向环保局、市场监督管理局等多家部门投诉，强烈要求整治该餐饮店的违法经营活动。接到投诉后，环保局、市场监督管理局等部门数次责令该餐饮店进行整改，并帮助解决店群纠纷，但成效不明显。此间，投诉从未中断。 最后，环保局、市场监督管理局组成综合执法组，联合签发《环境保护听证告知书》和《行政处罚决定书》，通过法院审查，责令该餐饮店停止经营。
完成时间	10 分钟
任务目标	了解物业环境管理的原则及手段
任务要求	1. 物业公司在处理环境管理纠纷过程中，主要违背了哪些原则？ 2. 在本案例中，相关机构运用了哪些管理手段？
研讨内容	
研讨成果	
讨论过程	
自我角色	
自我评价	
小组评价	
教师评价	

项目二 物业环境卫生管理

问题引入

当今社会，住小区的人越来越多，作为新兴的物业管理公司，经常会遇到因卫生服务管理不到位而引起物业纠纷的情况。那么，物业环境卫生管理的内容是什么呢？标准又是什么呢？

任务导读

- 物业环境卫生管理
  - 物业环境卫生管理概述
    - 物业环境卫生管理的相关概念
    - 物业环境卫生管理机构的设置方式和职责划分
    - 物业环境卫生管理的范围及重要性
    - 物业环境卫生管理的内容
    - 物业环境卫生保洁管理方案的编制
    - 物业环境卫生管理标准的制定
  - 物业环境卫生保洁用品及应急管理
    - 保洁工具管理
    - 保洁剂的管理
    - 保洁应急管理
  - 物业日常保洁操作
    - 建筑物地面保洁
    - 建筑物外墙保洁
    - 公共场所保洁
    - 公共设施保洁

学习目标

- 学习目标
  - 知识目标
    - 掌握物业环境卫生管理的基本概念，环境卫生管理的主要工作内容。
    - 了解环境卫生保洁管理方案编写内容及保洁用品管理工作。
  - 能力目标
    - 掌握物业区域清洁卫生的基本要求、操作方法和流程。
    - 能按卫生要求管理物业区域。
    - 会编制环境卫生保洁管理方案。
  - 素质目标
    - 学习《保洁员职业技能标准(征求意见稿)》，了解清扫保洁工、公厕保洁员、水域保洁员、高空外墙清洗员职业技能标准(职业要求、职业技能以及培训考核)的明确要求。树立正确的职业观，培养标准意识和规则意识。

任务一　物业环境卫生管理概述

案例导入

小王被派到某大厦做保洁主管，主要负责卫生质量和保洁员管理工作。对小王来讲，他既没有保洁方面的专业知识，也没有现成的管理经验，只好买来保洁方面的专业书籍，在业余时间自学保洁知识进行充电。熟悉工作情况后，主管部门经理要求小王在一周内制定好保洁管理制度。小王感觉毫无头绪，不知该怎么办。

? 问题与思考

1. 保洁管理制度的制定需要遵循哪些原则？
2. 如果你是小王，你认为制定保洁管理制度应从哪些方面入手？

知识探究

搞好物业环境卫生是保证人们健康、愉快工作和生活的必备条件，也是物业管理的重要任务。环境卫生管理是一项经常性、长期性的管理服务工作，其目的是净化环境，给业主和使用人提供一个清洁宜人的工作、生活环境。

物业环境的整洁及其所带来的舒适度，是物业区域文明的象征，更是物业管理公司服务水平的重要标志。物业环境卫生的好坏是评判一个物业管理公司管理水平高低的主要标准。

一、物业环境卫生管理的相关概念

（一）环境卫生

环境卫生通常是指与人有关的周围环境是否干净和整洁。

（二）环境卫生管理

环境卫生管理是指通过采取各种措施，来改善、消除一定区域内单位和个人在工作和生活中产生的废弃物、灰尘等对环境、个人健康等的影响，创造有利于人们身心健康的工作和生活环境。

（三）物业环境卫生管理

物业环境卫生管理是针对物业管理区域而言的，其管理的主要目的是维护和保持整个物业管理区域干净、整洁、卫生，为业主和使用人提供一个优雅、舒适的工作和生活环境。

二、物业环境卫生管理机构的设置方式和职责划分

（一）设置方式

物业环境卫生管理机构通常可采取三种模式进行设置，即“委托式”、“自主式”和“结合式”。在“自主式”模式下，物业管理公司可设立“保洁管理部”（或“环境卫生管理部”），作为卫生管理的专门机构，由分管该领域工作的物业管理公司副总经理负责。保洁管理部可根据不同物业类型、区域分布、面积大小及保洁对象灵活设置若干班组和人员。如图 2-1 所示。

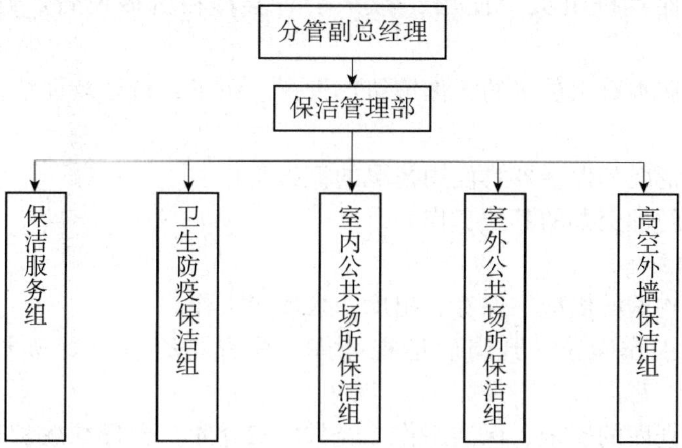

图 2-1　某公司保洁管理部的组成

（二）职责划分

物业环境卫生管理人员，一般由部门经理、技术人员、班组长、库管员和保洁员等人员组成，他们的岗位职责如下。

1. 部门经理的职责

（1）按照物业服务企业的管理方针、目标和任务，制定环境卫生保洁计划和费用预算，组织安排各项环境卫生保洁的具体工作。

（2）经常在物业区域内巡查，检查各区域保洁任务的完成情况，并根据不同情况及时做出相应的处理意见。如果发现不足之处要及时组织人员改进，如果发现卫生死角，要及时调配人员予以清除。

（3）积极对外接洽各种保洁服务业务，做好对外提供保洁服务的创收工作。

（4）物业公司定期向业主汇报有关情况，听取有关意见和建议，积极改进工作，并接受物业所在区域环境卫生行政管理部门的业务指导和监督。

（5）协助人事部门进行员工的招聘和培训工作。

（6）完成主管领导交办的其他任务。

2. 技术人员的职责

（1）配合部门经理的工作，拟订和实施物业环境卫生保洁计划方案。

（2）指导相关人员使用专用的保洁设施与机械设备。

（3）随时检查和保洁机械设备。

（4）协助检查、监督保洁项目的完成情况。

（5）完成部门经理交办的其他工作。

3. 班组长的职责

（1）按照部门经理或当日主管的指示，具体落实保洁任务的人员安排。

（2）检查本班组员工出勤情况和工作情况，做好考核评估工作。

（3）检查或巡查所辖范围的保洁情况，发现问题马上处理。

（4）编制本班组各保洁卫生用品和物料的使用计划。

（5）检查、督促本班组员工使用、保养保洁器具和机械设备，以减少耗损、控制成本。

（6）观察和掌握本班组员工的工作情绪，批评、纠正、指导及评估员工的工作态度和工作质量。

（7）做好工作情况和保洁器具使用情况的汇报工作。

（8）完成部门经理交办的其他工作。

4. 库管员的职责

（1）负责环卫物资的供应、保管、出库、入库等工作。

（2）按时到达工作岗位，到岗后巡视仓库，检查是否有可疑迹象，发现问题及时上报。

（3）认真做好仓库的安全、保洁工作，经常打扫仓库，合理堆放货物，认真检查有无火灾或危险隐患。

（4）负责保洁工具或用品的收发工作。收货时，必须严格按质、按量验收，并正确填写入库单；发货时，一定严格审核领用手续是否齐全，对手续欠妥者，一律拒发。

（5）领取保洁工具或用品，必须由领班列出清单，经保洁主管审批签字后，方能发货。

（6）物品入库或出库要及时登记收发账目，结出余额，以便随时核查。做到入账及时、当日单据当日清理。

（7）做好月底盘点手续，及时结出月末库存数据并上报保洁主管。

（8）严禁私自借用保洁工具及用品。

（9）做好每月物料库存采购计划，提前呈报主管。

（10）严格遵守《员工守则》及各项规章制度，服从工作安排。

5. 保洁员的职责

（1）遵守劳动纪律，遵守物业管理公司制定的管理细则，统一着装上岗，树立良好形象。

（2）听从班组长安排，按规定标准，保质保量地完成个人应当完成的任务。

（3）工作时要严格按照保洁工作程序操作，以确保安全及保洁成果的持续性。

（4）完成部门领导交办的其他工作。

保洁员职业技能标准

三、物业环境卫生管理的范围及重要性

（一）物业环境卫生管理的范围

1. 公共场所保洁管理

（1）室内公共场所保洁和保养。主要是指围绕办公楼、宾馆、商场、居民住宅楼等楼宇内开展的物业保洁工作，包括楼内大堂、楼道、大厅等地方的卫生清扫，地面保洁，地毯清洗和卫生间清扫与保洁，门、玻璃、墙裙、立柱等物品的擦拭。

（2）室外公共场所的清扫和维护。室外公共场所主要有道路、花坛、绿地、停车场地、建筑小品、公共健身器材等。应重点做好地面清扫、绿地维护、建筑小品维护和保洁等工作。

（3）楼宇外墙保洁和保养。主要是指楼宇的外墙保洁和墙面的保养，以及雨篷等楼宇附属设施的维护。

2. 生活垃圾管理

（1）生活垃圾的收集和清运。根据物业管辖范围内居住人员情况和管辖区域物业的用途确定垃圾产生量，并以此来确定垃圾收集设施的规模，合理布设垃圾收集设施的位置，包括垃圾桶、垃圾袋、垃圾箱等。制订日常的清运计划和时间安排。

（2）装修建筑垃圾的收集和清运。随着城市居住面积大幅度提高，相应带来的装修建筑垃圾问题也日益凸显。建筑垃圾产生量大，垃圾的种类相对稳定且不易降解。建筑垃圾如果混杂在普通生活垃圾当中，不仅增加生活垃圾的数量，而且还会降低生活垃圾的热值，使生活垃圾难以采用焚烧的方法处置，增加生活垃圾处理的难度并占用卫生填埋场地。因此，装修产生的建筑垃圾应单独收集和清运，采取综合利用的办法进行处置。

（3）垃圾收集设施的维护和保养。近年来，垃圾收集设施的品种和规格不断增加，垃圾场的中转设施更加完善，各种规格的垃圾箱、果皮箱逐渐取代了传统的大型铁皮垃圾箱。因此，应根据垃圾收集设施的特点经常性对其进行维护和保养。

3. 公共场所卫生防疫管理

（1）公共场所传染病控制。公共场所包括宾馆、文化娱乐场所、公共浴池、图书馆、博物馆、医院候诊室等。就目前物业管理范围而言，重点涉及的是住宅小区、宾馆、商场、办公楼等公共场所的消毒问题。

（2）公共场所杀虫、灭鼠。公共场所有许多病媒，比如昆虫、动物，它们很容易在人群居住地区传播疾病，尤其是苍蝇、老鼠、蚊子、臭虫、蟑螂、蚂蚁等。

（二）物业环境卫生管理的重要性

1. 是业主和使用人生活、工作的最基本要求

物业环境卫生管理是工作的需要，也是生活的需要，是用户接触较多的一个方面。整洁的物业环境，不仅使人身体健康，而且能使人提高工作效率。所以，用户对卫生保洁看得很重，也往往最挑剔，一旦保洁做得不好，就会引起投诉。物业管理应为用户提供一个整洁的工作和生活环境，满足不同用户的需求。

2. 体现物业服务企业管理水平

一般需要对管理工作做详尽的考察之后，才能衡量物业管理水平的高低。但是，人们

往往凭直觉来衡量，而直观的卫生保洁给人的印象最深刻。对于环境整洁的物业，用户对其管理水平往往给予较高的评价，社会上常用“卫生保洁是美容师”“卫生保洁是脸面”来形容保洁工作。

3. 是物业区域建筑和设备维护保养的需要

卫生保洁工作在延长建筑物和设备使用寿命方面起到了重要的作用。外墙瓷砖、花岗石如果不经常清洗保养，表面就会逐渐受到侵蚀；金属扶手如果不及时保养就会失去光泽甚至生锈；水质地板如果不经常保洁、打蜡就会变得灰暗毛糙；地毯如果不经常清洗就会变得肮脏不堪；等等。调查表明，地毯保养不好只能用一两年，保养得好可用三四年；大堂大理石地面一般用七八年后光泽就暗淡了，要再进行磨光，但保养得好可以延长一半以上的使用时间。因此，应当从建筑物和设备保养的高度和经济角度来认识保洁工作。

4. 是社会经济发展的需要

许多人认为，卫生保洁工作就是扫帚扫扫、抹布抹抹，而实际上，随着社会经济的发展，现代保洁工作涉及化学、物理、机械、电子等学科知识。不同的建筑物材料需要使用不同的保洁剂，各种现代化保洁设备的操作使用、高层外墙保洁的危险性与复杂性等，使得现代保洁工作具有相当高的技术性。

四、物业环境卫生管理的内容

（一）制定完善的管理制度

1. 管理制度的制定原则

（1）明确要求。各区域专人负责保洁工作；专人负责处理生活垃圾，日产日清；定时收集，定时清运；及时分类，定点倾倒；严格监督，保证环境整洁、舒适、优美。

（2）规定标准。即“五不”“六净”“五无”标准。“五不”即做到不见积水、不见积土、不见杂物、不漏收堆、不见人畜粪；“六净”即路面净、路沿净、人行道净、雨水口净、树坑墙根净、果皮箱净；“五无”即无裸露垃圾、无卫生死角、无明显积尘污渍、无蚊蝇滋生地、无脏乱差。

（3）计划安排。制订保洁工作每日、每周、每月、每季和每年的计划。

（4）定期检查。物业管理公司将每日、每周、每月、每季和每年保洁工作的具体内容，用记录报表的形式固定下来，以便布置工作、安排进度、定期检查（自查、互查、抽查）。

2. 管理制度的基本内容

某物业公司保洁制度

（1）拟定物业环境卫生保洁管理部门的劳动纪律。根据物业环境卫生保洁管理部门劳动的特殊性，拟定物业环境卫生保洁管理部门的劳动纪律管理规定。这个规定包括在物业环境保洁劳动中应当遵守的上下班制度、工作纪律、考勤制度、工作责任以及思想品德等方面的内容。

（2）拟定物业环境保洁管理工作考核标准和办法。

（3）拟定日常卫生保洁与保洁机具的操作规程。包括：硬质地面处理程序；地毯保洁程序；硬质墙面保洁程序；玻璃保洁程序；高空扫尘程序；卫生间保洁程序；公共区域保洁操作程序；固渍处理程序；电脑等办公设备保洁程序；保洁机械保养程序；抹布地拖使用程序；消、杀、灭处理程序；外墙清洗工作程序；

化粪池保洁处理程序；等等。

(4) 拟定物业环境卫生保洁管理部门奖惩条例。针对物业环境卫生管理工作的特殊要求，拟定保洁管理部门的具体奖惩条例，主要包括以下几方面内容：嘉奖、晋升的条件；一般奖励的条件；纪律处分的规定；对轻微过失、严重过失、违法乱纪做出具体界定和不同处分的办法。其处分形式可分为：口头警告、书面警告、最终警告、除名和开除等。

资料链接

某物业保洁部门员工安全工作管理制度

保洁员工安全工作管理制度提要：保护宾客和公司全体员工的生命财产安全，是我们每位员工的义务。安全工作是公司一切工作的保证，安全工作人人有责，工作中存在的危险隐患只要采取必要的安全措施及加强管理力度是完全可以预防的。每位员工必须有强烈的安全意识，牢记安全第一。为确保员工、公司、客户和他人的生命财产安全、杜绝伤害事故发生的可能性，公司制定了安全守则和防火措施。对于违反安全、消防措施和制度的人员，造成损失的，将追究当事人直接责任。

(1) 严格遵守公司制定的各项安全制度、安全操作规程，正确使用各种防护用品和防护用具。在组织、管理、指挥生产方面负安全责任，认真贯彻“管生产必须管安全”的原则。

(2) 组织编制和审查施工组织设计、施工方案时，要贯彻安全第一的思想，安全技术措施要针对性强，使用效果好，能科学地指导安全生产中的重大问题。布置下月安全生产工作，责成有关人员分头检查实施情况。

(3) 经常对所属人员进行安全教育，检查执行情况，对上级安全部门的工作指示应主动布置、检查，并给予大力支持。

(4) 深入现场，在检查作业进度的同时，必须检查安全生产情况，及时纠正违章行为，每季度组织一次安全生产大检查，对查出的问题要责成限期解决，并制定不再重复发生问题的措施。

(5) 严禁在消防通道堆放杂物，保持消防通道畅通。所有员工进入工作区域必须走指定通道，并佩戴保安部门发放的胸卡。

(6) 遵守吸烟的规定，严禁随意乱扔烟头、火柴棒，严禁在非吸烟区吸烟。

(7) 严禁私自动用、安装各种电器设备和接通电线。必须将放置在蒸汽管路、散热器、加热器及热的管路周围的可燃物移至安全位置或用隔板覆盖。

(8) 严禁将易燃易爆物品带入工作场所，发现以上可疑物品或人员时应立即报告部门主管或有关部门，并协助有关部门工作。

(9) 保护宾客和公司全体员工的生命财产安全，是每位员工的义务。如遇险情，要立即报告部门主管并保护好现场，积极协助部门主管和有关部门排除险情。

(10) 上下班途中注意过往行人和车辆，不得在机动车道步行，或两人以上谈话并行，过往路口必须看清楚红绿灯后方可前行。时刻注意天气变化，注意防雨、防雪、防雷电及大风天气对周边的树木、建筑物、水坑、电线杆等设施的影响造成的各种隐患。骑电动车上下班的员工小心慢行。

（11）上岗前检查好操作中所需的工具是否能安全、正常运转。

（12）室内保洁员要注意水、电、登高擦拭，合理运用“小心地滑”标示牌。

（13）在需要使用化学药品时首先仔细阅读说明书，确认其对要清洗的物品有无不良影响，在使用时不得少于两人操作。

（14）在使用专业清洗设备时（如：洗地机、吸水机、抛光机等）首先要仔细检查线路是否安全，按照操作流程使用机器设备，保证安全运行。

（15）库区保洁员注意前后停车区域装卸货物行驶车辆的躲让等。

（16）外围保洁员注意高处坠物伤人。

（17）高位清洁（如：清洁玻璃、天花板、出风口等）首先应将“工作进行中”标示牌放置于现场，一人扶梯、一人清洁，作业期间应留意来往人员，注意工具的正确使用方法，不能碰到其他人员并注意个人安全。

（18）高墙清洗，应将安全带保险绳拴在牢固点并掌握重心。

（19）如遇到工作时间内发生工伤事故，必须及时向主管人员报告。

（20）要重视各项环节，结合自身安全工作经验将安全工作落实到实际工作中，从而确保保洁工作安全有序进行。

（二）制订环境卫生管理工作计划

物业环境卫生管理工作应按时间、频度制订每日、每周、每月的工作计划。下面是小区管理（含高层楼宇）的卫生保洁工作计划。

1. 每日卫生保洁操作计划

每日卫生保洁的项目主要有：物业区域的外围路面、绿化带内、停车场、垃圾桶桶身等的擦抹；各楼层公共通道、楼梯及扶手、电梯间、男女卫生间等的清扫；生活垃圾收集清运。

2. 每周卫生保洁操作计划

每周卫生保洁的项目主要有：楼宇天台和各层公共通道地面的清洗，墙面的除尘，公共部位门窗与风口百叶的擦洗，不锈钢的上油保养，地毯的清洗，外围公共设施及地面的大清理和消杀蚊蝇等。

3. 每月卫生保洁操作计划

每月卫生保洁的项目主要有：楼宇公共部位的天花板、顶棚灯饰、路灯灯罩、地下室管线和水池等的清洗以及大堂地面（月或季）的打蜡。

（三）搞好物业区域的日常卫生保洁工作

日常卫生保洁工作是物业卫生管理的重要任务，主要包括：辖区内的所有公共场地的保洁；辖区内楼宇、住宅从顶楼到地下室公共区域的保洁；生活垃圾的收集和协助清运；纠正随地乱扔垃圾及乱涂、乱画等不良行为；为了搞好物业环境的保洁、净化环境等所做的其他工作。

（四）做好保洁检查工作

每天由保洁主管和保洁班长对辖区的保洁工作进行巡视检查及督导，并做好检查记录。

（五）搞好保洁物资管理工作

物业公司要做好物业卫生保洁工作，必须备有相应的保洁设备、药剂及必要的环卫设备，同时还应该做好这些保洁设施的保养和维修工作。

1. 保洁所用车辆

主要包括清扫车、洒水车、垃圾收集车等。

2. 保洁机械设备

主要包括升降工作平台、长梯、抛光机、吸水机、洗地机、吸尘器、伸缩杆、地毯清洗机等。

3. 保洁工具及用品

主要包括涂水器、玻璃水刮、铲刀、保洁抹布、地拖、扫把、工作警示牌、水桶、起蜡及抛光垫、垃圾袋、刷子等。

4. 保洁药剂

主要包括去污粉、地毯保洁剂、万能保洁剂、起渍水、玻璃保洁剂、洁厕剂、空气清新剂、不锈钢保洁剂、不锈钢油、面蜡、洁具消毒水、杀菌消毒剂、酸性洗剂等。

5. 小区内必要的环卫设施

主要包括果皮箱、垃圾桶、垃圾周转站等。

（六）人员招聘与定期培训工作

制订招聘计划，根据需要招聘合适的人员；定期对保洁管理部门所有员工进行专项业务知识及技能培训。只有不懈地开展培训工作，不断地提高员工的思想素质和业务技能，才能提高小区保洁服务的质量和标准，确保辖区环境的优美。

（七）做好环境卫生宣传工作，提高居民的环保意识

物业公司在做好卫生保洁工作的同时，还要做好爱护环境的宣传教育工作，提高人们爱护环境的意识，纠正不良卫生习惯，使业主（住户）自觉地参与物业环境管理工作，在双方共同的努力下，创造出优美、洁净的物业环境。

五、物业环境卫生保洁管理方案的编制

（一）制订详细的保洁工作计划

保洁管理部的日常保洁工作应按照一定的计划井然有序地进行，以保持物业环境的清洁与舒适。一般情况下，保洁管理部应根据物业的具体情况制订每日、每周、每月、每季、每年的保洁工作计划。

（二）保洁剂的选择

在制订保洁管理方案时，应选用对人、建材、环境无污染和无损害并且无刺激性气味的保洁剂。同时，在保洁完成后喷洒空气清新剂，以保持空气清新。

（三）保洁技术的选择

保洁技术的选择是制订保洁管理方案的重要内容，可根据实际工作中的具体情况选择保洁技术。

（四）制定节能降耗措施

制定相关的节约用水、用电措施，并严格按照机器的运行程序进行操作。

（五）抵制环境污染

针对各种形式的污染，在制订保洁管理方案时，应着重采取相应的措施进行抵制。

（六）制定“四害”防治与垃圾处理措施

“四害”是指蚊、虫、蝇和老鼠，保洁管理部需定期对“四害”进行灭杀，可采用物理防治法、生物防治法等。物业中垃圾的处理也是保洁管理的重要内容，对垃圾的处理可采取以下措施：一方面，对于生活垃圾分类袋装，日常生活垃圾统一收集后运至指定地点进行无害化、资源化、减量化处理；装修垃圾用袋装并运放到规定地点统一清运。另一方面，物业公司应向用户宣传生活垃圾分类袋装的优点，要求用户将垃圾装入相应的专用垃圾袋内，丢入指定的容器或生活垃圾收集点，不得随意乱倒。同时，制定宣传教育措施，提高用户整体素质，如制定环保公约等。

（七）制订检查计划

制订检查计划是保洁管理方案中不可缺少的环节。保洁管理部应按照具体的保洁标准，定期对保洁工作进行检查。物业环境保洁的通用标准是“五不”“六净”“五无”。

六、物业环境卫生管理标准的制定

（一）卫生保洁达标标准

卫生保洁达标标准如表 2－1 所示。

表 2－1　　卫生保洁达标标准

区　域	标　准
物业管理区域楼宇内卫生标准	1. 地面无废杂物、纸屑、污迹、泥土、痰迹等； 2. 墙面踢脚线、消防排烟口、警铃、安全指示灯、壁灯、各种标牌等表面干净，无灰尘、水迹、污迹、斑点； 3. 门（各卫生区域内的门）干净，无灰尘、污迹； 4. 玻璃窗（玻璃、窗框、窗帘、窗台）明净、光洁，无积尘、污迹、斑点； 5. 楼梯（所管辖区域内的楼梯、防火梯）无灰尘、杂物； 6. 扶手和栏杆光洁、无积尘，玻璃无污迹； 7. 电梯厅墙面、地面、门框、电梯指示牌等表面干净，无油迹、灰尘、杂物； 8. 电梯内（墙、地面、门、天花板）外表干净，无污迹、积尘，无杂物； 9. 各种设施（如大堂前台、广告牌、信箱、消防栓箱、楼层分布牌等）外表干净，无积尘、污迹

续前表

区　域	标　准
物业管理区域楼宇外卫生标准	1. 所管区域地面和道路路面整齐、干净，无垃圾、沙土、纸屑、油迹等，无脏物、无积水（指脏、臭水）、无表苔； 2. 绿化带、花草盆无垃圾、脏杂物，花草叶无枯萎和明显积尘，花草盆无积水和异味，花草修剪整齐，摆放美观； 3. 建筑小品、健身器材外表干净，无污迹、积尘，无损伤，表面油漆无脱落，无锈迹

（二）物业管理区域垃圾的存放标准

物业管理区域内各个场所应视情况分别设置垃圾袋、垃圾桶、垃圾箱、垃圾车、烟灰缸、纸篓、茶叶筐等存放垃圾的容器，并注意以下几点：

（1）存放容器要按垃圾种类和性质配备。

（2）存放容器要按垃圾的产生量放置在各个场所。

（3）存放容器应易存放、易清倒、易搬运、易清洗。

（4）重要场所的存放容器应加盖，以防异味散发。

（5）存放容器及存放容器周围（地面、墙壁）要保持清洁。

（6）有条件的小区要实行垃圾分类回收并设立相应的分类回收设施。

（三）垃圾临时存放处的卫生标准

（1）垃圾做到日产日清。

（2）所有垃圾集中堆放到堆放点，做到堆放合理、卫生，四周无散积垃圾。

（3）垃圾应实行分类存放，可回收的垃圾要与其他垃圾分开存放。

（4）垃圾间保持清洁、无异味，经常喷洒药水，防止发生虫害。

（5）按要求做好垃圾分类袋装。

资料链接

某物业公司卫生保洁管理工作标准和检查方法如表 2-2 所示。

表 2-2　　某物业公司卫生保洁管理工作标准和检查方法

分类	项目	标准	检查方法
室外部分	车道和人行道	无明显泥沙、污垢，每 100m 内烟头、纸屑平均不超过 2 个，无 1cm 以上的石子	抽查 3 处，取平均值
	散水坡和排水沟	每天保洁，每小时循环 1 次，楼道口每小时循环 1 次	抽查 2 幢房屋
	停车场（包括自行车）、岗亭	无杂物、纸屑、油污，门窗玻璃无灰尘，棚上无垃圾、蜘蛛网	保洁后检查，目视，抽检 3 处
	绿化地	无明显大片树叶、纸屑、垃圾袋等杂物，地上无 3cm 以上的石子，房屋阳台下每 100m 烟头或棉签在 5 个以内，其他地面每 100m 在 1 个以下	目视，每天抽检 3 处，取平均值

续前表

分类	项目	标准	检查方法
室内部分	垃圾池和垃圾箱	清运及时，清运率100%，周围无污垢、无积水，清运后及时冲洗	保洁后检查，每个责任区抽检1个
	垃圾中转站	清运率100%，周围无明显污垢，排水通畅，无污水	目视，保洁后检查
	游乐场	地面无垃圾、纸屑，设施无污渍，地面无明显沙石	目视，保洁后检查
	污、雨水井和沙井	水流通畅，无外溢，井内无纸屑、烟头，盖上无污垢	目视，每个责任区抽检3个
	宣传栏和雕饰	无污渍，无明显积尘，无乱张贴现象	目视
	喷水地	无纸屑、杂物，水无变色或异味	目视
	标识牌和路灯	无积尘，无乱张贴现象，无污渍	目视
	化粪池	进排通畅，无污水外溢	目视
	楼道梯级、自行车房和走廊地面	无纸屑、杂物、污渍，每个单元梯级烟头不超过5个，走廊100m内烟头不超过2个，大理石地面打蜡抛光后有光泽；地毯无明显灰尘和污渍	目视，每个责任区抽检2个单元，走廊50m内抽查3处，取平均值
	墙面、天花板、顶棚、窗、扶手、电子门、消防栓、信报箱、灯开关、灯罩等	无广告、蜘蛛网、痰渍、积尘；大理石、瓷墙面无污渍，无明显灰尘	目视，每个责任区抽查2处
	天台、雨篷等	无杂物、垃圾、纸屑和污垢，排水沟畅通	目视，每个责任区抽查2处
	值班室、办公室	整洁、无杂物，墙面无灰尘、蜘蛛网，地面无污渍；桌椅、沙发、柜无灰尘	目视，全面检查
	公用卫生间	无痰渍、烟头、杂物；无严重臭味，地面无积水、无污渍；墙面、门、窗、玻璃、镜面无灰尘、无污渍，便器无明显污渍；天花板、灯具目视无明显灰尘	目视，全面检查
	楼道灯具	无积尘，透明度好	目视，抽查
	水池	无明显沉淀，无虫，池底无明显污垢	目视，全面检查

案例评析

保洁管理制度的制定是规范自身建设、加强保洁管理部门成本控制、维护保洁工作秩序、提高工作效率的依据和准则。保洁管理制度的制定原则有明确要求、规定标准、计划安排及定期检查。

如果我是小王，我会根据公司及保洁管理部门状况，从以下几个方面来制定管理制度：拟订物业环境卫生保洁管理部门的劳动纪律；拟订物业环境保洁管理工作考核标准和办法；拟订日常卫生保洁与保洁机具的操作规程；拟订物业环境卫生保洁管理部门奖惩条例等。

任务二 物业环境卫生保洁用品及应急管理

案例导入

保洁剂伤人事件

某公寓楼公共卫生间下水道堵塞，保洁员小王往下水管道倒了一些清洁剂，但没有起到疏通作用。情急之下，小王将半瓶85%的浓盐酸倒进了下水管道，强烈的化学反应产生了有毒的氯气，将小王肺部烧伤。送往医院一小时后，终因呼吸衰竭死亡。“看来这盐酸真的有毒，以后再不敢用来冲厕所了！”陪同看病的保洁员刘女士在看到这一意外事故后，摇头自语道。她告诉记者，一瓶浓盐酸的价格不到1元钱，如果大量购买更便宜，所以现在公司经常给他们发浓盐酸代替“洁厕灵”，而没有进行专门的使用培训，使用时也没有任何防护措施，有时候失手倒多了也会因挥发出的刺鼻气味感到恶心，但她没想到使用不当会有如此严重的后果。通过调查10名保洁员发现，这10人都表示曾经用过盐酸刷卫生间。

? 问题与思考

1. 保洁剂安全管理有哪些需要注意的事项？
2. 本案例中，保洁公司在保洁剂管理中有哪些不妥之处？

知识探究

一、保洁工具管理

为了更安全、更全面、更有效地实施保洁管理工作，在保洁过程中需要使用合适的保洁工具并运用先进的手段、保洁技术等。同时，还需要正确使用保洁工具，并对其进行保养。

（一）保洁工具的管理制度

（1）地毯机、吸水机等大件保洁工具由管理处统一管理。

（2）各种使用工具在使用前后要仔细检查，发现故障及不安全的问题要及时向管理处主任或部门经理报告。

（3）保洁工应对设备的使用性能有所了解，爱护机器设备，学会保养及简单的修理。

（4）严禁任何人员借用保洁工具干私活，如有发现将严肃处理。

（5）工作人员每次借用大件保洁工具时，需事先征得管理处主任或部门经理的同意，并办理领用手续。

(6) 主管人员、管理处主任、部门经理不得把工具借给非本公司人员使用。

(7) 地拖桶、地拖、扫把、抹布等保洁用具（品）由工作人员自行管理。

(8) 地拖桶、地拖、抹布用完清洗干净后风干或晾干。拖把朝上或悬挂放置，地拖桶倒置。

(9) 易耗工具要妥善保管，按指定地点正确存放。

(10) 物业公司要对保洁管理部的保洁工具进行登记，填写《保洁工具清单》，记录清楚工具的名称、数量、存放地点及管理人员等。

（二）保洁工具选购应考虑的因素

保洁工具的选购应考虑以下因素：方便性与安全性；使用寿命；是否易于清洁保养；噪声；多用性；价格与商家信誉。

（三）普通保洁工具

普通保洁工具是指普通的手工操作类保洁用具和不需要电动机驱动的保洁设备，如抹布、扫帚、簸箕、拖布、尘拖、玻璃保洁器等。

1. 抹布

抹布是最普通的保洁用具，选用抹布时要尽量选用柔软并有一定吸水性的棉制毛巾。在使用抹布擦拭时，需根据不同情况采用不同的擦拭方法。

(1) 干擦。用于去除细微的灰尘，干擦用力不能太重。高档漆面、铜面、不锈钢面等不宜经常湿擦，可用干抹布擦拭。操作时，应轻擦以去除微细的灰尘，如果用力干擦，会产生静电，黏附灰尘。

(2) 半干擦。半干擦主要用于需干擦且表面灰尘较多的情况。在抹布上稍微喷点水，然后按照干擦的方式进行擦拭。

(3) 水擦。在去除建筑材料及家具表面灰尘、污垢时，常采用水擦或湿擦。湿抹布可将污垢溶于水中，去污除尘效果好。使用时，应经常洗涤用脏了的抹布，保持抹布干净。另外，要注意抹布不可浸水过多。

在去除不溶于水、含有油脂的污垢时，应先用抹布蘸保洁剂擦拭，然后再用干净的抹布擦一遍。用抹布擦拭时，应先将抹布叠成比手掌稍大的尺寸后再使用，一面用脏后，再换另一面或重新折叠使用，全部用脏时，应洗干净再使用。擦拭一般家具的抹布与擦拭卫生间的抹布必须严格分开。擦拭时应从左向右，先上后下，将被擦物全部均匀地擦遍，不要落下边角，也不要漏擦。抹布应经常进行清洗，保持清洁。

2. 扫帚

扫帚是用于清扫地面较大碎片和杂物的手工工具。根据用途、形状和制作材料的不同可分为多种，但主要有两类：大扫帚，又叫长柄扫帚，常用于清扫室外地面；小扫帚，又叫单手扫帚，常用于清扫室内地面（见图 2－2）。

3. 簸箕

簸箕（见图 2－3）是用于收集、撮起集中的垃圾，然后将之倒入垃圾容器内的手工工具，分为单手操作式、三柱式和提合式（保洁箱）。

图 2-2　扫帚

4. 拖布

拖布（见图 2-4）也称为拖把，是将布条或棉纱安装在手柄上制成的用于室内地面清洗的手工工具。拖布的形状有圆头形和扁平形两种。圆头形是将布条或棉纱绑扎在木、竹或塑料柄把上制成的，其头呈圆状；扁平形是在柄把上安装一扁平塑料或金属夹，用来固定布条或棉纱，其头呈扁平状。

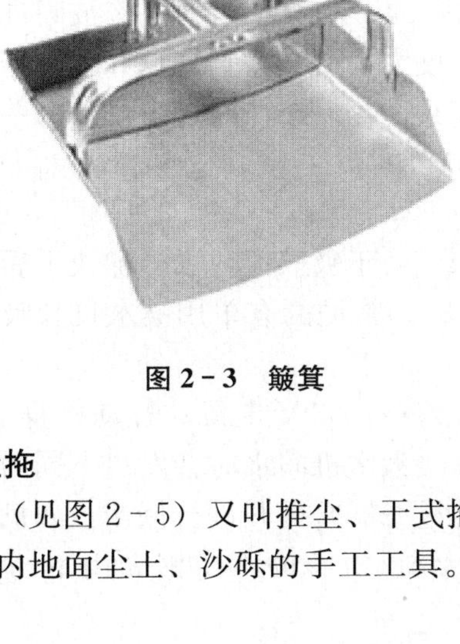

图 2-3　簸箕

图 2-4　拖布

5. 尘拖

尘拖（见图 2-5）又叫推尘、干式拖布、除尘拖布等。尘拖由尘拖头和尘拖架组成，是清除室内地面尘土、沙砾的手工工具。尘拖头有棉类和纸类两种；尘拖架用金属制成，有不同长度和宽度之分。尘拖主要用于对各种高档地面灰尘的清除，操作简单省力，附着灰尘力强，可保持地面光亮，被广泛应用于大厦的日常保洁。

尘拖的基本操作要求为：首先将少量的牵尘油渗入拖布；其次沿直线推尘，尘拖头不可离地；在尘拖头沾满尘土时，将其放在垃圾桶上用刷子刷净再使用，直到地面完全干净为止；尘拖头失去粘尘能力时要重新用专用处理液处理，然后才可使用；尘拖头用脏后，可用碱水洗净，干后重新喷上处理液再使用。

6. **玻璃保洁器**

玻璃保洁器（见图 2－6）是用来保洁各种门窗玻璃及玻璃隔断的手工工具，由长（短）杆、T形把及配件（橡胶条、拐角插头、短柄刮削器、水枪、注射器、大夹子和刷子等）组成。

图 2－5　尘拖

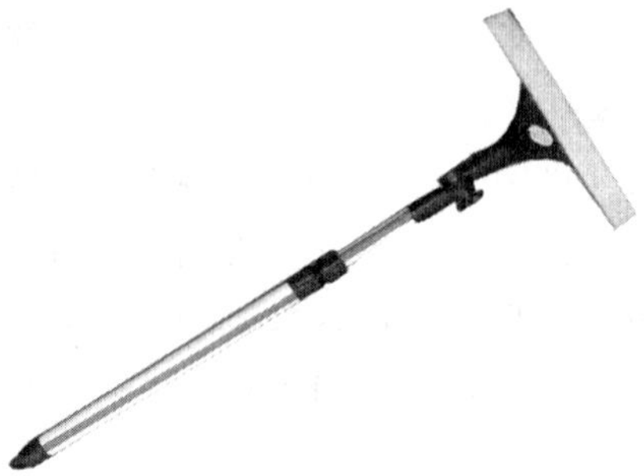

图 2－6　玻璃保洁器

（四）电动保洁设备

1. **吸尘器**

用于地面、墙面和其他平整部位灰尘、污物清洁的专用设备，是保洁工作中最常用的设备（见图 2－7）。吸尘器启动时会产生强劲的抽吸力，使灰尘顺着气流被吸进机内储尘舱，达到保洁的目的。吸尘器品种很多，按抽吸力度大小可分为普通型和强力型；按适用范围可分为吸地面灰尘型、吸地毯灰尘型、保洁家具型等；按功能多少可分为单一吸尘器和吸尘吸水两用吸尘器。

2. **吸水机**

清除积水的专用设备，主要用于吸取地面积水，对于吸取地毯水分加快干燥也非常有效，是物业管理中不可缺少的保洁工具（见图 2－8）。常见的有单用吸水机和吸尘吸水两用机两种，后者由于功能多，较受用户欢迎。

吸水机的操作程序为：把软管接驳在机身上，插入 220V 电源；开动机身电源开关；吸地面水时用带软胶的吸扒，吸地毯时用铁扒吸水。吸水机满水时会发出不同的响声。使用后要拔除电源，然后将电源线绕好。吸水机内的过滤器要拆开进行保洁，如机内吸入酸性保洁剂，用后应立即用清水清洗干净，以免生锈。机身的不锈钢壳用不锈钢油进行保养。

图 2-7　吸尘器

图 2-8　吸水机

3. 地毯清洗机

主要用于清洗地毯（见图 2-9）。主要部件为两个吸力泵、污水箱、净水箱、强力喷射水泵、电动机，采用真空抽吸原理进行工作。地毯清洗机的种类有很多，常用的有两种：一是干泡式地毯清洗机；二是喷气抽吸式地毯清洗机。

4. 抛光机

专用于地面抛光的机器（见图 2-10），有普通速度和高速之分。抛光机启动时马达带动底盘作高速旋转，使底盘对地面进行高速软摩擦，达到抛光的目的。适用于花岗石、大理石等各种平整的硬质地面的抛光，对于面积较大的楼宇尤为必要。

图 2-9　地毯清洗机

图 2-10　抛光机

5. 洗地机

又叫刷地机（见图 2-11），由机身、水箱、地刷和针盘组成，主要用于硬性地面的清洗和抛光，是物业保洁不可缺少的保洁设备，有单盘式和多盘式两种。洗地机有各种型号，转速为 150～300r/min，功率为 180～1500W。

洗地机的操作程序为：使地刷与针盘按逆时针方向旋转；往水箱内按比例注入清水和

保洁剂；插上电源，按下调节开关，将手柄杆调至合适的高度；从靠近电源插座的地方开始操作，防止机器轧过电线。

6. 高压冲洗机

用于外墙、汽车和其他需高压水冲洗的专用设备（见图 2－12）。主要由高压泵、电动机、高压管及射水枪组成，它是利用电动机加压后喷射出的高压水流来进行冲洗的，启动时会产生强烈的冲击水流，达到清除灰尘、泥浆和其他污垢杂质的目的。

7. 扫地车

用于室外地面保洁的设备（见图 2－13 和图 2－14）。由于操作简单，吸尘力强，并配有大容量垃圾尘箱，因此非常适合厂房、仓库、车场和户外空旷地方的地面保洁。

图 2－11　洗地机

图 2－12　高压冲洗机

图 2－13　小型扫地车

图 2－14　大型扫地车

8. 自动空气喷香器

将清香剂装入该机器（见图 2－15）后设定好时间，然后放置于办公室或卫生间等需要喷香的房间，会定时自动喷香。

9. 吹干机

吹干机（见图 2－16）又称吹风机，是通过电动机转动，加速空气流动，使被吹物体尽快吹干，主要用于地毯保洁吹干和地面打蜡后吹干。吹干机有带加热装置和不带加热装置两种。

图 2-15　自动空气喷香器

图 2-16　吹干机

二、保洁剂的管理

（一）常用保洁剂的类型

保洁剂的品种日益增多，品牌也很多。按照保洁剂的酸碱性通常分为酸性保洁剂、中性保洁剂、碱性保洁剂三种基本类型。保洁剂的化学性质通常用 pH 值来表示。

1. 酸性保洁剂

酸性保洁剂通常为液体，少数呈粉状，主要用于卫生间的保洁。酸能中和尿碱、水泥等顽固污垢并具有一定的杀菌、除臭功效，但有腐蚀性，所以使用前必须将其稀释。使用时要注意不可将浓酸性保洁剂直接倒在器具或地板表面，要特别注意用量和使用方法。酸性保洁剂不得用于保洁地毯、木器和金属器具。

常用的酸性保洁剂有：

（1）盐酸。盐酸是适用于粗糙石材表面开荒清洗的清洗剂，对水泥有较强的渗透腐蚀性，不可用于水泥地面或墙身，使用时要谨慎。

（2）105 石水。105 石水是一种进口的石材表面清洗剂，含溴元素，是较理想的石材表面清洗剂。

（3）强力洁瓷灵。强力洁瓷灵是一种极具腐蚀性的保洁剂，能腐蚀水泥渍、水垢，对物体表面有腐蚀作用，适用于建筑装修后的粗糙石材表面的初次保洁。使用时须极为谨慎。

（4）洁瓷灵。洁瓷灵是一种常用的石材表面除污垢清洗剂，适用于清洗石材、瓷质材料表面的污垢，酸性虽然比强力洁瓷灵弱一点，但也有一定的腐蚀性，使用时要谨慎。

（5）洁厕精。洁厕精是洗手间常用的保洁剂，具有除臭、杀菌、去垢的作用。

（6）漂白水。漂白水是使用较广泛的清洗剂，具有漂白作用，带微酸性，不易损坏石材表面。

（7）除垢剂。除垢剂是一种淡绿色液体，适用于浴室、卫生间的陶瓷、搪瓷器皿等的保洁，能迅速、强力地清除水垢锈渍，提高保洁功效。使用时，一般根据污垢程度稀释 1～5 倍使用。

2. 中性保洁剂

中性保洁剂配方温和，呈中性，不腐蚀和损伤任何物品，对被清洗物能起到保洁和保护作用，其主要功能是除污保洁。中性保洁剂有液状、粉状、膏状之分。

常用的中性保洁剂有：

（1）多功能保洁剂。多功能保洁剂略呈碱性，含多种高性能表面活性剂，大多数物品均可使用，如地面、墙面、工作台面、桌面、家具、卫生洁具以及其他由金属、瓷砖、玻璃、塑料和不锈钢制成的硬质物体表面，具有去除油垢和防霉的功效。原装保洁剂多为浓缩液，使用前要按使用说明进行稀释。

（2）洗地毯剂。洗地毯剂专用于洗涤地毯。按含泡沫剂量的不同，可分为高泡型和低泡型两种。高泡型洗地毯剂一旦擦在地毯绒毛上大部分都会变成泡沫，进入地毯的水分较少，仅对地毯绒毛部分进行清洗。地毯保洁一般采用喷吸式地毯清洗法，泡沫太多会妨碍清洗，这种情况下建议选用低泡型洗地毯剂。

3. 碱性保洁剂

碱性保洁剂不仅含有纯碱（碳酸钠），还含有大量的其他化合物。碱性保洁剂有液状、乳状、粉状、膏状之分，常含表面活性剂，对于清除一些油脂类污垢和酸性污垢效果较好。使用前应稀释，除污后要用清水清洗干净，否则时间长了会损伤被保洁物表面。

常用的碱性保洁剂有：

（1）洗洁精。洗洁精是使用最广泛的一种保洁剂。普通洗洁精适用于任何环境下的除污。使用时，要按不同保洁工作的需要加水稀释，在污渍上喷洒适当浓度的洗洁精后稍等片刻，再用湿布或海绵擦净，最后要用清水冲洗。

（2）全能水。全能水较洗洁精去污力强，使用方法与洗洁精相同，不含腐蚀性，主要用于去除较顽固的污渍。

（3）玻璃水。玻璃水专门用来清洗玻璃和瓷片，使用时，要按照说明书加水稀释，能去除粘在玻璃表面上的污渍。当遇到较难保洁的表面或污渍太厚时，稀释时可以少加水以保持较高浓度，达到保洁效果。玻璃水有液体大桶装和喷罐装两种，大桶装的玻璃水为普通型，主要功效是去污；喷罐装玻璃水含挥发溶剂、芳香剂，去污后会留下芳香味，并在玻璃表面留下透明保护膜，有利于下次的保洁工作。

（4）氯水。氯水是一种去污性能较强的洗涤剂，适用于洗涤顽固污渍和污垢，对蜡有溶解作用，使用时要用水稀释。

（5）烧碱。烧碱属强力去污、去油洗涤剂，适用于洗涤顽固油污和污渍。烧碱有强腐蚀性，使用时要谨慎。

（6）除油剂。除油剂是一种专门清除油污的洗涤剂，使用时要用水稀释。

4. 其他保洁剂

（1）祛臭剂。祛臭剂适用于清除厕所、垃圾产生的臭味，并有自然香气。使用时将本品喷至厕所墙角或墙面，可保持厕所数日无臭味。

（2）空气清香剂。能迅速除去空气中的混浊和难闻气味，使用时将清香剂推入喷雾器中，喷射使用。本品为易燃品，应存放在阴凉避光处，温度不得超过 40℃。

（3）不锈钢光亮剂。为不锈钢和镀铬制品的专用保洁剂。使用时，将不锈钢光亮剂涂在制品表面，用布擦，直至光亮，有一定防锈功能。

（4）玻璃保洁剂。用于清洗玻璃、镜面、瓷片及电镀物品表面的尘埃和污垢，如门、窗、镜子、电视荧光屏等，能轻松地除去尘埃、油渍等污垢，擦拭后玻璃表面具有抗尘埃、抗污垢再积等特点。使用时将本品稀释 20～60 倍后均匀涂在玻璃表面，然后用毛巾、干布或擦窗工具擦拭。使用时，避免入眼，若不慎进入眼内，应立即用清水冲洗。

（5）除油剂。适用于去除各种物品表面油垢的保洁剂，对厨房焦油性污垢有奇效。使用时，将本品喷淋或涂于污垢表面，稍后用布揩擦即可。

（6）面蜡。用特制的聚合物及树脂配制而成的表面光亮剂，适用于大理石、塑料地板、木地板、水磨石地面的清洁保养。使用时将本品均匀涂在地板表面，干燥成膜后表面光滑亮泽，可起到耐磨、防水、耐溶剂的作用，具有一定的防滑性，本品一般在使用封地蜡后再使用。本品应避光保存，不宜稀释。

（7）封地蜡。由水溶性高分子树脂及特殊的蜡乳液配制而成。封地蜡作为面蜡的底层涂料，对不平整的地面，如缝隙、针孔等，可起到填充和平整成膜的作用，对于走道等人流量大的地面，能提高蜡面的丰度，延长使用寿命，一般情况下，1L 可施工 $50m^2$左右。

（8）喷洁蜡。由特殊的蜡乳液和光亮剂配制而成。喷洁蜡的作用是对打蜡后使用过的地面进行一次抛光增亮，能去除鞋印、擦痕，经常使用能使地面光亮如新，使用时应先对地面进行清扫，然后用喷壶将喷洁蜡喷到地面上，一般喷 2～3 次，然后对地面进行磨刷抛光即可。

（9）去蜡水。去蜡水中含有特殊的解链剂，能迅速破坏蜡中的高分子树脂的力学强度，用于去除封地蜡、面蜡，是大理石周期性打蜡工作中不可缺少的一种用品。使用时，将本品稀释后涂在蜡面 5～10min 后，即可用擦地机进行去蜡工作。用橡胶瓶装，应放置于干燥阴凉处，使用时戴橡胶手套，若不慎触及皮肤或眼应立即用清水冲洗。

（二）保洁剂采购注意事项

（1）确定用途，然后确定购买保洁剂的品种。

（2）确定使用量和使用时限，再明确购进方式，即批量购进合理还是少量购买好。

（3）确定拟购品种的生产厂家数量，了解厂方有无售后服务。

（4）进行价格、服务等综合指标考察。

（5）选购保洁剂时要看浓度；应尽量选择液体保洁剂；不能以其泡沫的多少来确定质量，而应看其去污效果、对物体的损伤程度和安全性；应要求厂家做示范，并提供良好的售后服务；要选择环保产品，尽量不购买含氟的保洁剂。

（三）保洁剂安全管理及使用注意事项

保洁剂安全管理注意事项如下：

（1）制定相应的规章制度，培训保洁人员掌握使用和放置保洁剂的正确方法，平时注意检查和提醒保洁人员严格按要求进行操作。

（2）要妥善保管，按指定地点正确存放。

（3）执行严格的使用记录制度，填写《保洁剂使用清单》，记录清楚保洁剂的名称、数量、存放地点、管理人员等。

（4）对强酸、强碱类保洁剂应先采取稀释处理，然后装在喷壶内，再分发给保洁人员使用。

（5）平时应多做保养少做保洁工作，在物体不太脏时，使用适量的保洁剂保洁，不仅省时还节约保洁剂。

（6）禁止保洁人员在工作区内吸烟，以减少危害源。

保洁剂使用时还应注意以下事项：

（1）配备相应的防护用具，如合适的保洁工具、安全防护手套、安全防护眼镜等。

（2）使用干净的、带有容量刻度的配制容器配制保洁剂，禁止使用同一配制容器对不同保洁剂进行配制。

（3）在进行保洁剂配制时，首先将配制容器按配制比例装水，然后将药剂缓慢地倒入配制容器，禁止将水倒入待稀释的清洁药剂。

（4）配制好的保洁剂应以不同的、清楚的产品标签加以区别。

（5）要在通风良好的地方使用，切忌在照明灯或取暖器旁等处使用保洁剂。

三、保洁应急管理

物业公司应对意外情况制定保洁工作应急处理措施，为物业用户提供始终如一的保洁服务，同时保证用户出入安全，防止意外事故发生。意外情况指：火灾，污水井、雨水井、管道、化粪池严重堵塞，暴风雨、梅雨天，水管爆裂，户外施工装修等现象。

（一）注意事项

（1）清理火灾场地时，应在消防部门调查了解情况后，经同意方可进行清理。

（2）台风时，不要冒险作业，以防发生意外。

（3）梅雨天气作业宜穿胶鞋，穿塑料硬底鞋易滑倒。

（4）暴风、暴雨天气要注意高空坠物。

（5）处理水管爆裂事故要注意防止触电。

（6）意外事故发生时，电梯保洁要关闭运营。

（二）应急措施

1. 火灾后的保洁应急措施

（1）卫生用品储备室应配备各种应急工具，如手电、水桶、保洁用的干毛巾、指示牌、灭火器材等。

（2）救灾结束后，用垃圾车清运火灾遗留残物，打扫地面。

（3）清除地面积水，用拖把拖抹。

（4）检查受灾地周围，如有残留杂物一并清运、打扫。

2. 污水外溢的保洁应急措施

（1）维修工迅速赶到现场，进行疏通，防止污水外溢。

（2）保洁员将捞起的污垢、杂物直接装上垃圾车，避免造成二次污染。

（3）疏通后，保洁员迅速打扫地面被污染处，清洗地面，直到目视无污物。

3. 暴风雨天气的保洁应急措施

（1）保洁班长勤巡查、督导各岗位保洁员的工作，加强与其他部门的协调工作。

（2）天台、裙楼平台的明暗沟、地漏由班长派专人检查，特别是在风雨来临前要巡查，如有堵塞要及时疏通。

(3) 检查雨水井、污水井，增加清理次数，确保畅通无阻。

(4) 各岗位保洁员配合保安员关好各楼层的门窗，防止雨水被刮进楼内，淋湿墙面、地面以及风力过大时打碎玻璃。

(5) 仓库内备好雨衣、雨靴、铁钩、竹片、手电筒，做到有备无患。

(6) 暴风雨后，保洁员及时清扫各责任区内所有地面上的垃圾袋、纸屑、树叶、泥、石子及其他杂物。

(7) 发生塌陷或大量泥沙倾至路面、绿地时，保洁员应协助管理处检修，及时清运、打扫。

(8) 保洁员查看各责任区内污水、雨水排放是否畅通，如发生外溢及时报告管理处处理。

4. 梅雨天气的保洁应急措施

(1) 梅雨季节，大理石、瓷砖地面和墙面很容易出现反潮现象，造成地面积水、墙皮剥落、电器感应开关自动导通等现象，应及时检查与处理。

(2) 在大堂等人员出入频繁的地方放置指示牌，提醒客人"小心滑倒"。

(3) 班长要加强现场检查指导，合理调配人员，提高工作效率，及时清理地面、墙面的水迹。

(4) 如反潮现象比较严重，应在大堂铺设一条防滑地毯，并用大块的海绵吸干地面、墙面、电梯门上的水。

(5) 仓库内配好干拖把、海绵、地毯、毛巾和指示牌。

5. 水管爆裂的保洁应急措施

(1) 迅速关闭水管阀门，迅速通知保安和维修人员前来救助。

(2) 迅速扫走流到电梯厅附近的水，可将电梯开往上一楼层，通知维修人员关掉电梯。

(3) 在电工关掉电源开关后，迅速抢救房间、楼层内的物品，如资料、电脑等。

(4) 用垃圾斗将水盛到水桶内倒掉，再将余水扫至地漏，接好电源后再用吸水器吸干地面水迹。

(5) 打开门窗，用风扇吹干地面。

6. 施工装修的保洁应急措施

(1) 供水、供电、煤气管道、通信设施以及物业设施维修等项目的施工过程，会对环境产生较大影响，保洁员需配合做好场地周围的保洁工作。

(2) 及时清理住户搬家时遗弃的杂物并清扫场地。

(3) 新入住装修期各责任区保洁员应加强保洁，对装修垃圾清运后的场地及时清扫，必要时协助住户和管理处将装修垃圾及时清运装车。

案例评析

保洁剂安全管理是保洁管理过程中的重要一环。在保洁剂使用过程中，要注意以下几点：制定相应的规章制度，培训保洁人员掌握使用和放置保洁剂的正确方法，平时注意检查和提醒保洁人员严格按要求进行操作；要妥善保管，按指定地点正确存放；执行严格的使用记录制度，填写《保洁剂使用清单》，记录清楚保洁剂的名称、数量、存放地点、管理人员等；对强酸、强碱类保洁剂应先采取稀释处理，然后装在喷壶内，再分发给保洁人员使用；平时应多做保养少做保洁工作，在物体不太脏时，使用适量的保洁剂保洁，不仅省时还节约保洁剂；禁止保洁人员在工作区内吸烟，以减少危害源。

使用时还应注意以下事项：配备相应的防护用具，如合适的保洁工具、安全防护手套、安全防护眼镜等；使用干净的、带有容量刻度的配制容器配制保洁剂，禁止使用同一配制容器对不同保洁剂进行配制；在进行保洁剂配制时，首先将配制容器按配制比例装水，然后将药剂缓慢地倒入配制容器，禁止将水倒入待稀释的清洁药剂；配制好的保洁剂应以不同的、清楚的产品标签加以区别；要在通风良好的地方使用，切忌在照明灯或取暖器旁等处使用保洁剂。

盐酸属于强酸，易挥发且有刺激性气味，除了对眼和呼吸道黏膜有强烈的刺激作用外，大量吸入还容易引起肺部急症，所以在实验室中存放浓盐酸都有严格的规定，做实验时实验员通常要佩戴手套和口罩操作。在本案例中，保洁公司没有对保洁员进行相应的培训，对强酸、强碱类保洁剂的管理不到位，应先采取稀释处理，然后尽量装在喷壶内，再分发给保洁人员使用；也没有配备相应的防护用具，如合适的保洁工具、安全防护手套、安全防护眼镜等，所以造成了严重后果。

任务三　物业日常保洁操作

案例导入

某日早晨9:00，某物业管理处环境美化部保洁员小李对某学生公寓楼各卫生间进行了一次全面彻底的清洁，并在门上悬挂“工作进行中”的指示牌。9:30，小李做完一楼公共卫生间最后的拖地清洁工作，但有少量积水。小李收拾工具并取下大门上悬挂的“工作进行中”的指示牌准备离去。这时，一位学生过来上卫生间，一会儿，小李听到“扑通”一声，急忙过来一看，原来是学生摔倒了，小李立即扶起并道歉，询问学生有没有受伤。在确定对方没有受伤的情况下，小李再次向学生道歉，此学生通情达理，未追究小李任何责任。

？问题与思考

1. 公共卫生间的保洁标准是什么？
2. 本案例中，小李在操作程序上主要违反了哪些规定？

知识探究

物业管理的对象主要有住宅小区、商业场所、写字楼、工业企业厂区等，因此，公共场所的卫生保洁区域也包括这些对象。对这些场所的保洁管理，除了要对管理区域产生的垃圾及时清运外，还要保持各种设施、各个部位的干净整洁。

《城市市容市貌干净整洁有序安全标准（试行）》

一、建筑物地面保洁

（一）公共通道的保洁

（1）公共通道包括汽车道、人行道、消防通道等，这些地方流动人员比较多，尤其是商业物业，进出人员和车辆都非常多，所以要求平均 2 500～3 000m^2 配备一名保洁工。

（2）保洁时间一般从 6:00 开始，根据物业的情况可到 18:00～21:00 结束。

（3）作业程序是每天早晨一上班先将公共通道的地面彻底清扫一次，协助清运公司清倒垃圾，冲洗垃圾房、垃圾桶，扫净地面积水和杂物。日常保洁：每隔一小时巡回清扫一次地面杂物、树叶，清除地面污渍、口香糖等。将地面警语牌、指示牌每天保洁一次（不锈钢表面，下雨过后立即擦去其表面水珠）。

（4）每隔 7 天使用水龙头或高压洗地机对地面冲刷一次，并将果皮箱清理、抹净、摆放整齐。

（5）路灯灯罩每隔半月彻底清抹保洁一遍。

保洁标准：公共通道地面无杂物、无垃圾，道路上无泥沙、无杂草、无积水、无树叶。

（二）楼层通道的保洁

（1）楼层通道地面砖一般有釉面砖、玻化地砖及普通地砖，一般视情况区别清洁。

（2）每日清晨收完楼层生活垃圾之后，用扫把清扫一遍，再用地拖拖一遍。

（3）每月用保洁剂（去污粉或洗洁精）撒在地砖上，浇上少许水，用长柄刷彻底刷洗一遍。然后用清水拖干净，并用湿或干毛巾轻抹被污染的墙根部分的踢脚线。

（4）在使用保洁剂刷洗楼层地面通道时，应防止腐蚀金属物、电梯、不锈钢厅门。

保洁标准：釉面砖目视干净无污渍，可反映通道照明灯轮廓。玻化地砖目视干净、无杂物、无污迹、有光泽。普通地面砖目视干净、无污迹。

（三）转换层地面的保洁

（1）转换层地面一般铺有仿石地砖或瓷砖，保洁程序要根据地面砖的不同而有所区别。

（2）早上在规定时间内对转换层地面清扫一遍，并整天保洁。将转换层垃圾桶内的垃圾定时集中运到地面垃圾房。地面每星期彻底冲刷一次。地面铺有仿石地砖的按仿石地砖的保洁程序保洁；地面是瓷砖面的按瓷砖面的保洁程序保洁。

（3）地面污染较严重的可使用洗地机加保洁剂清洗，如有顽固污渍，可用钢丝球反复擦洗。

(4) 每星期用洗地机加去污粉清洗仿石地砖，局部污染较重的地方，洒上稀释的草酸或去污粉用洗地机彻底刷洗并冲洗干净。

(5) 如有重大活动、节假日应提前一天彻底刷洗一遍，保证地面瓷砖光亮洁净。

(6) 在使用草酸时应防止沾染和腐蚀金属材质的护栏，用去污粉洗刷时应避开人员流量较大的时间。

保洁标准：目视地面无杂物，砖面凹进部分无沙土沉淀，砖面无积水、油渍、痰渍。

(四) 地板的打蜡抛光

物业的地板需要定期进行打蜡抛光，尤其是大堂的大理石地面要求每月打蜡保养一两次，而商业物业的大理石地面每月打蜡两三次，每一两天抛光一次。程序：除尘、洗地抛光、起蜡、上蜡封地、抛光、顶层起蜡与洗地。

1. 除尘

(1) 工具：标识牌、推尘、地拖、刀片等。

(2) 保洁剂：尘推油。

(3) 预先将尘推油喷洒在地拖上，在阴暗处晾干待用。

(4) 清理工作场所，把可移动的物件移动到指定的地点。

(5) 用小刀刮掉各种可见的污垢，注意不要刮伤地面。

(6) 用准备好的地拖保洁整个地面。

(7) 放置多个标识牌。

(8) 洗净工具，使用后放回原处。

2. 洗地抛光

(1) 工具：标识牌、拖把、吸水机、水桶、榨水器、刀片、全自动洗地机、个人劳保防护用品、抹布。

(2) 保洁剂：全能保洁剂。

(3) 清理工作场所。

(4) 清扫地面，用刮刀刮掉可见的坚硬污渍。

(5) 穿戴所有必要的劳保防护用品。

(6) 按比例配制保洁液（注意：用冷水）。

(7) 将保洁液注入自动洗地机的溶液槽中。

(8) 放置多个“禁止通行”标志牌。

(9) 打开溶液槽阀门，放下红色垫和吸水挡板，擦洗地面时打开吸水阀门。

(10) 用保洁剂擦洗地面完毕后，再用清水冲洗，直至清水不起泡沫为止。

(11) 洗净所有用具并放回原处。

(12) 待地面干透，再进行其他处理。

3. 起蜡

(1) 工具：个人劳保防护用品、簸箕、刀片、地拖、水桶、榨水器、拖把、擦地机、黑洁垫、吸水机、抹布。

(2) 保洁剂：起蜡水。

(3) 清理工作场所。

（4）清扫地面，用刀片刮去口香糖之类的坚硬污垢。

（5）穿戴所有必要的劳保防护用品。

（6）按规定比例配制起蜡水（注意：用热水）。

（7）放置“禁止通行”“地面上蜡”标志牌。

（8）用起蜡水拖把将地面润湿。

（9）让药水停留 10min 后再起蜡。

（10）用刀片除去墙角和墙边的积蜡。

（11）用擦地机打磨地面，如果地面上有累积旧蜡，则再用起蜡水处理，通过增加作用时间和机械动作次数来提高起蜡效果（注意：擦地机不能在较平的地面打磨）。

（12）用吸水机吸净污水。

（13）再用清水冲洗地面，直至清水不起泡沫为止。

（14）洗净所有用具并放回原处。

（15）保留标志牌直至地面完全干透，绝对禁止行人在地面上行走，要等上蜡或封地后才能让行人走上去。

4. 上蜡封地

（1）在进行上蜡或封地前，必须先进行洗地和起蜡，地面必须干净无尘。

（2）工具：标志牌、水桶、榨水器、地拖。

（3）保洁剂：特强封地剂、面蜡。

（4）放置标志牌，表明该处正在上蜡或封地。

（5）将塑料膜放在水桶里或换用一个干净的水桶，把面蜡或封地蜡倒入桶内。

（6）充分润湿蜡拖，轻轻榨一下地拖头，以蜡拖不滴水为宜。

（7）一般需要 30～45min，用手触摸感觉干后，再等 15min。

（8）打蜡步骤：先上封地蜡，再上面蜡。

（9）洗净所有工具，待蜡完全干透，移走标志牌。

5. 抛光

（1）在抛光地坪前，必须先进行除尘和洗地，地面必须干净无颗粒，否则通过打磨会渗入腊膜内。

（2）工具：标志牌、喷壶、高速抛光机、白色抛光洁垫、地拖。

（3）保洁剂：快亮地坪保养蜡。

（4）在抛光机上装好合适的抛光垫。

（5）用喷磨保养蜡通过喷雾洒向地面（注意：不要过多喷洒，否则地面会起雾）。

（6）用高速抛光机慢慢移动，磨光地面（注意：如垫子磨损应及时更换）。

（7）用推尘地拖除去灰尘。

（8）洗净所有工具并放回原处。

（9）保留标志直至地面完全干燥。

（10）将所有移动过的物件放回原位并摆放整齐。

6. 顶层起蜡与洗地

顶层起蜡的方法与洗地相同，仅是全能保洁剂的稀释比例不同，稀释比例为 1∶40。

标准及注意事项：

(1) 打蜡抛光标准：目视地面无杂物、无污渍，可映出照明灯轮廓。

(2) 在清洗大理石时注意保洁剂的使用，切勿使用对大理石有腐蚀作用的保洁剂。

(3) 操作机器时按操作要求操作，禁止违章使用；另外墙面装有玻璃时，应小心操作，防止损坏玻璃。

(4) 打蜡保养工作时间应安排在深夜进行，以免影响用户出入。

(五) 大理石地面的晶面保洁

(1) 工具：标志牌、毛巾、水桶、喷壶、钢丝棉、抛光垫、洗地机、加重晶面处理机、吸水机。

(2) 保洁剂：一般采用 NCL2501 晶面剂、NCL2502 抛光剂。

(3) 准备好所有工具和机器设备，放置标志牌，设置围栏，避免行人走动。

(4) 洗地后将 NCL2501 晶面剂装入喷壶备用，再将 NCL2502 抛光剂装入另一喷壶备用。

(5) 待清洗过的地面完全干燥后，将晶面处理机推入作业面，套上钢丝棉。

(6) 将适量 NCL2501 晶面剂喷于地面，启动晶面处理机进行研磨作业。

(7) 适时喷入 NCL2501 晶面剂，继续晶面作业。

(8) 用干毛巾保洁作业面，将适量 NCL2502 抛光剂喷于地面。

(9) 将抛光机套上抛光垫后进行作业。

(10) 用抛光机抛光地面，适时喷入抛光剂，继续抛光作业，直到地面出现晶莹光亮的晶面效果。

(11) 用干净毛巾保洁已作业的地面。

(12) 以上作业程序也可用于其他地面。

(六) 地毯的保洁

地毯养护的最重要之处在于除尘，每周应用吸尘器彻底吸尘两三次。发现地毯上有油污、水溶性污渍及粘有香口胶时，可分别用保洁剂清除水溶性污渍，再用除油剂清除油性污渍，最后用刀片刮除香口胶。地毯需要定期清洗，大概每 3 个月清洗一次。

1. 地毯除尘

(1) 工具：标志牌、吸尘器。

(2) 清理工作场所。

(3) 放置标志牌。

(4) 开启吸尘器吸尘。

2. 地毯清洗

(1) 工具：标志牌、地毯清洗机一套、吹干机（或吸水机）、水桶、量杯、搅拌棒、注水器、毛巾、手刷、喷壶。

(2) 保洁剂：地毯粉、强力地毯除渍剂、化泡剂。

(3) 放置保洁标志牌。

(4) 清理工作场所（注意：洗完物归原位）。

(5) 准备好所有工具。

(6) 按 1∶20 的比例将地毯粉配制成保洁液，同时加入化泡剂。

(7) 将保洁剂注入地毯清洗机的保洁液水箱。

(8) 高速洗地，注意运行方向由左至右，以 10cm/s 的速度为宜。

(9) 开启地毯清洗机。

(10) 将除渍液喷于污垢处。

(11) 用手刷和毛巾进行清洗。

(12) 再用地毯清洗机清洗一次。

(13) 开启吹干机，并不断改变风向，直至干透，或用吸水机吸干地毯中的水分，打开门窗、风扇通风。

(14) 洗净所用工具放回原处。

3. 地毯的特殊保洁保养

(1) 地毯压痕消除。由于家具或其他物件的重压，地毯会形成凹痕，消除凹痕的办法是：将浸过热水的毛巾拧干，敷在凹痕部位 5～10min，然后移去毛巾，用电吹风和细毛刷边吹边刷即可恢复原状。

(2) 地毯焦痕消除。焦痕程度不严重时，只需用硬毛刷子将焦痕部分的毛刷掉即可；若是较严重的焦痕，可把压在家具下的地毯毛刷起来后，用剪刀剪下，用黏合剂把它粘在烧焦处，用类似书本轻重的平面物品压在上面，待黏合剂干燥后，再用毛刷轻轻梳理一下便可。

(3) 地毯复色。地毯用久了颜色就会变得暗淡，要让用久了的地毯颜色变得鲜艳，可在前一天晚上把食用盐撒在地毯上，第二天早上用干净的湿抹布把食用盐抹净，地毯即可恢复鲜艳的色泽。

(4) 地毯局部洗涤。将面粉、精盐和石膏粉按 6∶1∶1 的比例用水调和至糊状，再加少许白酒，在炉上加温调和，冷却成干糊状后，撒在地毯脏处，再用毛刷或绒布擦拭，直到干糊成粉状，然后用吸尘器除去粉渣，地毯就干净了。

(5) 地毯污渍去除：1) 对地毯上的动植物油迹，应用毛巾蘸纯度较高的汽油擦拭；2) 对果汁和啤酒迹，要先用软布蘸洗衣粉溶液擦洗，再用温水加少许食醋溶液擦洗；3) 对墨水迹，可在墨迹处撒细盐末，再用肥皂液刷除，若是陈迹宜用牛奶浸润片刻，再用毛刷蘸牛奶刷拭。

二、建筑物外墙保洁

雨、酸雾、废气、粉尘、浮游物以及混凝土溶性物等在建筑物外墙表面形成的污渍会严重影响外墙的美观。这些污渍若长期附着在建筑物外墙表面，就会对外墙装饰材料造成不同程度的腐蚀，留下难以清除的斑痕，特别是在玻璃表面形成“泪痕”，不仅影响建筑物外墙的美观，而且也严重影响室内环境的统一和谐，因此对建筑物外墙进行经常性的保洁就显得特别重要。

外墙保洁是物业保洁工作的难点，危险性大，易发生人员坠落伤亡事故，所以外墙的保洁必须严格按照规定的程序进行操作，做好安全措施。

（一）外墙的保洁剂

外墙的保洁，一般采用专用全能保洁剂。专用全能保洁剂含有表面活性剂，对玻璃幕墙、磁控板、复合铝板幕墙、瓷砖幕墙、花岗石、幕墙等硬质表面有极强的去污能力，能彻底清除各种幕墙表面的污渍。专用全能保洁剂不属于强酸强碱类保洁剂，不损伤幕墙表面，也不会破坏玻璃幕墙。

（二）外墙的保洁方式

外墙保洁主要有两种方式：吊板方式和擦窗机方式。

（1）吊板方式。用吊绳、吊板将人吊到工作位置进行保洁，一般的大楼都可以采用这种方式进行保洁。这种方式简单、成本低，但危险性比较大，一旦安全措施做不到位就可能发生事故。

（2）擦窗机方式。通过擦窗机进行保洁。擦窗机又称室外吊篮，一般在大楼建造时安装好。工作人员站在吊篮内，吊篮可以上下左右移动，并配有电话，可以与外界随时进行联系，比较安全，但擦窗机价格昂贵。

安装擦窗机是高楼外墙保洁的发展方向，一些发达国家已经发展到用无人擦窗机进行外墙保洁工作。

（三）外墙保洁的条件

（1）气候条件。外墙保洁必须在良好的气候条件下进行，如大风、下雨、下雪、有雾能见度差、高温（35℃以上）和低温（0℃以下）等情况都不适合进行外墙保洁。另外，工作时风力应小于 5 级，5 级以上时应停止工作。因此，工作前应测定风力，尤其是高空风力。

（2）人员条件。外墙保洁工应有良好的身体条件和心理素质，必须经过严格的身体检查和定期复查，年龄应在 40 岁以下，血压正常，视力良好，无恐高症，若发现有不适的疾病应立即停止工作。同时，外墙保洁工还必须经过专门的培训，取得国家劳动部门核发的高空作业证书，并在有效期内方可上岗，严格禁止无证上岗。工人上岗前不得饮酒，有感冒等身体不适症状应暂停高空作业。

（3）设备条件。外墙保洁的设备必须处于良好的工作状态，擦窗机必须定期检查保养，每次工作前必须对钢丝绳、传动部位和保险装置进行检查，发现故障或原因不明的不正常现象应停止使用。用吊板工作的则应对吊绳、吊板等进行认真检查，凡发现吊绳有部分丝股断裂等现象应立即更换新绳。

（四）不同类型外墙的保洁

1. 玻璃幕墙和花岗石幕墙的保洁

（1）玻璃幕墙和花岗石幕墙保洁要达到的标准：玻璃或花岗石面上无污渍、水渍，保洁后用纸巾擦拭 50cm 长无灰尘。要达到此标准，必须有计划地进行保洁，以防止尘埃堆积，保持干净。

（2）工具：安全标志带、涂水器、玻璃刮刀、刀片、毛巾、软质洁垫、保洁水桶、喷壶。

（3）保洁剂：专业全能保洁剂（注意：水桶中按1∶50的比例配制保洁剂，喷壶中按1∶10的比例配制保洁剂）。

（4）先用刀片刮掉墙上的污渍。

（5）用涂水器或毛巾将按1∶50的比例配制的保洁剂涂于墙面，然后用适当的力量从墙面顶端往下垂直洗抹，污渍较重的地方重点洗抹。

（6）用玻璃刮刀刮去墙面的水迹，一洗一刮连续进行，当玻璃或花岗石接近地面时，可以把刮刀作横向移动，作业时，注意防止玻璃刮刀的金属部分刮花玻璃或花岗石。

（7）用无绒毛巾抹去玻璃或花岗石上的水珠。

（8）如仍有少量污渍，将按1∶10的比例配制的保洁剂喷于污渍上，用软质洁垫用力涂擦，或用刀片去除污渍直至干净为止。

（9）用水管将玻璃或花岗石表面、窗框和粘接缝等处的灰尘和残留保洁剂冲干净。

（10）用毛巾将窗框、粘接缝处的水渍抹干。

（11）最后用地拖拖干地面上的污水。

（12）高空作业时，应两人作业并系好安全带，戴好安全帽。

2. 复合铝板幕墙的保洁

（1）工具：安全标志带、毛孔软质洁垫、玻璃刮刀、保洁水桶、喷壶。

（2）保洁剂：专业全能保洁剂（注意：水桶中按1∶32的比例配制保洁剂，喷壶中按1∶5的比例配制保洁剂）。

（3）用按1∶32配制的保洁剂涂于铝板表面，用软质洁垫用力擦洗。

（4）若仍有少量污渍，用按1∶5的比例配制的保洁剂喷于污渍上，用软质洁垫用力擦洗直至干净为止。

（5）然后用水管将板材表面和粘接缝的灰尘和残留保洁剂冲洗干净。

（6）最后用玻璃刮刀刮净水渍，用毛巾擦净粘接缝处的水渍。

3. 瓷砖幕墙的保洁

（1）工具：安全标志带、毛巾、硬质毛刷、刀片、铲刀、保洁水桶、喷壶。

（2）保洁剂：专业全能保洁剂（注意：水桶中按1∶20的比例配制保洁剂，喷壶中按1∶5的比例配制保洁剂）。

（3）用按1∶20配制的保洁剂涂于瓷砖表面，用硬质毛刷用力刷干净。

（4）顽渍用按1∶5的比例配制的保洁剂喷于污渍上，用硬质毛刷用力刷洗。

（5）混凝土溶蚀物可用铲刀、刀片铲除，再用保洁剂洗刷干净。

（6）最后用水管冲洗干净瓷砖表面。

4. 大理石墙面的保洁

（1）保洁时间安排：1）墙面清抹每周一次，墙面清洗每月一次；2）大堂内的大理石墙面，每天用保洁水彻底清抹一次，每月打蜡抛光一次。

（2）保洁具体程序：1）用铲刀、刀片轻轻刮掉墙面的污垢、脏渍；2）把毛巾浸入放有洗洁精的水盆中，拿起拧干后沿着墙壁从上往下来回擦抹；3）将另一条毛巾用清水洗后拧干，彻底清抹一次墙面，直到干净；4）用干拖把拖干地面；5）大理石墙面不能用任何酸性溶剂清洗，否则会造成大理石分解；瓷砖墙面则禁止用碱类、盐酸类溶剂清洗，因为这些除污剂会损坏瓷砖表面的光泽；6）大理石墙面打上光蜡时先要用铲刀清除墙面上的杂物与旧蜡，然后用配有起渍水的保洁毛巾或其他纤维垫从上到下清抹墙面，保洁之后用清水再彻底清抹一次；7）将少量墙蜡涂于保洁布上，再轻轻用力涂抹在墙面上；用一条保洁布用力来回擦抹，达到抛光的效果。

（3）保洁标准：用纸巾擦拭墙面 60cm 长，纸巾无明显污染。

5. 通道墙面砖的保洁

（1）装好两桶水，在其中一桶内放入适量的保洁剂，另一桶备用。

（2）将毛巾浸入放有保洁剂的水里然后稍微拧干，沿墙壁从上往下来回擦抹。在保洁的同时用铲刀清除墙面顽固的污迹、脏渍。

（3）擦抹完墙面之后再用清水擦抹一遍，保持墙面光滑洁净。

（4）擦洗完之后，再用地拖拖干净地面的积水。

（5）标准：目视干净无污迹，用纸巾擦拭墙面 60cm 长，纸巾无明显污染。

（6）注意事项：瓷面砖保洁时不能使用腐蚀性保洁剂。

6. 乳胶漆墙面的保洁

（1）乳胶漆墙面保洁要达到的标准是：目视墙面干净无污渍、无黏附物、无灰尘。因此，必须采用以下保洁方法。

（2）用鸡毛掸子或干净的拖把轻轻拂去墙面的灰尘。

（3）用干毛巾清擦墙面的污渍，擦不掉的污渍用细砂纸轻轻擦掉。

（4）用铲刀铲掉墙面上黏附的泥沙、痰渍。

（5）扫净地面灰尘，再用湿拖把拖净地面。

（6）每月保洁一次。

7. 木质墙面的保洁

（1）工具：标识牌、手刷、毛巾、刀片。

（2）保洁剂：全能保洁剂，按 1∶100 的比例配制。

（3）用毛巾蘸取按 1∶100 配制的保洁剂擦洗墙面。

（4）必要时先用柔软洁垫和手刷清理墙面上的污渍，然后再用毛巾轻抹墙面。

（5）最后用清水洗净毛巾再轻抹墙面。

（6）对于带有一定造型形式的门，注意把各个造型部位清洗干净。如品格栅型的门应注意把各个格子清洗干净。另外，门上的沉积物、灰垢，尽量不要用钢丝球擦洗，以免划伤表层，应用软布或湿毛巾反复用力擦洗。

三、公共场所保洁

（一）大堂的保洁

（1）大堂的保洁要求是：地面无烟头、纸屑等杂物，无污渍，大理石地面、墙面有光泽，公共设施表面用纸巾擦拭无明显灰尘，不锈钢表面光亮无污渍，玻璃门无水迹、手迹、污渍，天棚、风口目视无污渍、灰尘。

（2）每天分两次重点清理大堂，每小时保洁一次，重点清理地面和电梯轿厢内的垃圾杂物。

（3）先用扫把清扫大堂地面垃圾，再用长柄刷蘸洗洁精清除地面污渍，最后用拖把拖地面一次。每天循环拖抹、推尘、吸尘。

（4）清扫电梯轿厢后，用湿拖把将轿厢内地板拖两遍。

（5）用干毛巾和不锈钢油轻抹大堂内各种不锈钢制品，包括门柱、镶字。电梯厅门、轿厢等。

（6）用拧干后的湿毛巾擦抹大堂门窗框、防火门、消防栓柜、内墙面等设施。

（7）清理不锈钢垃圾筒，洗净后放回原处。

（8）用湿拖把拖两三遍台阶，出入口的台阶每周用洗洁精冲刷一次。

（9）用干净毛巾擦拭玻璃门并每周清刮一次，每周地面补蜡及磨光一次。

（10）每月擦抹灯具、风口、烟感器、消防指示灯一次。

（11）每月对大理石地面打蜡一次，每月用去污粉、长柄手刷彻底刷洗地砖地面和水磨地面一次。

（二）游乐场的保洁

（1）准备抹布、胶桶、扫把等工具以及保洁剂。

（2）用抹布抹干净秋千、跷跷板上的灰尘。

（3）在污渍处倒少许清洗剂，用抹布擦抹，然后用水清洗干净。

（4）用扫把将沙坑外的沙扫入坑内，同时清扫游乐场内及周围的纸屑、果皮等垃圾。

（5）滑梯每半月清洗一次，其他设施每周擦抹一次，保洁后保持无灰尘、污渍。

（6）场地每天扫三遍，每小时循环保洁一次，目视游乐场周围整洁干净，无果皮、纸屑等垃圾。

（7）发现游乐设施损坏，及时报告。

（8）发现有人未按规定使用游乐设施时，应予以制止、纠止。

（三）游泳池的保洁

（1）游泳池瓷砖面的保洁：先用水将瓷砖面打湿，撒一些去污粉并用长柄手刷把表面的污渍刷干净。

（2）用毛巾将池边的灯、椅、台、扶栏等设施上的积水抹干。

（3）每天开放前游泳池底部用吸尘器吸杂物一次，直到将整个池底的杂物吸干净为止，其操作程序如下：1）将水底吸尘器推到泳池场内，对游泳池底部进行吸尘，如池水内有树叶等杂物，应先用捞网将杂物捞起；2）检查水底吸尘器电源线是否裸露、破裂，确定完好后将吸尘器排水管放入排水渠内，打开电源开关进行吸尘；3）操作吸尘器动作要稳，要顺着一个方向运作，速度要均匀以免扬起池底杂质；4）吸尘完毕后，将真空管及电线缠绕整齐，并将工具搬回工具房；5）室外泳池应每天吸尘一次，室内泳池可3天吸尘一次。

（4）池水的定期净化消毒每周进行一次，其操作程序如下：1）吸尘后对水质进行测试和加药；2）加药时应根据测试结果确定加药量；3）片剂药物可直接投放，粉剂药物应用药桶兑水稀释后再投放（注意：投放药量和兑水量参照药物说明）。

（5）池水净化消毒药物主要有：谷氨酸钠、聚合氯化铝、硫酸铜等。

（6）水质测试，含氯量应为0.3～0.5mg/L，pH值为5～8.5。

（7）池水应在每天开放前更换，按规定投放消毒药物，保证池水含氯量为0.6mg/L。

（8）使用岸上推动吸尘器时应防止真空管摩擦地面。

（9）游泳池所用药品具有较强的腐蚀性和刺激性，应存放在药品专用保管室内，并根据药品的性质进行标识、隔离、分类存放。

（10）消毒药品投放时应避开正在游泳的客人。

（11）如遇游泳高峰期消毒次数应视情况而增加。

（12）每次测试、加药应认真做好记录。

（13）注入新水后，加适量的漂白粉、明矾、硫酸铜，以保持水质清澈。

（14）游泳池更衣室、卫生间在使用期间每天保洁两次，并时刻保持干净。

（15）标准：水面无漂浮物，池内无沉淀、杂物，水质清澈见底。

（四）道路及运动场所的保洁

（1）做好物业汽车道、人行道、消防通道、羽毛球场、门球场等道路和活动场地的保洁工作。先用长柄竹扫把将道路中间和公共活动场地的果皮、纸屑、泥沙等垃圾扫成堆，再用扫把将垃圾扫入垃圾斗内，然后倒进垃圾手推车。

（2）对有污渍的路面和场地用水进行清洗。

（3）用长柄竹扫把把马路上的积水、泥沙扫干净。

（4）每天打扫三次，每小时循环保洁一次，保持整洁。

（5）活动场地、路面无泥沙，无明显垃圾，无积水、污渍。

（五）绿地的保洁

（1）做好草地和绿化带的保洁工作，用扫把仔细清扫草地上的果皮、纸屑、石块等垃圾。

（2）对烟头、棉签、小石子、纸屑等用扫把不易清扫的小杂物，则用手捡入垃圾斗内。

（3）在清扫草地的同时，仔细清理绿篱下的枯枝落叶。

（4）每小时循环保洁一次。

（5）目视无枯枝落叶，无果皮，无饮料罐，无3cm以上石块等垃圾和杂物，100m^{2}内烟头数量少于1个。

（六）停车场的保洁

（1）自行车房的保洁：1）保持自行车房的整洁，车辆摆放整齐，准备扫把、胶桶、抹布等工具；2）用扫把清扫自行车房内的果皮、纸屑、灰尘、垃圾等；3）用干净的扫把将房顶上、墙上的蜘蛛网、灰尘清除；4）用湿抹布擦抹棚架、自行车房拉门及窗网；5）将自行车棚内的自行车按顺序排列整齐；6）对没有使用且积尘明显的自行车，每周用鸡毛掸打扫自行车上的灰尘一次；长期停放超出规定时限且有碍观瞻的车辆按车辆管理规定处理；7）每天打扫两次，目视无果皮、纸屑、蜘蛛网，墙面无灰尘；8）棚架每月擦抹一次，拉门、窗每周擦抹一次，棚须每周清扫一次。

（2）机动车停车场的保洁：1）保持机动车停车场的整洁，准备胶水管、扫把、胶刷、垃圾斗等工具和保洁剂；2）用长柄竹扫把将垃圾扫成若干堆，用垃圾斗将垃圾铲入垃圾车中，发现有杂物，一起清运至垃圾车；3）用胶水管接通水源，全面冲洗地面，发现油渍和污渍时，倒少量保洁剂在污渍处，用胶刷擦洗，然后再用水冲洗；4）保洁周围排水口和下水口，保证排水畅通；5）目视地面无垃圾、果皮、纸屑，无积水，无污渍和杂物。保洁时应小心细致，垃圾车和工具不要碰坏客户车辆；6）每天清扫两次，每周用水冲洗地面一次；每月用保洁液、毛巾擦拭一遍消防栓、消防指示灯、车位挡、防火门等公共设施；每两个月用干毛巾擦拭灯具一次；停车场管线每两个月用鸡毛掸子或扫把清扫灰尘一次；7）发现机动车辆漏油时，应通知车主并及时用干抹布抹去燃油，然后用洗洁精浇洗油污，以免发生火灾；8）每周冲刷地面一次，并打开地下停车场的集水坑和排水沟盖板，彻底疏通、清理一次。

（七）标准层的保洁

（1）每天早晨将标准层的生活垃圾收集至地面垃圾周转站，并清洗垃圾桶，套上垃圾袋放回相应的楼层。首先做好电梯厅内地面的保洁工作，然后再用扫把对楼层各通道及后楼梯台阶清扫一遍。

（2）用地拖拖抹通道地面及楼梯台阶。再用保洁毛巾对楼层的公共设备，包括通道防火门、消防栓、平开窗、楼道灯罩、开关按钮、排风口、楼梯扶手、楼层墙面、后楼梯管线等擦抹一遍。

（3）楼层所有灯具每星期用干净的白毛巾擦拭一遍。

（4）每月对楼层通道地砖用去污粉清洗一次，每月至少对后楼梯顶面扫尘、除蛛网一次。

（八）公共卫生间的保洁

（1）公共卫生间保洁的标准：地面无烟头、污渍、积水、纸屑、果皮；天花板、墙角、灯具目视无灰尘、蜘蛛网；目视墙壁干净；便器洁净，无黄渍；室内无异味、臭味。

（2）每天上午、下午上班前分两次重点清理，并不断巡视，保持清洁。

（3）如条件许可，可在保洁时，关闭卫生间，暂时不让公众使用，但必须放置告示牌，地滑时放置“小心地滑”警示牌，打开窗户通风。

（4）用水冲洗大小便器，并用夹子夹出小便器内的烟头等杂物。

（5）用厕所刷蘸洁厕剂洗刷大小便器，然后用清水冲净。

（6）用湿毛巾和洗洁精擦洗面盆、大理石台面、墙面、门窗。

（7）用拧干的湿毛巾擦镜面、玻璃窗，然后再用干毛巾擦净。

（8）清洗垃圾桶和烟灰缸并将内外擦干。

（9）用湿拖把拖干净地面，然后再用干拖把拖干。

（10）喷适量香水或空气清新剂，小便斗内放樟脑丸，或直接用杀菌保洁剂彻底对卫生间进行保洁。

(11) 每两小时保洁一次，主要清理纸篓垃圾、地面垃圾、地面积水和水迹等。
(12) 每周擦抹抽气风口一次，消毒大洗一次。
(13) 每月用干毛巾擦灯具一次，清扫天花板一次，杀虫一次。

四、公共设施保洁

(一) 地面公共设施的保洁

1. 值班室和岗亭的保洁

(1) 准备抹布、胶桶（装水）、玻璃刮、鸡毛掸、扫把、拖把等工具以及洗洁精。
(2) 按从上往下、由里到外的顺序进行保洁。
(3) 用鸡毛弹子扫去墙上的灰尘和蜘蛛网，再清除桌椅上的灰尘。
(4) 用扫把打扫地面，用湿抹布擦抹值班桌椅，洗干净抹布后再擦抹门、窗及外墙。
(5) 用干净抹布重新擦抹一次桌椅和门、窗、玻璃。
(6) 用洗干净的拖把拖抹地面及过道。
(7) 室内如有其他办公设备应同时进行保洁。
(8) 保洁值班室或岗亭后用抹布擦抹道闸。
(9) 有污渍时，倒少许洗洁精用抹布擦洗。
(10) 目视无灰尘、无污渍、无烟头、无杂物，门窗玻璃透明、无污渍。
(11) 每天保洁一次。
(12) 保洁道闸时应注意行驶车辆。

2. 地面喷水池的保洁

(1) 平时保养：地面保洁工每天用捞筛对喷水池的水面漂浮物进行打捞，每隔六七天对池内深沉物用吸水机吸一遍。

(2) 定期保洁：1) 每 10～15 天彻底清洗一次，冬季可延长至一个月，打开喷水池排水阀门放水，待池水放去 1/3 时，保洁工入池保洁；2) 用长柄手刷加适量的保洁剂从上至下刷洗水池瓷砖；3) 用毛巾抹洗池内的灯饰、水泵、水管、喷头及电线表层的青苔、污垢；4) 排尽池内污水并对池底进行拖抹；5) 注入新水，投入适量的硫酸铜以净化水质，并清洗水池周围地面的污渍。

(3) 标准：目视池水清澈见底，水面无杂物，池底洗净后无沉淀物，池边无污渍。

(4) 注意事项：1) 清洗时应断开电源；2) 擦洗电线、灯饰不可用力过大，以免损坏；3) 保洁时，不要摆动喷头，以免影响喷水观赏效果；4) 注意防滑、跌倒。

3. 水池和水箱的保洁

(1) 地下水池、屋顶水箱、中间水箱一年至少清洗两次，若遇特殊情况可增加清洗次数。

(2) 一般情况下，清洗程序按规定进行；特殊情况下则应拟定水箱清洗方案，经领导批准后执行。

(3) 清洗前一天应发出通告，通知用户停水时间，以便用户做好储水准备。

(4) 清洗前应做好所需机电工具、检测器具、保洁工具及消毒药物的准备工作。

（5）水池和水箱的清洗和检修程序：1）关闭总水阀，关闭水箱之间的连通阀门，开启泄水阀，排空水池和水箱内的水；2）让泄水阀门处于开启状态，用鼓风机对着水池、水箱内吹风 2 小时以上，使空气流通，吹进新鲜空气，排出水池、水箱中的有毒气体；3）将燃着的蜡烛放入池底，以其不因缺氧而熄灭为判断依据，以确保水池、水箱中的空气新鲜；4）安装一盏 36W 的灯，供水池、水箱内照明用；5）清洗和检修人员进入池内工作；6）保洁人员用柠檬洗洁精对池壁、池底洗刷不少于 3 遍，维修人员对水池中的管道、阀门、浮球、水位控制电路进行检查维修；7）清洗完毕后排尽水池内的污水，清除污渍，然后向水池壁及底部喷洒消毒水；8）检查各种设施正常后，注入水，取水样到卫生防疫检测部门化验取证。

（6）水池和水箱清洗的注意事项：1）使用安全电压灯，导线绝缘良好并安装漏电开关；2）相关人员在上、下水池时应小心，传送工具等物品使用绳子传吊；3）未经检验证明水池中有氧气前，不得进入水池；4）消毒人员必须戴防护眼镜和口罩。

4. 散水坡和排水沟的保洁

（1）保持排水沟畅通、散水坡洁净。用扫把清扫散水坡上的泥沙、果皮、纸屑等。

（2）用胶扫把清扫排水沟里的泥沙、纸屑等垃圾，拔除沟里生长的杂草，保证排水沟的畅通。

（3）用铲刀、钢丝刷清除散水坡及墙壁上空调滴水的污渍及青苔。

（4）先用洗洁精清洗再用清水冲洗，发现有不干净的地方用铲刀再仔细刮。

（5）目视干净，无污渍，无青苔，无垃圾和沙石。

（6）有空调滴水的地方每星期擦洗一次，散水坡和排水沟每天保洁 3 次以上。

5. 垃圾池和垃圾箱的保洁

（1）做好垃圾池、垃圾箱的保洁工作。用铁铲将池内垃圾铲入手推车内，用扫把将剩余垃圾扫干净后，打开水阀用水冲洗池内外一次。

（2）将去污粉或洗衣粉撒在垃圾池内外瓷砖和垃圾池门上，用胶刷擦洗污渍。

（3）疏通垃圾池的排水道，保洁周围水泥地面。

（4）打开水阀，用水全面冲洗垃圾池内外，同时用扫把或胶刷擦洗，垃圾池周围不积污水。

（5）关闭水阀，收回水管，锁好垃圾池门。

（6）清理垃圾桶或果皮箱内的垃圾后，将桶、箱搬到有水源的地方，先用水冲洗一遍，然后对污渍处倒少许去污粉擦洗，再用水冲洗干净，搬回原处放好，或者套上黑色垃圾袋，放回原处。

（7）垃圾箱上的烟灰缸存放烟头不能超过 3 支，要及时清理干净。

（8）目视无污渍，无广告纸，每天清运、清洗两次，垃圾池和垃圾箱每周用去污粉保洁一次。

6. 化粪池的保洁

（1）用铁钩打开化粪池的盖板，再用长竹竿（8m）搅散化粪池内杂物结块层。在用竹竿搅拌结块层时防止跌进化粪池内。

（2）把吸粪车开到工作现场，套好吸粪胶管（5m 长，备 3 条）放入化粪池内。

（3）启动吸粪车的开关，吸出粪便直至化粪池内的化粪结块物吸完为止，要防止弄脏工作现场和过往行人的衣物。

（4）盖好化粪池井盖，用清水冲洗工作现场和所有工具。

（5）每 6～12 个月清理一次，一级池清运 90%，二级池清运 75%，三级池硬的表面全部清运。

（6）清理后，目视机井内无堆积物浮于表面，出入口畅通，保持污水不溢出地面。

（7）在化粪池井盖打开后 10～15min 内，人不能站在池边，禁止在池边点火或吸烟，以防沼气着火。

（8）人勿下池工作，防止人员中毒或陷入池中。

（9）化粪池井盖打开后工作人员不能离开现场，保洁完毕后，随手盖好井盖，以防行人掉入井内发生意外。

（二）建筑附属公共设施的保洁

1. 玻璃窗的保洁

（1）工具：毛巾、涂水器、玻璃刮刀、钢丝刷、螺丝刀、水桶。

（2）保洁剂：全能保洁剂或玻璃保洁剂。

（3）把垫布垫在窗台内，以保护墙裙。

（4）用湿毛巾清洗玻璃和玻璃框表面的附着物、灰尘、污垢和顽固的沉积物，有的顽固沉积物需用钢丝刷先保洁一遍（注意：不能用钢丝刷直接擦玻璃表面。干擦易划伤玻璃，应带水擦洗。磨砂玻璃、贴有窗花纸的玻璃，不能用钢丝球擦洗，易划伤磨砂玻璃表面和窗花纸）。

（5）对玻璃及玻璃框保洁两次后，将保洁剂按规定比例（1∶100）稀释，并涂于玻璃表面。

（6）同时用左手握一条毛巾，右手握玻璃刮刀刮净表面（注意：用玻璃刮刀从上用力匀速刮到底，接着用左手的毛巾擦干净玻璃上的残留物，最后达到光亮透明的效果）。

（7）用湿毛巾清洗下方的沟槽，较窄的沟槽用湿毛巾包住螺丝刀来回拖擦干净。

（8）最后用湿毛巾清洗窗台。

（9）安全措施：1）玻璃能取下来的，尽量取下来擦，便于操作。取下玻璃时，请将手握玻璃部分用毛巾垫隔开以免伤到手；2）取下来的玻璃，下方应放置在垫布上，以防滑倒，上方垫上抹布靠墙，以防损伤墙面。靠墙放置玻璃应与地面成 80°夹角，过于垂直或倾斜易滑倒。取下来的玻璃，在清洗干净后安装时，应注意正反面和先后顺序，避免浪费时间和精力。

2. 护栏的保洁

（1）不锈钢护栏的保洁：1）工具：毛巾、小毛刷、水桶；2）保洁剂：酸性防锈保洁剂；3）配合业主移开护栏上的障碍物（如花盆、衣物等）；4）先用小毛刷将护栏灰尘清除一遍；5）再用含有酸性防锈保洁剂的湿毛巾擦抹防护栏的钢条，顺着钢条来回擦洗；对极短的钢条，握住钢条旋转擦洗；6）用干净的毛巾擦洗，直至无污渍、灰垢。

（2）护栏的除锈和上漆：1）工具：钢丝刷、毛刷、小铲刀；2）保洁剂：防锈漆、油漆、香蕉水、烧碱；3）配合业主移开护栏上的障碍物（如花盆、衣物等）；4）先用小毛刷将护栏灰尘清除一遍；5）用钢丝刷除去护栏上的锈斑；6）再用毛刷将防锈漆涂于护栏上，如果防锈漆污染了护栏以外的地方，可用香蕉水或烧碱浸泡，之后再用小铲刀清除；7）等防锈漆彻底干后，再用毛刷将油漆涂于护栏上；8）安全措施：上防护栏时，应系好安全带；脚踩在防护栏上时，不能单踩在一根钢条上，应踩在两根钢条上，同时最好一只脚踩在窗台上，另一只脚踩在护栏上，以减轻防护栏的承重。

3. 灯具的保洁

(1) 灯具保洁的目标：保洁后的灯具无灰尘，灯具内无蚊虫，灯盖、灯罩明亮、干净。

(2) 关闭电源，一手托起灯罩，一手拿螺丝刀，拧松灯罩的固定螺丝，取下灯罩。如果要保洁高空的灯具，则架好梯子，人站在梯子上作业，但要注意安全，防止摔落。

(3) 取下灯罩后，用湿抹布擦抹灯罩内外污渍，再用干抹布抹干水渍。

(4) 将灯罩装上，并用螺丝刀拧紧固定螺丝，但不要用力过大，防止损坏灯罩。

(5) 保洁灯管时，应先关闭电源，打开盖板，取下灯管，用抹布分别擦抹灯管及盖板，然后重新装好。

4. 换气扇的保洁

(1) 工具：毛巾、水桶、刷子。

(2) 保洁剂：强力化油剂。

(3) 先按规定比例配制保洁剂。

(4) 取下换气扇叶上的盖子，放入配制好的保洁剂中浸湿。

(5) 将盖子清洗干净，若有顽固污渍，可用刷子清洗。

(6) 洗干净之后用毛巾擦干，再将其装好。

5. 挡雨篷的保洁

(1) 保洁范围：物业内的所有挡雨篷、防护罩等。

(2) 每天用扫把清扫篷面上的杂物。

(3) 每星期用去污粉、长柄手刷对篷面彻底清刷并冲洗干净。

(4) 防护罩表面每星期用水冲洗一次，并用保洁布擦干防护罩表面。

(5) 防护罩不锈钢部分用起渍水保洁后应涂上不锈钢油加以保护，防止生锈腐蚀墙面。

(6) 标准：雨篷面上无灰尘和垃圾杂物，不锈钢表面无锈迹。

6. 字牌画的保洁

(1) 每天用拧干的毛巾轻抹字、牌、画表面的灰尘。

(2) 每周用半湿抹布对艺术字进行光亮处理和保养一次。

(3) 不锈钢材质的字、牌、制品、设施应每周用干燥、干净的毛巾先擦一遍，再用干燥、干净的毛巾蘸上不锈钢水顺着纹路轻抹一次；有广告纸时，需先撕下广告纸。宣传牌每周保洁一次，室内标识牌每天保洁一次。

(4) 铜类材质的字、牌、制品、设施应每周用干燥、干净的毛巾除尘，然后再用干净的毛巾蘸少量铜亮剂顺同一方向快速用力擦至光亮。

(5) 每次下雨之后立即用干的保洁布将室外的宣传牌、警示牌保洁一遍。

(6) 每月用保洁水对所有牌面彻底清洗一遍，并涂上保护油。

(7) 有机玻璃面的字画及 PVC 胶板字、牌，每隔两日用拧干的毛巾蘸兑水洗洁精

（注意：水与洗洁精的比例为 7：1）进行轻擦，再用拧干的毛巾擦抹直到不留污渍为止。

（8）用玻璃装裱的字画每周用鸡毛弹子进行除尘。

（9）用玻璃装裱的字画每周擦洗时应先喷少量玻璃水到玻璃上，再用干净的半湿毛巾轻擦，最后用柔软的干毛巾擦干水迹。要注意防止玻璃水喷洒过多沿镜框渗透到内部沾污字画。

7. 雕塑装饰物和宣传栏的保洁

（1）雕塑装饰物的保洁应备长柄胶扫把、抹布、保洁剂、梯子等工具，用扫把打扫装饰物上的灰尘，人站在梯子上，用湿抹布从上往下擦抹一遍，如有污渍用保洁剂涂在污渍处，用抹布擦抹，然后用水清洗。不锈钢装饰物按不锈钢的保洁保养方法操作。

（2）宣传栏的保洁：用抹布将宣传栏里外周边全面擦抹一遍，玻璃用玻璃刮刀保洁。

（3）雕塑装饰物每月保洁一次，保洁后检查无污渍、无积尘。

（4）注意事项：工作时梯子平稳放置，人勿趴在装饰物上，防止人员摔伤；保洁宣传栏玻璃时，小心划伤手；使用保洁工具时，不要损伤被保洁物。

8. 不锈钢制品和设施的保洁

（1）不锈钢制品一般有奖牌、标识牌、宣传栏、雕塑、门厅前不锈钢柱、不锈钢护栏、招牌、电梯轿厢门等。

（2）保持奖牌、标识牌、宣传栏、雕塑及其他不锈钢制品表面的保洁，使其不被氧化。先用兑有中性保洁剂的溶液擦抹不锈钢表面，然后用无绒毛巾抹净不锈钢表面的水珠。

（3）置少许不锈钢油于毛巾上，对不锈钢表面进行拭抹，或用喷头直接将不锈钢油喷在不锈钢表面，

（4）然后用无绒干毛巾拭抹。

（5）目视不锈钢表面无污渍，无灰尘，表面光亮，可映出人影。

（6）不锈钢油不宜喷涂太多。

（7）大面积的不锈钢设施需要保洁时，可用手动喷雾枪将保洁水喷于不锈钢表面，然后用无绒毛巾擦拭干净；取少许不锈钢保护油原液沾于毛巾上，对不锈钢表面从上到下擦抹。镜面不锈钢表面禁止使用不锈钢油。

（8）标准：亚光不锈钢表面无污渍、油渍，无灰尘。镜面不锈钢表面光亮，无油渍，3m 内能清晰映出人物形体。

（9）注意事项：在电梯轿厢内操作时要防止将不锈钢油沾污到乘客身上。喷涂不锈钢油时不宜太多，以免油沿着不锈钢表面下淋到地面，造成污染。在保洁时不应使用硬性物体，防止损坏不锈钢表面。

9. 电梯轿门滑槽的保洁

（1）准备一个比滑槽规格稍小的铝槽条、小型油漆刷、装杂物的垃圾袋。在电梯工人的帮助下，把电梯控制于手动状态，让其不能自动运行。

（2）清扫时将铝槽条放入滑槽一端，再用油漆刷从另一端把滑槽内的杂物清扫到铝槽条内，然后将铝槽条内的杂物倒入垃圾袋内，最后清理现场。

（3）清扫完之后，使用少许起渍水清洗滑槽，然后用保洁毛巾擦抹干净。

（4）清扫滑槽每月进行两次，每月清洗一次，尽量在电梯使用不繁忙时进行保洁。

（5）标准：滑槽内无杂物、无灰尘。

10. 后楼梯台阶的保洁

（1）早晨收完生活垃圾之后，用扫帚从顶层逐层清扫到底层。

（2）清扫完之后用拖布拖各层楼梯面。

（3）后楼梯放垃圾桶的台阶平台应每天用保洁剂拖洗干净。

（4）每星期用保洁剂彻底保洁一次后楼梯台阶。

（5）每月对后楼梯的蚊、蝇、蟑螂灭杀两遍。

（6）标准：目视无积尘、污渍、油迹、蚊虫。

（三）地下室公共设施的保洁

1. 消防栓等的保洁

（1）保洁范围：地下室内的消防栓、排风口、防火门、反光镜的保洁保养。

（2）物业使用后用刷子将消防栓箱体内外彻底清扫一次，并贴上封条。

（3）保洁期间每天用保洁布对消防栓表面擦抹一次，排风口、防火门、反光镜每天用保洁布擦抹一遍。

（4）标准：目视表面无灰尘；防火门用纸巾擦拭门上冒头 30cm、门板面 60cm，纸巾无明显污染。

2. 地下室管线的保洁

（1）保洁范围：小区、大厦的地下室自行车车库、汽车车库内的所有管线。

（2）作业程序：先用干净的胶扫把把水管上的灰尘清除，然后将拖布浸水稍拧干在水管上顺序拖抹，之后，用毛巾浸入清水并彻底擦抹一次。

（3）每周小清，每月大清，并时刻保持水管干净。

（4）标准：保持管线上无杂物、无明显积尘。

3. 地下室水沟的保洁

（1）每天在清扫地下室地面时，打开沟盖并清扫水沟内的杂物。如发现水沟内有沉淀物应及时清扫干净，并将水沟内的积水一并扫入地下室污水井内一起抽走。

（2）每隔 10 天在冲洗地下室地面的同时将水沟一起冲洗，保持水沟内无沉淀物。水沟上的沟盖保持无污渍，如有应及时清理干净。

（3）标准：水沟内无杂物，沉淀物无异味。

4. 地下室污水井的保洁

（1）将所需的工具带到工作现场。

（2）用铁钩把污水井的井盖全部打开，启动污水泵开关，把井内的积水全部抽掉。待污水泵自动停止后方可进入井内作业。用铁铲将井底的沉淀物铲入箩筐内，并运到垃圾周转站，直至污水井内的沉淀物铲完为止。

（3）清理完后用水将污水井周围冲洗干净。

（4）标准：井内无沉淀物，污水不能溢出地面，每半年清理一次。

案例评析

公共卫生间保洁的标准：地面无烟头、污渍、积水、纸屑、果皮；天花板、墙角、灯具目视无灰尘、蜘蛛网；目视墙壁干净；便器洁净，无黄渍；室内无异味、臭味。

本案例中，小李清洁卫生间地面后没有及时擦干，地面有少量积水，同时他的安全防范意识不强，工作现场没有放置“小心地滑”警示牌，因此对造成的后果要负主要责任。

项目小结

物业环境卫生管理是针对物业管理区域而言的，其管理的主要目的是维护和保持整个物业管理区域干净、整洁、卫生，为业主和使用人提供一个优雅、舒适的工作和生活环境。物业环境卫生管理范围包括公共场所保洁管理、生活垃圾管理、公共场所卫生防疫管理等。物业环境卫生管理的内容包括制定完善的管理制度，制订环境卫生管理工作计划，搞好物业区域的日常卫生保洁、保洁检查、保洁物资管理工作，以及保洁人员招聘与定期培训、卫生宣传工作等。为了更安全、更全面、更有效地实施保洁管理工作，要根据被保洁对象的不同，正确开展保洁工作，使用和运用先进与合适的保洁工具、手段、保洁技术等来保持被保洁对象的干净整洁。物业环境卫生管理是业主和使用人正常生活、工作的最基本要求，体现物业服务企业管理水平的高低，是物业区域建筑和设备维护保养以及社会经济发展的需要。

拓展园地

住房和城乡建设部发布《保洁员职业技能标准（征求意见稿）》

为加强市容环境卫生服务行业保洁员从业人员队伍建设、推进保洁员职业培训制度的实施、规范保洁员职业技能要求和培训考核，根据《住房和城乡建设部标准定额司关于开展〈城镇燃气行业职业技能标准〉等13项工程建设行业标准制订工作的函》，住房和城乡建设部组织广东省环境卫生协会等单位起草了行业标准《保洁员职业技能标准（征求意见稿）》。

标准适用于保洁员职业技能的培训考核，包括总则、术语、基本规定等7项内容，对清扫保洁工、公厕保洁员、水域保洁员、高空外墙清洗员职业技能标准（职业要求、职业技能以及培训考核）提出了明确要求。

标准明确，保洁员职业技能等级由低到高可分为职业技能五级（初级工）、职业技能四级（中级工）、职业技能三级（高级工）。取得本职业技能三级培训合格证后，可按照环境卫生服务行业其他工种的职业技能要求申报更高等级。职业要求和职业技能应分为安全生产知识、理论知识、操作技能3个模块。其中，安全生产知识应包括安全基础知识和作业现场安全操作知识，理论知识应包括基本知识、专业知识和相关知识，操作技能应包括基本操作技术能力、工具设备的使用和维护能力、指导能力。职业要求中对安全生产知识和理论知识的目标要求由高到低应分为掌握、熟悉、了解3个层次，对操作技能的目标要求由高到低应分为熟练、能够、会3个层次。职业技能培训考核形式应分为笔试、实际操作两种。职业技能培训考核结果应分为合格、不合格。3个模块培训考核均合格后，方能获得相应的职业培训合格证。

资料来源：钟欣．住房和城乡建设部发布《保洁员职业技能标准（征求意见稿）》．中国建设报，2021-09-07.

实训练习

一、选择题

1. 物业管理公司对环境卫生管理工作可以采取三种模式进行（　　）。

A. 委托式　　B. 选择式　　C. 结合式　　D. 自主式

2. 按照保洁剂的（　　），通常将其分为酸性保洁剂、中性保洁剂、碱性保洁剂三种基本类型。

A. 物理性质　　B. 形态　　C. 使用方法　　D. 酸碱性

3. 地板打蜡抛光的第一步是（　　）。

A. 洗地抛光　　B. 起蜡　　C. 除尘　　D. 上蜡封地

E. 抛光

4. 外墙保洁必须在良好的气候条件下进行，风力（　　）以上停止工作。

A. 3级　　B. 4级　　C. 5级　　D. 6级

5. 洗洁精属于（　　）。

A. 酸性保洁剂　　B. 中性保洁剂

C. 碱性保洁剂　　D. 其他

二、名词解释

环境卫生　　环境卫生管理　　物业环境卫生管理

三、简答题

1. 物业环境卫生管理的范围有哪些？
2. 如何对保洁剂进行安全管理？
3. 保洁工具的选购应考虑哪些因素？

四、实训——走进物业环境卫生管理

实训名称	实训目的	实训内容	实训考核
实训项目1 参观物业公司，编制物业环境卫生保洁管理方案	掌握物业环境卫生保洁管理方案的编制内容	（1）参观学校物业公司，了解保洁情况； （2）根据学校物业管理现状编制学校物业环境卫生保洁管理方案； （3）每组编制一份，每组5人	物业环境卫生保洁管理方案

续前表

实训名称	实训目的	实训内容	实训考核
实训项目 2 参观物业公司，编制地板打蜡抛光工作程序	掌握地板打蜡抛光工作程序	(1) 观摩大楼地板的打蜡抛光工作； (2) 编制地板打蜡抛光工作程序； (3) 每组编制一份，每组 5 人	地板打蜡抛光工作程序
实训项目 3 参观物业公司，识别保洁常用物品	能够识别常用保洁用品	(1) 常用保洁剂； (2) 常用保洁工具	现场识别保洁常用物品

项目三 物业垃圾与防疫管理

问题引入

2020 年 7 月 1 日起施行的《武汉市生活垃圾分类管理办法》第 10 条规定：实行生活垃圾分类投放管理责任人制度。党政机关、驻汉单位、企事业单位、社会团体以及其他组织的办公和生产场所，由业主委托物业服务企业实施物业管理的，物业服务企业为管理责任人；实行物业管理的居住区，物业服务企业为管理责任人。

物业垃圾为什么要进行垃圾分类？物业执行垃圾分类有何难点？

任务导读

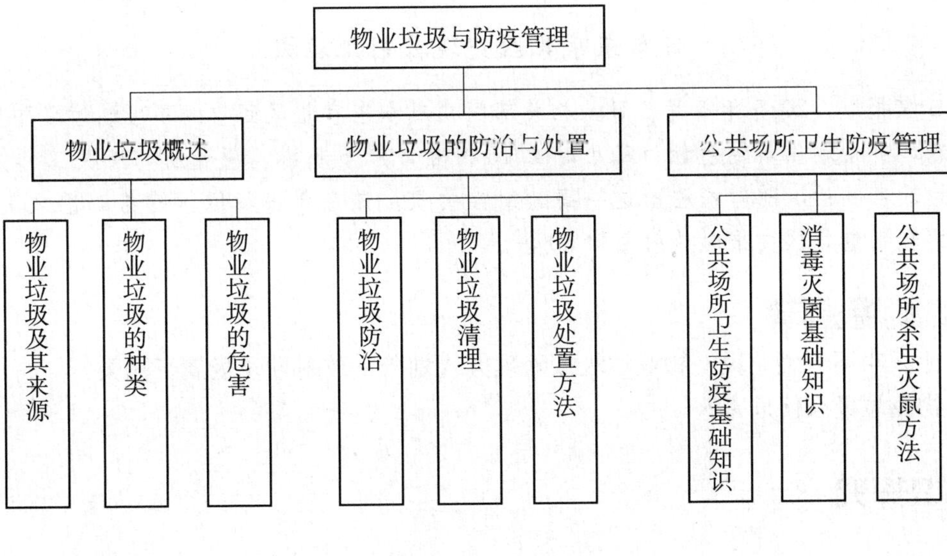

学习目标

- 学习目标
  - 知识目标
    - 掌握物业垃圾的基本概念及危害、公共场合卫生防疫基本知识。
    - 了解物业垃圾处置方法。
  - 能力目标
    - 熟悉物业垃圾分类方法。
    - 熟悉防治及公共场合杀虫灭鼠方法。
  - 素质目标
    - 阅读《小习惯，大贡献》，了解垃圾分类的重要性；能按照厨余垃圾、可回收物、有害垃圾、其他垃圾进行垃圾分类；培养环保意识，养成良好的环保行为。

任务一　物业垃圾概述

案例导入

日本东京北区实现放射性垃圾

据日媒报道，2015年5月6日，相关部门在日本东京北区回收的不可燃垃圾中发现一个金属箱，并检测出其辐射量为每小时4.15微希，严重超标。报道称，相关工作人员将不可燃垃圾回收后，随即检测出这一高放射性物质。该金属箱疑似保健器皿镭氡制造器，所携带的辐射量是区内平时放射量的50倍。

？问题与思考

1. 什么叫不可燃垃圾？物业垃圾按处理方式划分，放射性垃圾属于哪类？
2. 物业垃圾有何危害？

知识探究

物业垃圾与废气、废水一样，都是业主和使用人生产和生活的代谢产物。随着社会经济的发展和人们生活水平的提高，各种垃圾的排放量猛增。日益增长的垃圾给环境带来了很大危害，成为影响环境污染的主要因素之一。

一、物业垃圾及其来源

（一）相关概念

1. 垃圾

垃圾也称废物，是人类在生产、加工、流通、消费等过程中对相关物品提取有用成分之后，丢弃的固体、半固体（泥状物）和液体废弃物。

2. 物业垃圾

物业垃圾指物业业主、使用人和受益人不再使用并丢弃的人工制品和天然物品。但“垃圾”是一个相对概念，是有一定时空条件的。往往一种过程产生的垃圾，可以成为另一种过程的原料，所以垃圾也有“放在错误地点的原料”之称。随着时间的推移和科技的进步，人类所产生的垃圾将越来越多地被转化为新的原料。因此，从这个意义上讲，它们不是废物，是资源，这就是垃圾的二重性。

（二）物业垃圾的来源

物业垃圾主要来源于人类的生产和消费活动。人们在资源开发和产品制造过程中，必然有废物产生，任何产品经过使用和消费后都会变成垃圾。

城市中的物业垃圾主要来源于家庭、商店、学校、企业、机关团体等在生产、生活中产生的各种废弃物。

二、物业垃圾的种类

物业垃圾的分类有多种，具体可根据其来源、处理方式和性质进行划分。

（一）按来源划分

1. 工业垃圾

工业垃圾包括固体废渣和有害污染物两大类。

（1）固体废渣。是指在工业生产、加工过程中产生的废弃物，包括工业原料废料和工业燃料废料。如建筑业的废弃物（砂石、灰土、砖瓦等废料）形成的建筑垃圾；建筑装修、装饰过程中丢弃的废旧材料等。另外，发达国家的不法企业向发展中国家倾销的工业垃圾，会造成严重污染，值得高度重视和警惕。

（2）有害污染物。是指对人们的健康或环境造成现实和潜在危害的工业废弃物。主要有核工业、化学工业、制革工业、食品加工业、医疗单位等在生产过程中排放的具有放射性、腐蚀性、易燃性、传染性的垃圾。这种垃圾逐年增加，由此给人们造成的损害也呈增长趋势。

2. 生活垃圾

生活垃圾包括居民丢弃的大件家庭物品、厨房废料、废塑料、废纸张、碎玻璃、金属制品、炉渣、粉煤灰等。在城市中，由于人口不断增加，生活垃圾正以每年10%的速度增加，成为一大公害。生活垃圾中的一些物品本身并不会造成污染，但与其他垃圾混在一起发生腐烂，就会造成污染，如纸张垃圾。

资料链接

各地垃圾分类标准不同怎么办?

说起“垃圾分类”，大家一定同意应该分，可是到底怎么分？不同的地方，分法不一致。很多人在一个地方好不容易养成的垃圾分类习惯，到了新的地方还得重新再学。就这一问题，住建部发布了《生活垃圾分类标志》新版标准，明确生活垃圾分类标志类别构成。通过对比《生活垃圾分类标志》新版标准与2008版标准可以发现，最新版的生活垃圾分类标志在适用范围、类别构成、图形符号上都进行了不少调整。生活垃圾的类别也被调整为可回收物、有害垃圾、厨余垃圾和其他垃圾4个大类、11个小类。

同时，为进一步普及生活垃圾分类知识，方便居民生活垃圾分类，由住房和城乡建设部联合中国政府网共同推出的“全国垃圾分类”小程序上线。小程序覆盖全国生活垃圾分类重点城市，这些城市的居民可以一键查询所在城市生活垃圾分类政策，同时也可以查看生活垃圾分类标准和投放要求等内容。“全国垃圾分类”小程序依托于“国务院客户端”小程序平台开发，可使用微信扫描小程序码，关注中国政府网微信公众号等方式访问。

资料来源：佚名．各地垃圾分类标准不同怎么办？统一标准来了．人民日报，2019-11-17.

3. 街面垃圾

街面垃圾包括自然物，如落叶、灰尘等，公众丢弃的纸屑、果皮、烟头，或吐出的痰、口香糖残渣和其他废品，以及城市建设过程中残留在街面的砂土、污水等。街面垃圾是造成物业和城市脏、乱、差的重要因素。

4. 农产品废物

农产品废物是指在农业生产、农产品加工过程中产生的废弃物品。如农作物秸秆、果壳、农药、塑料薄膜、畜禽粪便等，会对农村和城市周边环境造成污染。

（二）按处理方式划分

1. 资源型垃圾

资源型垃圾主要是指酒类、饮料类、调味品类等的瓶罐盒以及报纸、宣传品、纸箱、旧衣物、被褥、鞋帽等。这些垃圾回收分类后经过处理可转化为可利用的资源，称为资源型垃圾。

2. 可燃型垃圾

可燃型垃圾指回收后可以通过燃烧来处理的垃圾，此类垃圾的燃烧对人体和环境不会产生危害，能够避免二次污染物的产生。如菜根烂叶、变质水果、纸类、木块、食用废油等。

3. 不可燃型垃圾

不可燃型垃圾是指回收后不能采用燃烧的方式处理的垃圾。这种垃圾如果采用燃烧的方式处理可能会损害人体健康，导致环境污染或产生二次污染物。另外，有些垃圾本身无毒无害，但是通过燃烧后，就可能产生有毒有害物质，有些还可能在燃烧时发生危险。不可燃型垃圾主要包括玻璃、金属、塑料、皮革、小型电器等。

4. 有毒型垃圾

有毒型垃圾是指具有毒性的废弃物，如干电池、日光灯管、消毒物品残罐、温度计、放射性残渣等，必须用特殊、正确的方法进行安全处理。

（三）按性质划分

1. 有机垃圾

（1）食品类：主要是指居民家庭厨房、单位食堂、餐厅、饭店、菜市场、水果商店等产生的含水量高、易腐烂的食品和果皮垃圾，这部分垃圾热值低，且易进行生物降解。

（2）纸类：主要包括家庭、办公场所、流通领域等产生的纸类废弃物，这部分垃圾属于易燃有机物，热值高。

（3）塑料类：主要指塑料、皮革、橡胶等废弃物，这部分垃圾也属于易燃有机物，热值高，且难以进行生物降解。

（4）织物类：主要指纺织类废弃物，属易燃有机物，热值较高。

（5）木竹类：包括各种木材废品、树木及落叶等，与纸类同属于纤维类有机物，易燃且热值较高。

2. 无机垃圾

（1）灰土：主要包括煤灰和街道清扫土，这部分垃圾含量的多少主要取决于城市的燃料结构。

（2）砖瓦：主要指各种砖头、瓦块、碎石等。

（3）玻璃：主要指各种玻璃器皿。

（4）金属：主要指各种饮料的金属包装壳及其他零碎的金属。

三、物业垃圾的危害

（一）侵占土地

垃圾不及时加以处理和利用就会占地堆放。随着垃圾累积量的增加，其占地面积也会逐渐扩大。物业垃圾在自然界存在的时间很长：烟头、羊毛织物 1～5 年；油漆的木板 13 年；尼龙织物 30～40 年；皮革 50 年；易拉罐 80～100 年；塑料 100～200 年；玻璃 1 000 年。因此，我们既要少制造垃圾，又要注重垃圾的分类，回收利用，变废为宝。少用一次性筷子、水杯、饭盒等制品，多用可重复使用的制品，减少宝贵的森林资源的消耗；少用塑料袋，改用购物布袋，减少城市“白色污染”的危害；购买无氟冰箱、空调等环保电器，保护大气臭氧层；少用高浓度洗涤剂，使用无磷洗衣粉，减少水污染。

（二）污染环境

1. 污染土地

垃圾长期露天堆放，其中有害成分经过风化、雨淋、地表径流侵蚀后很容易渗入土壤深层，这样不仅会使土壤中的微生物死亡，使之成为无腐解能力的死土，而且由于有害成分在土壤中过量积累，还会使土壤盐碱化、毒化。因工业固体废物中的有害物质渗入土壤并积累过量而导致土壤被破坏、废毁且无法耕种的事例很多。如果直接用垃圾、粪便或来自医院、肉联厂、生物制品厂的废渣作为肥料用于农田，其中的病原菌、寄生虫等就会使土壤被污染，被病原菌污染的土壤，可通过以下两条途径使人致病：

（1）人与污染的土壤直接接触，或生吃在该土壤上种植的蔬菜、瓜果而致病；

（2）被污染土壤中的病原体和其他有害物质随天然降水径流和渗流进入水体，再传入人体而致病。

2. 污染水体

垃圾一般通过下列几种途径进入水体使水体污染：

（1）垃圾随天然降水流入江、河、湖、海而污染地表水。

（2）垃圾中的有害物质随水渗入土壤，进入地下水，使地下水被污染。

（3）较小的颗粒、粉尘随风散扬，落入地面水，使其被污染。

（4）将固体废物直接排入江、河、湖、海，造成更大的污染。

由于许多企业的工业废渣堆放无地可征，我国每年从企业直接排入水体的废渣有4 000多万吨，电厂每年向长江、黄河等水系排放的粉煤灰约500万吨。有的企业在排污口外形成的灰滩已延伸到航道中央，长江上游的一些企业排出的灰渣在河道中大量淤积，对中游的大型水利工程造成了潜在的危害。固体废物直接排入河流、湖泊或海洋会造成更大的水体污染，不仅会减少水体面积，而且还会妨碍水生生物的生存和水资源的利用。

3. 污染大气

垃圾一般通过以下途径污染大气：一些有机固体垃圾在适宜的温度和湿度下被微生物分解后释放出有害气体；以细颗粒状存在的垃圾，在大风的吹动下会随风飘散，扩散到很远的地方；运输过程中产生的有害气体和粉尘；固体废物本身或在处理（如焚烧）时散发的毒气和气味等。典型的案例如煤矸石的自燃，曾在各地煤矿多次发生，散发出大量的SO_2、CO_2和NH_3等气体，造成严重的大气污染。

4. 影响环境卫生

随着我国城市化进程的加快、城市规模的扩大、城市人口的不断增加以及相当数量的流动人口，使得城市生活垃圾产生量逐年上升。城市的生活垃圾、粪便等由于清运不及时，严重影响人们居住环境的卫生状况，对人们的身心健康构成潜在的威胁。

（三）引发垃圾爆炸事故

有机废物在分解过程中会释放大量甲烷，在没有通风设备和控制设备的环境里极易引发爆炸。随着城市垃圾中有机质含量的增多以及由露天分散堆放变为集中堆存，而只采用易产生甲烷气体厌氧环境的简单覆盖方式，从而导致垃圾自燃、自爆的现象不断发生，造成很大损失。如2009年，巴中市某县一垃圾堆突发爆炸，一名捡垃圾者和两名行人被烧伤，其中两人伤势较重。

（四）危害人体健康

垃圾堆放场是滋生有害微生物的温床，如病毒、细菌、蠕虫、支原体、蚊蝇和蟑螂等疾病传播媒体都在其中滋生；啮齿类动物（如老鼠）在其中大肆繁殖，很容易传播疾病，对人们的健康构成严重的威胁；放射性垃圾对人体的伤害事故也时有发生。

资料链接

白色污染

什么是白色污染？从20世纪60年代开始，塑料进入广泛使用阶段。由于塑料具有很多优点，如取材容易、价格低廉、加工方便、质地轻巧等，因此塑料一问世，便深受大家欢迎，它迅速渗入到人们社会生活的方方面面，塑料被制成碗、杯、袋、盆、桶、管等。塑料被列为20世纪最伟大的发明之一，塑料的普及被誉为“白色革命”。随着塑料产量的不断增大，其生产成本也越来越低。我们用过的大量农用薄膜、包装用的塑料袋和一次性塑料餐具在使用后被抛弃在环境中，给景观和环境带来了很大破坏和污染。由于塑料包装物大多呈白色，故将它们造成的环境污染称为“白色污染”。

案例评析

不可燃型垃圾是指回收后不能采用燃烧的方式处理的垃圾。按照物业垃圾的处理方式划分，放射性垃圾属于有毒型垃圾，必须用特殊、正确的方法进行安全处理。

随着物业垃圾日益增多，垃圾给环境带来了很大危害，成为影响环境卫生的主要因素。主要危害包括侵占土地、污染环境、引发垃圾爆炸事故、危害人体健康等。

任务二　物业垃圾的防治与处置

案例导入

住房城乡建设部：推进建筑垃圾减量化工作

推进建筑垃圾减量化是建筑垃圾治理体系的重要内容，是节约资源、保护环境的重要举措。为做好建筑垃圾减量化工作、促进绿色建造和建筑业转型升级，住房和城乡建设部发布《关于推进建筑垃圾减量化的指导意见》（以下简称《意见》），指导督促各级住房和城乡建设主管部门建立健全建筑垃圾减量化工作机制，加强建筑垃圾源头管控，推动工程建设生产组织模式转变，有效减少工程建设过程建筑垃圾产生和排放，不断推进工程建设可持续发展和城乡人居环境改善。

《意见》明确，推进建筑垃圾减量化工作要以“统筹规划、源头减量”“因地制宜、系统推进”“创新驱动、精细管理”三大原则为指导，有效减少工程全寿命期的建筑垃圾排放，系统推进建筑垃圾减量化工作，推行精细化设计和施工，实现施工现场建筑垃圾分类管控和再利用。

《意见》要求，2020 年年底，各地区建筑垃圾减量化工作机制初步建立。2025 年年底，各地区建筑垃圾减量化工作机制进一步完善，实现新建建筑施工现场建筑垃圾（不包括工程渣土、工程泥浆）排放量每万平方米不高于 300 吨，装配式建筑施工现场建筑垃圾（不包括工程渣土、工程泥浆）排放量每万平方米不高于 200 吨。

《意见》强调，要落实建设单位在建筑垃圾减量化工作的首要责任；各参建主体要积极开展绿色策划、实施绿色设计、推广绿色施工，采用先进技术、工艺、设备和管理措施；各级住房和城乡建设主管部门要加强组织保障和统筹管理，积极引导支持，完善标准体系，加强督促指导，加大宣传力度，确保建筑垃圾减量化工作落到实处。

同时，住房和城乡建设部组织编制了《施工现场建筑垃圾减量化指导手册（试行）》，提出相应的技术和管理措施，为施工现场建筑垃圾减量化工作作出进一步的规范和指导。

资料来源：住房和城乡建设部．推进建筑垃圾减量化工作．北京市人民政府网站，2020－05－16

? 问题与思考

1. 什么叫垃圾减量化？
2. 为什么要推进建筑垃圾减量化？

知识探究

一、物业垃圾防治

城市垃圾处理已成为城市管理的重要内容，而垃圾处理水平则成为反映一个城市文明程度以及管理者环境意识的标志。物业垃圾的防治目的是给物业业主、使用人和受益人提供一个适当的工作、学习、生活环境。它总体表现为一种物业面貌，即我们通常所说的卫生小区、文明小区等。在物业垃圾防治过程中，我们应按照生态规律办事，着重做好以下几方面的工作。

（一）物业垃圾减量化

垃圾来源于人们生产和消费的过程。在生产不可能完全无废料化的情况下，垃圾就不可能完全断源。生产过程中的垃圾减量主要是指在生产过程中，加强生产技术的改进和革新，尽量减少废料的产生，最终实现无废料生产——绿色生产。生活垃圾的减量，主要是通过提倡勤俭节约、能用则用、补旧翻新的生活习惯，减少因互相攀比而频频丢弃仍可用物品的恶习，使垃圾量大大减少，实现垃圾减量化。

（二）物业垃圾清扫经常化

对物业区域内的公共地面进行经常性清扫，是确保物业区域内地面保洁、物业环境良好的重要手段。物业区域内的卫生保洁程度是人们关注物业环境的重要着眼点。地面保洁的工作很多，包括清除尘土、纸屑、果皮、烟头、落叶、痰迹等。

（三）物业垃圾资源化

在垃圾产生量增加的同时，垃圾成分也在发生变化，尤其是垃圾中可回收成分的增加，以及垃圾处理技术的不断提高，使得垃圾处理资源化越来越受到人们的重视。资源化技术在研究、开发和实践中不断改进、提高和完善，它将逐渐成为解决城市生活垃圾问题的一条重要途径（见图 3－1）。物业垃圾的资源化过程，主要包括回收、处理和利用三个环节。

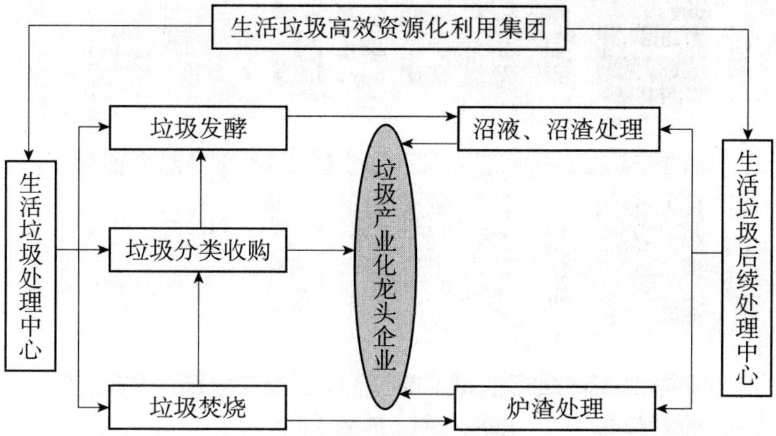

图 3－1　垃圾资源化模式

1. 垃圾回收

回收是资源化的基础，包括垃圾分类、垃圾收集两个方面。

（1）垃圾分类。垃圾分类是指按一定的规定或标准将垃圾分类储存、分类投放和分类搬运，从而转变成公共资源的一系列活动的总称。垃圾分类的目的是提高垃圾的资源价值和经济价值，实现物尽其用的目的。垃圾分类是垃圾资源化的关键，也是居民的责任。在这方面，要提高人们的自觉意识，加强分类指导，加大垃圾回收和交换力度。分类有许多方法，其中日本的分类方法值得我们借鉴。

第一类为资源垃圾。要求将饮料、酒、油等的空瓶罐洗净装入专用的资源回收袋，将纸张叠齐十字捆扎，将衣服类包好，被褥类卷叠捆扎好。

第二类为可燃垃圾。要求将菜根、果皮等厨余垃圾滤净水分；食用油浸入纸或布中用固态剂固化；木块要处理成 $50cm^3$ 的大小。

第三类为不可燃垃圾。要用透明塑料袋装，便于收集人员检查。对于发胶、打火机充气剂、消毒杀虫剂等的空罐，要求先做打孔处理，以免回收过程中发生爆炸；刀具等铁器用布包好，使收集人员一目了然。

第四类为有毒垃圾。如日光灯管，要求装入原配箱盒内；干电池和温度计等要装入特配的专用袋，以便收集人员收拣；医疗垃圾则要做专门处理。

第五类为大件垃圾。要与政府垃圾处理部门联系，派车运走。仍可使用的物品运往该部门的物资交换处，让居民在该处自由交换。

北京市社区生活垃圾分类如图 3－2 所示。

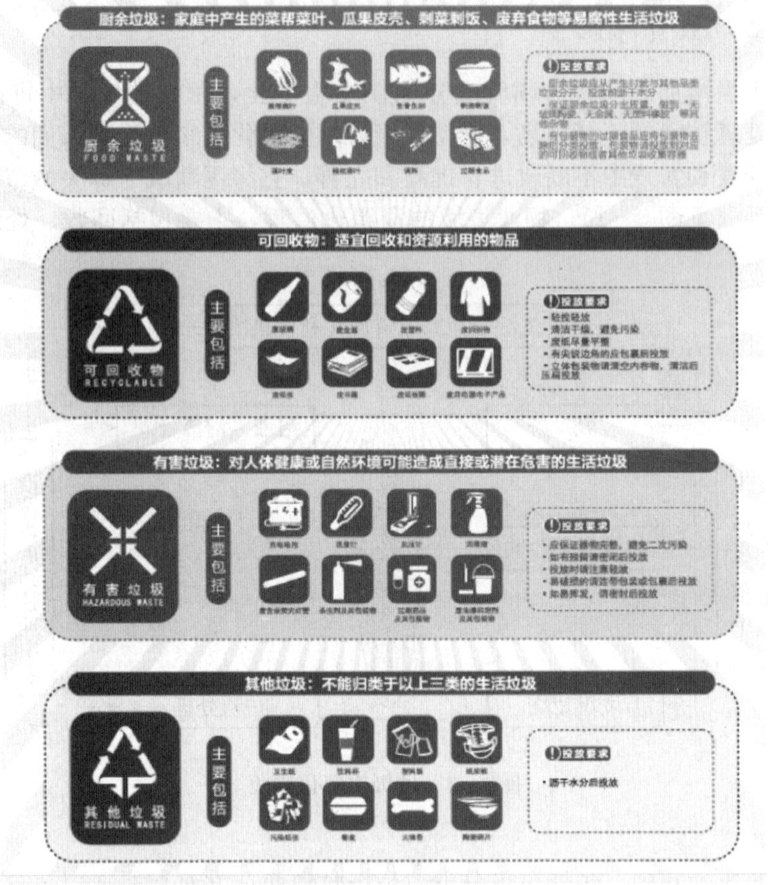

图 3-2　北京市社区生活垃圾分类

（2）垃圾收集。垃圾收集有两个环节。首先，对于没有分类的垃圾要做好分拣工作。分拣做好了，资源的利用率就能提高。据测算，北京每天 17 万 t 垃圾可分捡出 1 500t 废纸，相当于得到可生产 1 200t 纸张的 6 000m^3 木材。其次，要按用途的不同进行处理和堆放，为资源再生和采用其他方式处理做好准备。

2. 垃圾处理

生活垃圾在物业管理区域经集中收集和堆放后，运送到城市卫生管理部门管理的生活垃圾处置场进行处置。目前对于生活垃圾的处置有焚烧、卫生填埋、堆肥、热解等方法，但具体采用哪种方法要根据每个城市生活垃圾的组成和城市的实际情况等多种因素来确定。

3. 垃圾利用

利用生产建筑材料的尾矿渣、煤渣、灰渣、废石制砖、制水泥、铺路等；用堆肥法将垃圾、粪便进行微生物生化处理，形成腐殖土壤，作为肥料施于农田；从工业废渣中可以提炼多种金属和化工产品；利用有机垃圾、植物秸秆、人畜粪便、污泥制取沼气。

（四）物业垃圾袋装化

根据现行的城市环境卫生管理的有关规定，以煤气（包括液化气）为燃料的地区，必须实行垃圾袋装化。在物业管理实践中，多数物业管理公司将装修垃圾（建筑垃圾）也纳入到了袋装化收运的范围，装修垃圾也必须袋装并运送到规定地点。垃圾袋装化可大大改善人们生产、生活环境的质量。实行生活垃圾袋装化，有以下几方面好处：

（1）有利于改变人们乱倒、乱扔垃圾的陋习，培养良好的卫生习惯。

（2）有利于消除垃圾裸露现象，减少空气污染，净化、美化环境。

（3）有利于降低蚊蝇虫的数量和密度，减少滋生地。

（4）有利于避免垃圾运输中的散落现象。

（5）有利于减少拾荒现象及辖区（楼）内保安的工作量。

（6）有利于垃圾集中分类和处理。

（7）有利于减少区域内人们疾病的发生率，使其身心愉快。

物业管理公司应向物业业主和使用人大力宣传生活垃圾袋装化的优点，倡导居民将日常生活垃圾装入相应的塑料袋内，丢放在指定的容器内或指定的收集点，不得随意乱扔、乱倒。存放各种生活垃圾的塑料袋应完整无损，袋口应扎紧且不洒漏。

二、物业垃圾清理

物业垃圾从收集、中转、运输到最终处理组成了一个完整的物业垃圾处理系统，该系统的前三个环节被称为物业垃圾的收运系统。此外，有时需要对物业垃圾进行最终处理前的预处理，如对被分选出的可回收物进行打包处理；对大件垃圾进行破碎处理等。

（一）垃圾清扫

垃圾清扫包括机械清扫和人工清扫。

1. 机械清扫

机械清扫是指用扫路机等清除路面杂物和尘土，具有清扫速度快、效率高、能改善作业条件等优点，主要用于城市主要干道和宽阔的广场等的清扫。

2. 人工清扫

人工清扫是指用扫把、簸箕、铁锹等简易工具清除地面的尘土、杂物等，具有操作灵活、方便、适用范围广、能有效保证清扫质量等优点，可广泛用于清扫路面、人行道、过街天桥、地下通道、广场、树穴、边沟和下水井等。物业环境卫生管理中主要采用人工清扫方式。

（1）人工清扫工具。

在路面、广场等清扫面较宽广的区域，一般采用大扫帚清扫；清扫面较狭窄的地段宜采用小扫帚清扫。清扫时，垃圾的收集和运输一般会使用簸箕、铁锹和人力车等工具。

使用大扫帚时，其把子的长短应根据清扫面的宽窄而定，清扫面较宽则把子宜长，清扫面较窄则把子宜短。把子的粗细应适宜，表面光滑不伤手。

使用小扫帚和簸箕，宜加装齐胸高的把子，以避免弯腰次数过多，让人产生疲劳。

（2）人工清扫程序。

一般是从清扫地段一端（边）开始，由中部将尘土、杂物扫向边沿，清扫幅度约2m，再沿边沿将垃圾分堆集中，然后用簸箕或铁锹将垃圾装入人力车内运至垃圾中转站（点）。

（3）人工清扫要点。

从事清扫作业的人员应正确使用个人防护用品，如工作服、帽、鞋、手套、口罩等；开展清扫作业时应注意过往车辆和行人，以保证本人及他人的安全；每天的清扫次数应根据道路等级、所处地段的具体情况确定。第一次清扫应在每天清晨 7:30 前结束。清扫作业应符合质量要求，特别是道路隔离设施底部、树穴等细小部位应清扫干净。

（二）垃圾收集

垃圾收集是指通过不同的收集方式将垃圾收集到垃圾容器中，以避免污染环境。主要包括定点收集、定时收集和上门收集。目前物业垃圾一般采用定点收集，但对于房屋二次装修产生的建筑垃圾，为了避免与其他生活垃圾混在一起，也可采用上门收集或定时收集的方式。

根据《完整居住社区建设指南》规定，环境卫生设施的垃圾分类收集点应避开人流汇集区域，配置分类投放的垃圾箱，并设置相应的提示标识，说明分类投放要求和收集管理方法。完整居住社区要实行生活垃圾分类，设置多处垃圾分类收集点，新建居住社区宜建设一个用地面积不小于 120 平方米的生活垃圾收集站。

《完整居住社区建设指南》

1. 垃圾桶收集

在垃圾收集点设置垃圾桶（见图 3－3）来收集垃圾是目前在物业管理区域内应用较广泛的一种生活垃圾收集方式。

图 3－3 垃圾桶

在居住小区，一般每个楼梯口都设置有一个垃圾桶，大小可根据使用人口及垃圾日产生量来确定。多层建筑可根据住户数的多少，并考虑特殊情况时垃圾的囤积等配备适量的垃圾桶。

垃圾桶收集要求保持垃圾桶完整无缺损，外观清洁，定点设置，摆放整齐，并做好保洁工作。住户应将垃圾倒入桶内，不得乱扔乱倒，并盖好桶盖。特种垃圾、工业与建筑垃圾不得装入生活垃圾桶内，必须分类收集。垃圾桶内的垃圾应每日清除，无堆积现象发生。

2. 废物箱收集

在街道和公共场所设置垃圾收集容器，有室内和室外两种情况，室内一般还附有痰盂。

楼宇内的出入口、梯道、走廊、过道两旁均应设置废物箱。街道两旁和街口应设置废物箱，商业大街设置间隔为25～50m，交通干道设置间隔为50～80m，一般道路设置间隔为80～100m。广场和室外活动场地可在出入口、通道旁设置废物箱。

3. 垃圾管道收集

垃圾管道收集主要用于多层和高层建筑收集排放的生活垃圾。但由于垃圾管道占用建筑面积、易于堵塞、管道内易滋生蚊虫等问题，在居住区卫生管理中不推荐使用该方法。

（三）居住区垃圾中转站的管理

垃圾中转站是城市文明和经济发展到一定阶段的产物。它是人们在生活、生产中产生的废弃物的暂时堆积地。它的出现，使城市更加美丽，不再有堆积如山的垃圾堆，不再有臭气熏人的气味。在垃圾中转站对废弃物进行合理分类和处理后把能够回收的废物再次利用，既可减少废弃物，又可变废为宝。

垃圾中转站管理注意事项：

（1）居住区生活垃圾收集和清运工作应由物业管理公司的专门部门（管理站）负责，实行分片分区包干，集中管理，协同作战。

（2）在实施辖区生活垃圾收集和清运工作时，必须指定专人负责，专人保洁、收集和清运；必须有检查、有记录。生活垃圾必须做到日产日清，始终保持小区垃圾中转站内卫生、干净、保洁，无任何污染。

（3）居住区内的生活垃圾必须实行袋装化，必须指定清倒地点，并密封加盖，必须配备足够的垃圾桶、垃圾箱，并进行经常性的垃圾清理和桶箱保洁工作，确保环境清洁。

（4）居住区垃圾中转站内不得堆放任何建筑垃圾，对居住区业主进行二次装修的必须严格管理，避免建筑垃圾与其他生活垃圾混合堆放，以免造成清运工作不能顺利进行。

（5）居住区内生活垃圾的整体清运工作必须指定合格的分包商负责，规定专人、专车以及清运地点、清运次数和清运时间。

（6）指定专人负责居住区垃圾中转站的保洁工作，并协助分包商进行日常垃圾清运工作。在做好日常清运和保洁工作的同时，还要对垃圾中转站进行经常性的施药杀虫工作；在炎热的夏季要增加施药分量和消杀频次，以杜绝各种病虫害虫对小区环境的污染以及对小区居民身体健康的影响。

（7）每月应对居住区垃圾中转站的日常清运和保洁工作实行严格考核，对该专项工作的完成情况做出评价，评价结果应与保洁人员的月奖金或工资直接挂钩，实行“奖勤罚懒，奖优罚劣”制度。

资料链接

某物业垃圾中转站管理制度

1. 目的

监督清洁承包商的清洁工作，确保小区环境整洁。

2. 适用范围

适用于物业辖区内的垃圾中转站。

3. 职责

客服组主任负责大区垃圾中转站巡查的组织、管理工作。客服组物业助理负责依照本规定实施大区垃圾中转站的巡查工作。

4. 程序要点

客服组负责检查、监督清洁承包商的卫生清洁工作。

(1) 客服组物业助理以清洁质量标准为依据，检查中转站区域的卫生状况，对清洁质量做出评估，记录在清洁检查评估表内；

(2) 客服组主任定期与清洁公司主管一起巡查中转站区域的卫生状况，巡查结果记录于公共区域卫生清洁抽查表内，双方签认；

(3) 客服组在清洁卫生的检查过程中，凡发现不符合清洁质量标准的，应迅速通知清洁公司处理，并进行复检；

(4) 月末，客服组主任根据定期清洁检查评估表进行统计，以评定当月清洁公司的清洁质量，将统计结果记录于清洁质量月总结表；

(5) 客服组将清洁质量月总结表交清洁公司，反馈存在的问题并上报公司领导。

5. 生活垃圾的回收与要求

(1) 指定专人做好垃圾袋装化，梯间清洁人员在清洁梯间时，少量垃圾可倒入门口的垃圾箱内，如果垃圾量较大应直接运送到垃圾中转站，每天上午 9～10 时和晚上 20～22 时开始清运工作，将垃圾用垃圾车运至垃圾中转站，做到合理、卫生，四周无散放垃圾；

(2) 垃圾中转站的垃圾必须日产日清，清运期间如垃圾较多影响垃圾存放时，保洁公司应及时清运；

(3) 垃圾运送人员负责用洗洁精冲洗垃圾中转站内的地面和墙面，垃圾中转站两天至少清理一次；

(4) 每两天应对垃圾中转站进行一次消毒工作（对垃圾中转站周围 3m 内进行消杀），防止虫害；

(5) 现场负责人每周必须对中转站至少检查三次；

(6) 专人负责登记垃圾的装车桶数并做详细记录。

6. 垃圾清洁的标准

(1) 目视垃圾站内无杂物、污水、污垢；

(2) 垃圾站内无臭味；

(3) 垃圾车外无垃圾黏附物，垃圾车停用时摆放整齐。

三、物业垃圾处置方法

目前，物业垃圾主要通过填埋、焚烧、堆肥等方式进行处理。垃圾处理方式的选择与经济发展水平、人口密度、土地、周边条件、垃圾成分、环保意识等有关。日本、新加坡、瑞士等人口密度高的国家多以焚烧处理为主，比例达75%～85%，而人口密度较低的美国、德国、英国等则以填埋处理为主，比例为60%～85%。

资料链接

生活垃圾分类物业如何做？看上海引领“新时尚”

当生活垃圾分类从“新时尚”变为“新习惯”，我们的城市、社区、生活都发生了哪些变化？

10年前，黄浦江畔的世博盛会，汇聚了全球先进的城市管理理念，也成为上海垃圾分类的一个关键节点。2011年，上海号召“百万家庭低碳行，垃圾分类要先行”，18个试点街道的100个示范小区率先尝试“全程分类”，投放垃圾时做到“干湿分离”，拉开了新一轮垃圾分类减量工作的序幕。

回望十年路，上海在垃圾分类上的进步有目共睹：截至2019年年底，上海1.3万余个居住区（村）的分类达标率达到90%。2020年5月，上海湿垃圾分出量为9 796吨/日，干垃圾处置量为15 351吨/日，可回收物回收量为6 266吨/日，绝大多数生活垃圾都投放进了专属的垃圾桶，进行分类运输和处置。垃圾分类不断进步的同时，居民对垃圾分类的认同感、对生活在上海的获得感也在不断提升。2019年7月1日起施行的《上海市生活垃圾管理条例》提出“逐步推行生活垃圾定时定点分类投放制度”。经过实践，许多居民慢慢接受、认同，因为“垃圾不落地”带来了最直观的好处——人居环境更上一层楼。

资料来源：中国物业管理协会.

（一）焚烧法

焚烧法是将混合垃圾直接焚烧利用热能发电。优点是减量化程度高、处理周期短、占地面积小、选址灵活、可以回收垃圾中的大部分能量（如1.5亿吨垃圾相当于3 000万吨标煤，约为全国标煤年产量的2%）等，而且国外也有比较成熟的经验。缺点是对热值低、水分高、成分复杂的生活垃圾不易处理；二次污染严重、投资大、成本高。此方法适合人口密度较大、经济较发达、生活垃圾热值高的城市区域。

（二）卫生填埋法

卫生填埋法是将混合垃圾直接填埋，有的还可利用自生沼气发电。卫生填埋法具有技术成熟、操作简单、处理量大、投资与运行费用低、适用于所有类型垃圾等优点。但也具有明显的缺点，即减容、减量化效果较差，资源化水平低，占用大量的土地资源，选址困难，且垃圾渗滤液会污染地下水及土壤，臭气污染空气，垃圾发酵产生的甲烷气体既是火灾隐患又是爆炸隐患，排放到大气中还会产生温室效应。

卫生填埋必须满足设备和技术两方面的要求，一方面是填埋场的硬件设施要符合技术要求，另一方面是应具备完善的现场运行管理技术，包括劳动卫生保护、设备内部管理和维护技术等。垃圾卫生填埋涉及转运、推铺、压实、覆盖、复垦、渗滤液处理、沼气处理、防渗、恶臭防治等过程。

（三）生物发酵法

生物发酵法是将混合垃圾进行静态发酵生产堆肥。这种方法适于乡村农家肥生产而非城市垃圾产业化处理。优点是高温堆肥既可以杀灭垃圾中的病菌，又可以提供有机肥。缺点是此处理方式只适用于易腐且有机质含量较高的垃圾，存在产品质量与市场问题，占地面积较大且臭气较重，产品可能污染土壤，特别是一些重金属在土壤中富集将随食物链进入人体。

（四）热解法

热解法是利用混合垃圾中有机物的热不稳定性，在无氧或缺氧条件下对其进行加热蒸馏，使有机物产生热裂解，经冷凝后形成各种新的气体（如甲烷、一氧化碳、二氧化碳、氢气）、液体（如有机酸、焦油、芳烃）和固体（如炭黑、炉渣），从中提取燃油、油脂和燃气。其中，燃气可用来发电。

（五）分选回收法

城市生活垃圾分选回收技术较为可靠，资源化效果较好，分选出的资源化物质可以直接回收利用，该方法是许多发达国家分类收集垃圾的首选处理技术。该方法选址较容易，但有一定的噪声和臭气污染。城市生活垃圾分选回收可能存在分选效率低、经济效益不好且分选后有较多残渣等问题。

（六）综合处理法

城市生活垃圾综合处理技术克服了单一处理方法的局限，采用两种或多种方法相结合的综合处理方式，从而避免和降低了因处理不当对环境造成的二次污染和资源浪费，同时还达到了资源充分利用和无害化处理城市生活垃圾的目的。此外，该处理方式能彻底处理城市生活垃圾，基本无二次污染。

资源的回收利用符合国家的可持续发展战略。实际上，城市生活垃圾综合处理技术是以社会、经济和环境协调发展为目标，优化使用多种管理、技术手段构筑的城市生活垃圾处理系统。根据应用的先后顺序，综合处理主要包括前处理、中间处理、后处理和最终处置四道工序，组成这四道工序的主要处理技术包括填埋、堆肥处理、焚烧、回收利用四类。

总之，生活垃圾的处理应因地制宜，采取资源化的综合处理技术。长期以来，我国的城市生活垃圾一直采用堆放和填埋方法进行处理。虽然垃圾填埋可以造地，垃圾稳定后也可以利用，但这种方式资源利用率低。垃圾焚烧最主要的作用是减量化，但资源利用率也不高。国外许多国家已颁布相关法律，取消城市生活垃圾单一填埋处理，对城市生活垃圾实行综合处理。综合处理厂并不一定全都进行回收废物后的处理，而是通过分类把回收的废物送至有关企业进行再处理。因此，综合处理厂、废物再加工厂、焚烧厂各有分工。综合处理厂进行垃圾分选与分类，有时也进行有机废物的发酵以制沼气和有机肥；废物再加工厂进行某种或几种废物的处理与再生；焚烧厂则焚烧不能发酵和回收利用的废物。

案例评析

垃圾来源于人类生产和消费的过程，在生产不可能完全无废料化的情况下，垃圾就不可能完全断源。生产过程中的垃圾减量主要是指在生产过程中，加强生产技术的改进和革新，尽量减少废料的产生，最终实现无废料生产——绿色生产。生活垃圾的减量，主要是提倡勤俭节约、能用则用、补旧翻新的生活习惯，减少因互相攀比而频频丢弃的恶习，使垃圾量大大减少，实现垃圾减量化。

推进建筑垃圾减量化是建筑垃圾治理体系的重要内容，是节约资源、保护环境的重要举措。

任务三　公共场所卫生防疫管理

案例导入

寒冬战疫情，河南物业管理行业在行动

2022年1月，河南省郑州市、许昌市、安阳市等多个地市出现疫情，河南省第一时间迅速行动，有组织地开展核酸检测，科学地实施区域分类管理。

小区作为防控的第一线，在疫情防控中是重要的一环，而物业人在小区疫情防控中发挥着不可替代的作用。河南物业人吸取以前疫情防控经验，科学高效应对疫情，配合社区进行人员管控，配合医护人员进行核酸检测，主动加强消杀频率和强度，用微光之力助力河南疫情防控战。他们不是医护人员却坚守在抗击疫情的一线，他们没有钢铁盔甲，却用心守护者千家万户灯火。

资料来源：中国物业管理协会.

问题与思考

1. 面对疫情，河南物业界做了哪些工作？
2. 影响传染病疫情发展的主要因素有哪些？

知识探究

一、公共场所卫生防疫基础知识

公共场所的卫生管理除了要创造一个洁净的卫生环境外，还有一个重要的工作就是预防和控制公共场所中传染病的发生和流行。物业管理区域一般都是人群比较密集的区域，如商场、宾馆、办公楼等，对这些场所进行简单的消毒、灭菌和杀虫是物业管理公司应负责的工作。因此，作为物业环境管理人员和一般从业人员，有必要了解一般的传染病基础知识，以便选用正确的消毒方法和合适的消毒药物，以达到消毒的目的，最大限度地预防和减少各种传染病的发生，确保物业管理区域内业主和使用人的身体健康。

（一）传染病的定义

传染病是由各种病原体所引起的一组具有传染性的疾病。实质上，传染病是整个传染过程的一种表现形式，即临床表现形式。传染又称感染，是生物的寄生现象，是病原体对机体的寄生过程，也是病原体与机体相互作用的过程。传染过程有不同表现：隐性感染、病原携带、轻型病例、典型病例、死亡。

（二）传染病的病原体

病原体是一种引起疾病的肉眼看不到的生物。传染病的病原体种类繁多，包括病毒、细菌、衣原体、螺旋体、真菌和寄生虫等。我们将各种传染病的病原体侵入人体后首先存活或初步繁殖的地点称为病原体的侵入门户；将之后病原体转移到能够生存繁殖的人体部位称为病原体的定位。一般而言，病原体随机体代谢排出体外后，再转移到另一个个体进行侵入，称为传染；我们将群体中发生的传染现象称为传染病的流行。

（三）公共场所传染病的流行

传染病在公共场所中流行除了要有病原体存在外，主要受传染源、传播途径和易感人群三个因素影响。

传染源指受病原体感染的机体，可以是人，也可以是生活在人周围的动物。

传播途径是指传染源排到体外的病原体借助外界物体经不同的途径再传给新的机体，如呼吸道传播（借助空气、飞沫、尘埃等）、消化道传播（借助水、苍蝇、食物等）、日常生活接触传播（借助手、用具、玩具等）、吸血节肢动物传播（蚊子、跳蚤等）等。

常见的经呼吸道传播的传染病有：麻疹、流行性腮腺炎、流行性感冒、流行性脑脊髓膜炎、肺结核等。

常见的经消化道传播的传染病有：病毒性肝炎、伤寒、痢疾、霍乱等。

常见的经接触传播的传染病有：皮肤病、性病等。

传染源、传播途径、易感人群这三个因素如果相互连接、协同作用，传染病就能流行，否则传染病就不会流行。因此，要防止传染病的流行，就要做到：医治传染源、对传播途径进行控制、提高易感人群免疫力。要控制公共场所传染病的传播，切断传播途径是最有效的方法。

二、消毒灭菌基础知识

（一）消毒及消毒剂

1. 消毒

指杀灭或清除传播媒介上的病原微生物及其他有害微生物，使其达到无害化的处理过程。

对消毒含义的理解，有两点需要强调：第一，消毒是针对病原微生物和其他有害微生物的，并不要求杀灭或清除所有微生物；第二，消毒是相对的，只是要求将病原微生物或其他有害微生物的数量减少到无害化的程度，而不是把所有病原微生物或其他有害微生物全部杀灭。

按照消毒的目的，可将消毒分为疫源地消毒、疫点消毒、疫区消毒、随时消毒、终末消毒、预防性消毒。

2. 消毒剂

指能杀灭外部环境中感染性的或有害的微生物的化学物质，用于杀灭微生物且符合消毒要求的化学药物有过氧乙酸、臭氧、乙醇等。

（二）灭菌及灭菌剂

1. 灭菌

指杀灭或去除外部环境中媒介物携带的一切微生物（包括致病性微生物和非致病性微生物）的过程。

灭菌是个绝对的概念，灭菌后的物品必须是完全无菌的。消毒不一定能达到灭菌的要求，而灭菌一定能达到消毒的要求。然而事实上要达到完全无菌是非常困难的，故规定灭菌结果必须使物品污染微生物的存活率减少到 10^{-6}。换句话说，若对 100 万件物品进行灭菌处理，灭菌后最多只允许有 1 件灭菌物品中仍有活的微生物存在。

2. 灭菌剂

指能杀灭外部环境中一切微生物（包括细菌繁殖体、芽孢、真菌、病毒等）的化学物质。医学上常用的灭菌剂有环氧乙烷、甲醛、过氧乙酸等。

（三）常用的消毒灭菌方法

常用的消毒灭菌方法大致可分为三类：物理消毒灭菌法、化学消毒灭菌法和生物消毒灭菌法。

1. 物理消毒灭菌法

利用物理因子作用于病原微生物，将之杀灭或消除的消毒方法称为物理消毒灭菌法。这种方法只能从物体上清除或减少病原体，不能起到杀灭病原体的作用，又称机械消毒法。常用的有以下几种。

（1）清洗消毒。清洗属于通过机械方法除菌，虽然不能杀死病原体，但可显著减少病原体的数量。如人体皮肤上的细菌，用淋浴或洗手的方式即可去除90%，用水和肥皂用力擦抹可去除97%。

（2）通风消毒。通风虽不能杀灭病原体，但在短时间内可明显减少空气中细菌、病毒的数量。对预防呼吸道传染病的效果较好，比其他物理、化学消毒方法更有效，而且无残留药物，对人体健康无影响。

（3）过滤灭菌。过滤灭菌是用过滤的方法除去活的或死的微生物的方法，是一种机械除菌方法。主要用于对热不稳定的药物溶液、气体、水进行灭菌。

（4）干热灭菌。干热灭菌主要有焚烧、烧灼和干烤（含红外线辐射灭菌）等方式。

（5）湿热灭菌。湿热灭菌是在饱和蒸汽、沸水或流通蒸汽中进行灭菌的方法。由于蒸汽潜热大，穿透力强，容易使蛋白质变性或凝固，所以灭菌效果比干热灭菌法好。

（6）紫外线灭菌。紫外线灭菌是通过紫外线照射来杀灭微生物的方法。一般用于灭菌的紫外线波长是200～300nm，灭菌力最强的波长是253.7nm。紫外线作用于核酸蛋白促使其变性，同时空气受紫外线照射后产生微量臭氧，从而起到共同杀菌的作用。

（7）辐射灭菌。辐射灭菌是以放射性同位素放射的γ射线杀菌的方法。射线可使有机化合物的分子直接发生电离，产生破坏正常代谢的自由基，导致微生物体内的大分子化合物分解。辐射灭菌的特点是不升高灭菌产品的温度，穿透性强，适合于不耐热药物、医疗器械、高分子材料、包装材料等的灭菌。

2. 化学消毒灭菌法

利用化学药物杀灭病原微生物的方法称为化学消毒灭菌法，用于消毒灭菌的化学药物叫化学消毒灭菌剂。

3. 生物消毒灭菌法

利用生物来杀灭或去除病原微生物的方法叫作生物消毒灭菌法。如污水净化可利用缺氧条件下厌氧微生物的生长来阻止需氧微生物的存活。

三、公共场所杀虫灭鼠方法

在物业环境卫生管理中消毒工作虽然重要，但病媒动物所致危害也不可忽视。据调查，公共场所中最常见的病媒动物有苍蝇、蚊子、蟑螂、老鼠、蚂蚁等。

（一）苍蝇

1. 危害

苍蝇携带多种病原微生物并通过传播而危害人类。苍蝇的体表多毛，足部抓垫能分泌黏液，喜欢在人或畜的粪尿、痰、呕吐物以及尸体等处爬行觅食，很容易附着大量病原体，如霍乱弧菌、伤寒杆菌、痢疾杆菌、肝炎杆菌、脊髓灰质炎病菌、甲肝病菌、乙肝病菌以及蛔虫卵等。还常在人体、食物、餐饮用具上停留，停落时有搓足和刷身的习性，附着在它身上的病原体就会污染食物和餐饮用具。苍蝇吃东西时，先吐出嗉囊液，将食物溶解再吸入，而且边吃、边吐、边拉。这样也就把原来吃进消化液中的病原体一起吐出来，污染其吃过的食物，而人再去吃这些食物和使用污染的餐饮用具就会得病。

2. 防治

（1）控制和清除滋生条件。公共场所的苍蝇滋生物主要是粪便、废弃食物和果蔬等，所以垃圾必须日产日清；食堂的厨余垃圾和剩饭剩菜要用专门容器密闭存放，要当日清运，不得积存；厕所应改造为水冲式，旱厕必须加盖，并有专人经常保洁；应通过各种途径进行宣传，使群众形成良好的卫生保洁习惯，不随地乱扔果皮、果核及其他废弃的食物。

（2）消灭成蝇。1）器械捕杀。一是拍打。在春季或晚秋季节，气温较低，苍蝇活动迟缓，对卫生条件较好的室内或不适宜使用药物灭蝇的场所，均可用蝇拍扑打成蝇。二是诱蝇笼捕杀。在诱蝇笼内放入腐败的动植物（如鱼、豆饼、臭豆腐）为诱饵进行捕杀，适用于室外苍蝇较多的场所。注意用过的诱饵要深埋，防止滋生蝇蛆。三是粘蝇纸捕杀。将粘蝇纸悬挂于蝇多的室内进行捕杀。注意用过的粘蝇纸要烧掉。2）室内速杀灭蝇。可用各种喷洒剂、气雾剂灭蝇，用量按要求使用。3）毒饵诱杀。即将胃毒作用较强的杀虫剂掺入蝇类所喜食的诱饵中对其进行灭杀。常用药物有0.1%～0.2%的敌百虫。使用毒饵诱杀成蝇时要注意防止儿童误食中毒。

（二）蚊子

蚊子属昆虫纲，双翅目，蚊科。我国已经发现的蚊子种类约有300种，公共场所主要有中华按蚊、淡色库蚊等。蚊子的幼虫滋生在水里，繁殖快、数量大、分布广、种类杂。

1. 危害

蚊子的主要危害是传播疾病。据研究，蚊子传播的疾病多达80多种，对人类的危害极大。在我国能传播疾病的蚊子大致可分为三类：第一类叫按蚊，主要传播疟疾；第二类叫库蚊，主要传播丝虫病和流行性乙型脑炎；第三类叫伊蚊，身上有黑白斑纹，又叫黑斑蚊，主要传播流行性乙型脑炎和登革热。蚊虫传播的疾病统称为“蚊媒病”，我国流行的“蚊媒病”有以下四类。

（1）疟疾：是由疟原虫（包括四种，即间日疟原虫、恶性疟原虫、三日疟原虫和卵形疟原虫）所引起的一种寄生虫病，主要传播媒介为中华按蚊、嗜人按蚊、微小按蚊及大劣按蚊等。

（2）淋巴丝虫病：是由多种丝虫（包括班氏丝虫、马来丝虫和帝蚊丝虫）所引起的一类疾病的总称。淡色库蚊和致倦库蚊是班氏丝虫病传播的主要媒介，中华按蚊和嗜人按蚊是马来丝虫病的主要传播媒介。

（3）流行性乙型脑炎（简称“乙脑”）：是由乙型脑炎病毒引起的疾病，是一种自然疫源性疾病，它的传播载体包括猪、某些鸟类、马等宿主。病毒从鸟传播给猪，从猪再传播给其他宿主。乙脑的主要传播媒介是三带喙库蚊。

（4）登革热：是由登革热病毒所致的蚊媒病，主要传播媒介为埃及伊蚊、白纹伊蚊。

2. **防治**

结合蚊虫的生存习性，选择适当的防治方法并正确实施。要坚持发动群众，采取以环境整治为主的综合防治措施。

(1) 环境整治。清除物业小区内的各种积水，清除滋生地。疏通阴井、明沟、排水沟，特别是雨后积水、天棚、地下停车场、盆景、浇水壶、饮料瓶、泡菜缸等的积水；及时疏通沟渠，防止积水，加快水流速度；填平坑洼，尽量减少蚊虫的滋生地；树洞、石穴、竹节等必须堵塞，防止雨后积水生蚊。

(2) 化学药物灭蚊。这是当前灭蚊最快捷、最有效的方法。使用化学杀虫剂灭蚊，要根据防治对象的特点，如蚊种、虫态、吸血和栖息习性等，选用适当的种类和剂型，在合适的时机，辅以正确的施药方法，达到理想的防治效果。1) 杀灭蚊子幼虫。常用杀虫剂有：有机磷类，如双硫磷、敌百虫、马拉硫磷；昆虫生长调节剂类，如敌灭灵(灭幼脲 1 号)、苏脲 1 号、灭幼宝等；生物杀虫剂类，如苏云金杆菌 H-14、球型芽孢杆菌等。2) 室内灭成蚊。主要有滞留喷洒：将适用于滞留喷洒的药物剂型，按所需比例配制成药液，用喷雾器均匀喷洒在室内墙壁和天花板等处，蚊子停落其表面，接触足够药量后中毒死亡，常用的喷洒药物有拟菊酯类药物及有机磷类药物；空间喷雾：将杀虫剂药液通过喷雾器械均匀喷洒于空间，直接作用于蚊体，达到迅速灭蚊的效果，空间喷雾在密闭空间应用效果更佳；熏杀：通过蚊香等灭蚊，常见的有各种盘香、电热蚊香、纸烟剂等。

(三) 蟑螂

蟑螂种类繁多，全世界有 3 500 余种，我国已发现 170 多种，其中大部分生活在野外，只有少数几种栖居于室内。

1. **危害**

蟑螂通过自身到处取食、爬行传播疾病。蟑螂食性杂：垃圾、排泄物、食品等都吃；侵害面广：垃圾、厕所、厨房、餐厅、橱柜、容器等处都去。蟑螂全身都是细菌，蟑螂的恶习是边吃、边爬、边排泄，走一路拉一路，细菌传播的范围广。

根据北京疾病控制中心检测，位列“新四害”之首的蟑螂所携带的细菌数量已经超过 40 多种，其中包括鼠疫杆菌、痢疾杆菌、大肠杆菌、脊髓灰质炎病毒和黄曲霉素等能够严重致癌的病菌。除传播肝炎、肺炎、结核病、肠道病、胃炎等病症的细菌外，蟑螂还携带蛔虫、十二指肠钩口线虫、牛肉绦虫、蛲虫、鞭虫等的蠕虫卵。其还可以作为念珠棘虫、短膜壳绦虫、瘤筒线虫等多种线虫的中间宿主。蟑螂体表和消化道内携带的病原体共有四类：

(1) 细菌类，主要是痢疾杆菌、沙门氏菌、绿脓杆菌、伤寒和副伤寒杆菌、霍乱弧菌、结核杆菌、麻风杆菌和炭疽杆菌等。

(2) 原虫和寄生蠕虫类，如阿米巴包囊、蛔虫卵、鞭虫卵、绦虫卵、钩虫卵等。

(3) 病毒类，如柯萨奇病毒、脊髓灰质炎病毒。

(4) 真菌类，如黄曲霉菌等。

2. **防治措施**

(1) 环境治理。采取各种有效措施，阻止蟑螂从室外侵入到室内，消除蟑螂赖以滋生的室内环境条件。

(2) 化学防治。目前控制蟑螂的主要手段是采用化学杀虫剂，但使用时要注意药物剂型的合理搭配与施药方法正确。化学防治方法有毒饵、粉剂、喷洒剂和熏蒸技术。1) 毒饵：根据毒饵的特点，投放毒饵应采取量少、点多和面广的方法，每点少放一些毒饵，以增加蟑螂取食的机会。毒饵应投放在蟑螂栖息和活动的场所，尽量放在隐蔽处，以减少人为干扰。投饵时，还要注意收藏好食物，以提高毒饵的诱杀效果。2) 粉剂：粉剂性能稳定，有效期长，具有良好的灭虫效果。3) 喷洒剂：蟑螂密度较高时，必须用滞留喷洒剂进行处理。4) 熏蒸技术：熏蒸法灭蟑是一种安全、高效的灭蟑方法，能在短时间内迅速将蟑螂密度降低。

(四) 老鼠

1. 危害

老鼠是很多疾病的宿主和媒介，老鼠传播的疾病有鼠疫、流行性出血热、钩端螺旋体、斑疹伤寒、蜱性回归热等57种。老鼠传播疾病有三种途径：

(1) 鼠体外寄生虫作媒介，通过叮咬人体将病原体传染给人。

(2) 体内携带致病微生物的鼠通过活动或粪便污染食物或水源，造成人类误食后发病。

(3) 老鼠直接咬人或病原体通过外伤侵入人体而引起感染。

2. 防治措施

(1) 治理环境。采取各种措施破坏鼠类的适应环境，抑制其繁殖和生长，使其死亡率增高。具体可结合生产进行深翻、灌溉和造林，以恶化其生存条件。此法必须与其他方法配合才可奏效。

(2) 生物灭鼠。保护鼠类的天敌猫头鹰、黄鼠狼、獾、猫、蛇等，来控制老鼠的数量。

(3) 器械灭鼠。有些公共场所不宜使用鼠药时，可采用器械灭鼠。器械灭鼠主要是指使用鼠夹、鼠笼捕杀，捕鼠时器械要放在鼠类经常出没的地方。鼠夹的放置要与鼠道和墙基呈直角，诱饵板靠近鼠道，这样可以捕杀来自两个方向的老鼠。此法不适合老鼠密度较高的情况。

(4) 化学药物灭鼠。此法效果好，收效快，适用范围广，适合大面积灭鼠。但要注意选用高效、低毒、低残留、无污染、第二次中毒危险性小、不使老鼠产生生理耐药性的灭鼠剂。毒饵灭鼠是应用最广泛的灭鼠方法，使用方便、经济。毒饵由诱饵、灭鼠剂和附加剂配制而成。

(5) 熏蒸灭鼠。熏蒸灭鼠是指使用某些药物在常温下汽化或通过化学反应产生有毒气体，使鼠类吸入致死。本法适用于船舶、火车、仓库等密闭场所。同时还兼有杀虫作用，常用的熏蒸剂有磷化铝等。

资料链接

鼠 疫

鼠疫是鼠疫杆菌借助鼠蚤传播的烈性传染病，是广泛流行于野生啮齿动物间的一种自然疫源性疾病。临床上表现为发热、严重毒血症、淋巴结肿大、肺炎、出血倾向等。在世界历史上鼠疫曾多次暴发，死者数以千万计，新中国成立前我国也曾发生过多次，病死率极高。

（五）蚂蚁

1. 危害

（1）窃取和污染食物，损坏木材，滋扰人类。

（2）蚂蚁传播疾病引起间接损失。蚂蚁在室内四处觅食，大举侵入厨房、储藏间等处，消耗和污染食物，毁坏物品。蚂蚁密度高时还会严重影响人们的工作和休息。

（3）当蚂蚁受刺激时，还会叮咬人。

（4）蚂蚁在四处爬行时，会将各种细菌、病毒等病原体传播给人类。

2. 防治措施

（1）治理环境。搞好环境卫生，消灭蚂蚁滋生地。对各类公共场所的墙壁、窗台、家具、地板等处缝隙或洞穴进行堵塞。食堂、餐厅、旅店客房、仓库的食品要妥善保藏，不可乱扔乱放，以免引诱蚂蚁入室侵害。清扫地面，防止食物残渣、垃圾滞留，消灭蚂蚁滋生地，也可用开水浇烫蚂蚁洞穴。

（2）药物灭治法。药物包括粉剂和液剂两类。粉剂有低容量溴氰菊酯、灭蚁灵等。液剂有敌百虫、二氯苯醚菊酯等。

药剂灭治首先要抓住施药的有利时机，选择好施药点，施药要深、散、匀。粉剂灭治主要是利用白蚁互相喂舐的习性，当白蚁沾染了药剂后，会逐渐传播到整个群体，从而达到大量灭治的目的；液剂无传递性，使用时必须接近地面的木构件全面施药。

（3）挖巢法。蚂蚁的灭治还可以利用蚂蚁在严冬季节基本集中在巢内的特点，采用挖巢法消灭。该法的优点是简便，不需药物；缺点是损坏建筑构件，残留的蚂蚁会发展成新的群体。

（4）诱杀法。灭治蚂蚁也可以采用诱杀法。选择蚂蚁爱吃的食物为诱饵，如玉米秆、甘蔗等，可用一只或几只蚂蚁来诱使其他蚂蚁，当蚂蚁聚集量较大时，用药物或其他方法（如开水浸烫、高温或高频微波）进行消灭。一般采用的诱集方法有：诱集坑、诱集箱、诱集桩。

资料链接

白蚁的三种入侵方式

白蚁被形象地称为“无牙老虎”。成都地区已经发现白蚁种类多达 3 科 13 种，主要为鼻白蚁科的黑胸散白蚁。白蚁危害具有隐蔽性强、危害范围广和危害特别严重等特点，主要通过“飞、爬、带”三种方式入侵房屋建筑。“飞”是指在白蚁繁殖季节，房屋周围或内部的长翅成虫大量飞出，雌雄配对后，落在房屋建筑物内或外部适宜的条件下生存繁衍，数年后就能发展成新的白蚁群体；“爬”是指白蚁穿过土壤或地下爬进房屋内；“带”是指在从事房屋装修和环境绿化等相关工作时无意间将白蚁带入居室。

采用药剂杀虫灭鼠要注意以下几个方面：

（1）灭治人员上岗前要预先进行相关知识和操作技能的培训，使每一位操作人员都了解药物的作用、毒理及药害性质，熟悉操作规程，掌握中毒和损伤的预防及急救方法，并做好各种防护措施。

（2）配制药剂过程中需要开启药瓶密封塞时，必须使用工具，严禁用裸露的手指开启；配制药剂时必须在下风向操作；喷洒药液时必须注意行进方向的地形地物，谨慎地安全作业；喷洒药剂时必须侧向面对下风向，由下风向往上风向进行作业。

（3）灭治人员一般要求身体健康，体弱多病者、皮肤病和其他疾病尚未恢复健康者、皮肤外伤未愈合者不准参与配制药物和喷洒作业。日喷洒药液连续作业时间不得超过 6 小时，连续作业 4 次后必须停休 1 天。

（4）在灭治过程中，不得吸烟、饮水、进食；不得用被药液污染的手擦嘴、眼睛和脸；作业结束后脱去防护用品并漱口，洗手、脸和裸露的皮肤；每个喷洒周期结束后，工作服、口罩须清洗后方可继续使用；操作人员要勤洗澡，勤换衣，勤剪指甲，注意个人卫生。

（5）作业时如发现头痛、恶心、头昏、呕吐等症状，必须立即离开现场，脱去被污染的衣服并漱口，洗手、脸和裸露的皮肤，并及时送往医院诊治。

（6）作业结束后，要立即清洗器械，清洗不得在天然水域内进行，清洗器械后的污水要有安全的处置方法，药物空瓶统一回收处理，在回收前要将药液倒尽，用清水洗涤，剩余洗液倒入配药桶可再利用。

案例评析

小区作为防控的第一线，在疫情防控中是重要的一环，而物业人在小区疫情防控中发挥着不可替代的作用。河南物业人学习疫情防控经验，科学高效应对疫情，配合社区进行人员管控，配合医护人员进行核酸检测，主动加强消杀频率和强度，用微光之力助力河南疫情防控战。

影响传染病流行的因素主要有传染源、传播途径、易感人群这三个因素。如这三个因素协同作用，传染病就能流行，否则传染病就不会流行或终止流行。因此，要防止传染病的流行，可以从这三个方面入手：医治传染源、对传播途径的载体进行消毒灭菌、提高易感人群免疫力。要控制公共场所传染病的传播，切断传播途径是最有效的方法。

项目小结

物业垃圾与废气、废水一样，都是业主和使用人生产和生活的代谢产物。物业垃圾主要来源于人类的生产和消费活动。垃圾的分类方法有很多种，按物业垃圾来源可分为工业垃圾、生活垃圾、街面垃圾、农产品废物；按处理方式可分为资源型垃圾、可燃型垃圾、不可燃型垃圾、有毒型垃圾；按性质可分为有机垃圾和无机垃圾。物业垃圾会造成侵占土地、污染环境、引发垃圾爆炸事故、危害人体健康等危害。因此，城市垃圾处理已成为城市管理工作的重要内容，而垃圾处理水平则成为反映一个城市文明程度以及管理者环境意识的标志。物业垃圾的防治，要着重做好物业垃圾减量化、清扫经常化、资源化、袋装化等方面的工作。物业垃圾从收集、中转、运输到最终处理形成了一个完整的物业垃圾处理系统，该系统的前三个环节被称为物业垃圾的收运系统。物业垃圾的处置方法有焚烧法、卫生填埋法、生物发酵法、热解法、分选回收及综合处理法等。公共场所的卫生管理除了要创造一个洁净的卫生环境外，还有一个重要的工作就是预防和控制公共场所中传染病的发生和流行。对于公共场所的卫生防疫要因情况选用正确的消毒方法和合适的消毒药物以达到消毒的目的，最大限度地预防和减少各种传染病的发生，确保物业管理区域内业主和使用人的身体健康。

拓展园地

小习惯，大贡献

据北京市朝阳区循环经济产业园管理中心在北京市环境保护宣传中心“话说生态文明——走进垃圾处理设施”专题节目中介绍，2010—2019 年，北京市的生活垃圾产量已由每年的 635 万吨上升到了 1 011 万吨，平均每天 2.77 万吨。

如果将生活垃圾产量平均到每个人身上，有 1.2 千克/天。如果以三口之家为家庭单位来计算，每个家庭一年可产生 1.3 吨生活垃圾。如果我们用 2.5 吨的垃圾运输车来装载北京市一年的生活垃圾，垃圾运输车首尾相连可以绕四环路整整一圈。如果处理垃圾的速度赶不上增长速度，我们将被垃圾围绕。

小习惯，大贡献；积小流，成江海。解决垃圾处理难的问题，从根源上，我们要做到垃圾减量和垃圾分类。如果每人每天减少生产 100 克生活垃圾，就能为一个城市的垃圾处理工作减轻很大的负担。按分类投放生活垃圾，也将为后续的垃圾处理提供更大的便利条件。虽然垃圾减量还有很长的路要走，但只要我们每个人都能号召家庭成员一起携手节约资源，践行垃圾分类的环保行为，日积月累，就一定能为环保事业贡献很大的一份力量。

资料来源：北京青年．北京市日均生活垃圾产量按万吨计算．澎湃新闻，2020-07-30.

思考：垃圾分类，我们应如何行动？

实训练习

一、判断题

1. 影响传染病流行的三个因素是传染环境、传播途径和易感人群。（　　）
2. 由病毒、细菌、衣原体、立克次体等引起的病害称为传染性病害。（　　）
3. 通风能够杀灭病原体。（　　）
4. 要控制公共场所传染病的传播，切断传染源是最有效的方法。（　　）
5. 紫外线消毒属于物理消毒。（　　）

二、选择题

1. 下面的（　　）属于有机垃圾。

A. 果皮　　B. 灰土　　C. 玻璃　　D. 报纸

2. 垃圾根据其性质可分为（　　）。

A. 有机废物　　B. 固体废物

C. 无机废物　　D. 液体废物

3. 可回收垃圾包括（　　）。

A. 纸类　　B. 金属　　C. 电池　　D. 玻璃

4. 常见的呼吸道传染病有（　　）。

A. 麻疹　　B. 流行性感冒　　C. 伤寒　　D. 霍乱

5. 常见的消化道传染病有（　　）。

A. 伤寒　　B. 肺结核　　C. 痢疾　　D. 霍乱

6. 收集、中转、运输到最终处理形成了一个完整的物业垃圾处理系统，该系统中的（　　）被称为物业垃圾的收运系统。

A. 收集　　B. 处理　　C. 中转　　D. 运输

三、简答题

1. 物业垃圾有哪些危害？
2. 如何治理物业垃圾？
3. 简述物业垃圾的主要处理方法。
4. 焚烧法有哪些优缺点？
5. 卫生填埋法有哪些优缺点？
6. 简述消毒与灭菌的区别和联系。

四、案例分析题

案例名称	垃圾不落地，你我共参与
工作任务	2015 年 6 月 26 日上午 9 时，漯河市“垃圾不落地，你我共参与”专项行动启动仪式在火车站广场举行。市环卫处决定在市区部分路段试行“垃圾袋装化，垃圾不落地”收运新模式，并逐步向全市推广。通过在市区沿街商户中实施“垃圾袋装化”，环卫部门定时上门收集，达到了沿街商户“垃圾不落地”的效果。据了解，此次行动选择了人民路、滨河路、泰山南路、海河路、祁山路、嵩山路、解放路、金山路、燕山路、湘江路 10 条城市主要道路的部分路段作为试点。这些试点路段的共同特点是道路沿街商户相对比较集中。 同时，各区环卫部门将确定辖区内每条道路（临街门店）垃圾收运次数和时间，原则上每天不少于 3～4 次，具体时间由各区环卫部门根据试点路段商户经营时间自行确定。垃圾收运次数和时间要以书面形式通知沿街商户业主。环卫部门要制定沿街商户“垃圾袋装化”行为准则、上门服务作业规程，并严格按照作业规程实施。据了解，各区环卫部门将组织开展“垃圾袋装化，垃圾不落地”专项执法行动，对沿街商户不实施垃圾袋装、乱倒垃圾的行为进行专项整治，并依据《城市市容和环境卫生管理条例》对沿街商户乱倒垃圾的行为进行处罚。 “垃圾袋装化”解决了以往垃圾在收集、存放和运输环节的二次污染问题。也为今后实行垃圾分类收集，达到垃圾无害化、资源化、减量化奠定了基础。
完成时间	15 分钟

续前表

案例名称	垃圾不落地，你我共参与
任务目标	了解物业垃圾资源化、袋装化的意义
任务要求	1. 什么叫垃圾资源化？包括哪几个环节？ 2. 垃圾袋装化和垃圾资源化有什么关系？为什么要实行垃圾袋装化？ 3. 你认为实行垃圾袋装化有什么困难？如何提高垃圾袋装化的比率？
研讨内容	
研讨成果	
讨论过程	
自我角色	
自我评价	
小组评价	
教师评价	

项目四 物业绿化管理

问题引入

在物业公司中，绿化管理人员要给绿地内种植的树木、花卉和草坪等进行浇水、打药、修剪、补植、施肥，夏季要遮阴防暑，冬季则要防寒保暖。那么，物业管理人员应该具备哪些素养才能管理好辖区内的植被呢？

任务导读

- 物业环境绿化管理
  - 物业绿化管理概述
    - 物业绿化管理知识
    - 绿化植物的类别
    - 植物与环境的关系
  - 物业绿化接管验收
    - 物业绿化接管验收的相关知识
    - 物业管理公司绿化接管验收流程及内容
  - 物业绿化档案
    - 物业绿化档案的含义
    - 物业绿化档案的作用
    - 物业绿化档案的建立
    - 物业绿化档案的管理

学习目标

- 学习目标
  - 知识目标
    - 掌握物业绿化管理的内容、意义。
    - 熟悉常见花卉、草坪、树木的分类。
    - 了解绿地的相关知识。
  - 能力目标
    - 懂得物业绿化接管验收的程序。
    - 掌握物业绿化档案的管理方法。
  - 素质目标
    - 理解“人创造环境，同时环境也创造人”，增强保护环境、爱护环境的意识。

任务一　物业绿化管理概述

案例导入

楼前绿地变成私家植物园怎么办?

近几年，某住宅区里的“圈地运动”愈演愈烈。两片公共绿地被一些业主你占一点儿、我抢一块，成了由香椿、石榴、葡萄等植物组成的杂树林，成了种植辣椒、韭菜、丝瓜的菜园子。圈地的业主收获了果实，但其他业主对此颇有微词。

物业管理部门初始阶段曾对相关业主进行过劝阻，但收效甚微。后来看到情况失控，才发出通知：限10日之内自行清除私自种植的果木和蔬菜，逾期将强行清除，重新统一规划建设绿地。规定时限到了，仍有部分业主无动于衷，物业管理部门只好亲自动手，开始对杂树林、菜园子进行彻底清理。

资料来源：佚名．楼前绿地变成私家植物园怎么办？道客巴巴，2012-01-22.

? 问题与思考

为什么楼前绿地会变成私家植物园?

知识探究

物业绿化管理致力于建设高品位、高质量的绿化环境，营造舒适、美观、休闲、有益于身心健康、充满活力的居住生态景观。良好的物业绿化环境不仅可以美化城市，还可以改善业主们的生活质量，进一步提高业主们的人际交往能力，并能让人们走进自然，亲近自然，更好地了解自然。因此，物业绿化管理工作是一项长期且重要的工作。

一、物业绿化管理知识

（一）定义

物业绿化管理是指对物业内外及其附设的园林绿化植物、园林建筑、园林小品等进行养护管理、保洁、更新、修建，并对园林植物实施淋水、施肥、修剪、中耕、除草及病虫害防治、防风、防寒等养护措施，达到改善、美化环境，促进环境生态系统良性循环，并使业主的物业得到保值和升值的目的。

俗话说“三分种，七分管”，这强调了在物业绿化管理中“养”和“管”的重要性。养护与管理是一项经常性的工作，绿化工程施工验收交接后，养护管理尤其重要。为了提高物业绿化区域内各种绿化植物的成活率，给物业环境塑造良好的景观形象，管理人员要根据这些植物的生物学特性、生长发育规律和当地的生态条件，制定一套合理的养护管理措施。相反，只栽不管，不仅难以得到应有的绿化效果，反而会大煞风景，比没有绿化植物还要难看。

（二）范围

花木管理：繁殖、栽培、淋水、耕种、除草、修剪、施肥、病虫害防治、防寒、防风、防涝、保洁。

园林建筑、小品、园路的管理：维护、修复、翻新。

园林绿化改造：花坛改造、花木更新、草坪翻新、大树移植、景点增减。

花艺设计及场所布置：办公室、酒店、茶楼、会所、商业场地。

观赏鱼喂养：中国古典园林中的水池，锦鲤、金鱼。

其他：私家花园、园林机械维修。

（三）物业绿化的意义

物业绿化为人们营造了富有生活情趣的环境，是环境质量好坏的重要标志。随着人们物质文化生活水平的提高，对工作和居住环境的要求也越来越高，因此，物业绿化的意义越来越重要。

1. 物业绿化带来良好的环境效益

物业绿化以植物为主，因而在净化空气、减少尘埃、吸收噪声等方面有着重要的作用，同时也有利于改善小气候、遮阳降温、防止日晒、调节气温、降低风速。在炎夏静风时，借助温差促进空气交换，还可以调节温度、湿度，净化空气、水体、土壤，杀死病菌，降低噪声，保持水土。

2. 物业绿化增强社会效益

婀娜多姿的花草树木，丰富多彩的植物景观布置，以及少量的建筑小品、水体的点缀，使得居住区建筑群的面貌更加生动活泼。另外，物业绿化环境也可为社区提供文化活动场所和防灾避难场所等。

3. 物业绿化影响物业公司的经济效益

良好的物业绿化环境，会吸引更多人来购买物业；绿化环境不佳，则可能导致业主更换新的物业。另外，如果物业绿化环境管理到位，业主也愿意缴纳物业管理费；否则会影响物业管理费的收取。

4. 良好的物业绿化景观能够体现物业公司的形象

美丽多姿的花草树木，色彩多样的植物配置，大大加强了环境的观赏性，给人们留下美好印象，同时也是一个物业公司展示自身形象的窗口。人们也会对管理者留下管理措施到位、管理效果优良的印象。

由此可见，物业绿化对城市人工生态系统的平衡、城市面貌的美化、人们的心理健康具有重要的意义。随着人们审美需求的不断提高，物业环境景观开始呈现出多元化的发展趋势，提倡简约明快的景观设计风格。环境景观还要关注居民生活的舒适性，不仅为人所赏，还应为人所用。在物业管理中，绿化管理与安全管理、设备管理一样，都具有同等重要的地位和作用，需要管理人员精心安排、合理运用管辖范围内的绿化植物，为业主提供一个舒适的生活和工作环境。

二、绿化植物的类别

（一）按花卉的生物学特性进行分类

1. 草本花卉

茎木质部分少、茎多汁，柔软脆弱。

（1）一年生花卉：在当年完成生活史的花卉，通常春播，夏秋开花结果，又称为春播花卉。如千日红、福禄考、半枝莲、凤仙花、万寿菊等。

（2）二年生花卉：跨年度完成生活史的花卉，通常秋播，当年仅进行营养生长，接受冬季低温过程的春化作用，次年春、夏季开花、结实、死亡，又称为秋播花卉。如金盏菊、雏菊、紫罗兰、三色堇等。

（3）多年生花卉：通常多次开花结实，寿命均在两年以上，按根部的形态可分为两种：

1）宿根花卉：根部宿存过冬，翌春继续萌发生长，根部形态正常，不发生变态。如菊花、萱草、芍药、玉簪、四季秋海棠、荷苞牡丹、香石竹等。

2）球根花卉：根部具有肥大而富含营养的变态茎或变态根，主要有：①球茎类：地下茎短缩肥大，被数层膜质外皮包裹，球茎下部形成环状痕迹，即短缩的节，顶部有肥大顶芽，抽芽形成地上部，春或秋以肥大的球茎或子球繁殖。如唐菖蒲、小苍兰、番红花。②鳞茎类：地下茎缩短或呈盘状的鳞茎盘。如水仙、百合、风信子、郁金香、朱顶红等。③根茎类：外形似根的地下茎，多肉质肥大，有分枝，有明显节和短节间，每节有侧芽，位于节上退化的鳞片叶叶腋处。如美人蕉、姜花、铃兰等。④块茎类：短而肥大的不规则块根状地下茎，节很短，节上有芽眼，可抽枝发叶，通常用块茎繁殖。如马蹄莲、大岩桐、彩叶芋、仙客来等。⑤块根类：根膨大成块根，块根顶端有发芽点，由此萌发新梢。如大丽花、花毛茛等。

（4）水生花卉：终年生长在水中，大都为多年生有根茎和宿根的草本花卉。根据它们在水中生长的姿态，可分为四种：1）挺水型：茎、叶、花挺立于水面以上，根系扎于泥中。如荷花、水菖蒲等。2）浮水型：茎、叶、花飘浮于水面，根系扎于泥中。如睡莲、王莲等。3）沉水型：植株茎、叶均沉于水中，根系扎于泥中。如金鱼藻、鱼草、苦草等。4）漂浮型：根系不入土，全株漂浮移动于水面。如大薸、凤眼莲等。

（5）仙人掌及多浆多肉植物类：茎叶具多种变态，有发达的贮水组织，呈肥厚状，肉质而多浆，部分种类叶退化会成针刺状，“刺座”着生于变态茎。其刺座、仔球、茎节、花朵体态奇特，花色艳丽，颇具趣味性。常见的有仙人掌、仙人球、令箭荷花、蟹爪兰、昙花、石莲花、玉树等。

（6）草坪及地被植物：1）草坪：指园林中覆盖地面的低矮禾草类，多为多年生草本。如禾本科、莎草科、豆科、结缕草、黑麦草、野牛草、狗牙根、早熟禾、剪股颖、地毯草、羊茅等。2）地被植物：低矮植物群体的总称，可覆盖地面，以宿根草本为主，包括观叶类、小灌木及藤木。

2. 花木类（木本花卉）

茎干坚硬，茎干大部分组织木质化，寿命较长，通称花木类。依据高度、分枝不同可分为四类：

（1）花灌木：无明显主干，自地面分枝丛生。分为落叶、常绿两种，是木本花卉中数量最多的一类，有木槿、月季、榆叶梅、茉莉、栀子、蜡梅、夹竹桃、丁香、黄刺玫等。花灌木可进一步细分为亚灌木或半灌木（介于草、藤之间），寿命较短，茎半木质化，有天竺葵、香石竹、富贵竹等。

（2）小乔木：是高度、分枝位置、主干明显程度均介于灌木、乔木之间的木本，数量仅次于花灌木。如金缕梅、紫荆、花石榴等。

（3）乔木：是植株高大，主干明显，分枝位置较高的木本花卉。梅花、碧桃、白玉兰、二乔木兰、银杏等为落叶乔木花卉，广玉兰、白兰等为常绿乔木花卉。

（4）藤木类：是茎不能直立的木本植物。茎呈螺旋状缠绕在其他物体上，借卷须、吸盘、气生根等特殊攀缘器官向上生长，或茎、节部生出不定根茎匍匐于地面等。如紫藤、洋常春藤、凌霄、金银花等。

（二）按花卉园林用途分类

（1）花坛花卉：指可以用于布置花坛的1～2年生露地花卉。比如春天开花的可选用三色堇、石竹；夏天花坛花卉常栽种凤仙花、雏菊、鸡冠花；秋天选用一串红、万寿菊、九月菊等；冬天花坛内可适当布置羽衣甘蓝等。

（2）盆栽花卉：是以盆栽形式装饰室内及庭园的盆花。如金边瑞香、富贵籽、扶桑、文竹、一品红、金橘等。

（3）室内花卉：指通常较耐荫、适宜室内摆放的花卉。一般观叶类植物都可作为室内观赏花卉。如发财树、巴西木、绿巨人、绿萝、五彩玉米等。

（4）切花花卉：指从植物体上剪切下来的花朵、花枝、果枝、叶片以及干枯枝条等的总称。用于制作花束、花篮、花圈、新娘捧花及其他插花作品。1）宿根类：非洲菊、满天星、鹤望兰。2）球根类：百合、郁金香、马蹄莲、香雪兰等。3）木本类：桃花、梅花、牡丹。

（5）荫棚花卉：在园林设计中亭台树荫下生长的花卉。麦冬草、红花草以及蕨类植物皆可作为荫棚花卉。

（三）按观赏特性（器官）分类

主要以观赏植物的器官作为分类依据。

（1）花卉类：以花作为主要观赏器官，如菊花、月季、剑兰、鸡冠花。

（2）观叶类：以叶作为主要观赏器官，如龟背竹、花叶芋、孔雀竹芋、龙血树、万年青、巴西铁、文竹等。

（3）观茎类：茎体态奇特，颇具观赏性、趣味性，如佛肚竹、光棍树、虎刺梅等。

（4）观果类：果型、果色、大小等较为奇特，如富贵籽、金橘、石榴、五色椒等。

（5）芳香类：花具有香气，如米兰、含笑、茉莉、栀子花、白兰花、桂花、虎舌红等。

（四）按树木生长特性分类

根据树木生长特性，可分为以下类型。

（1）乔木类：是指树身高大的树木，由根部生出独立的主干，树干和树冠有明显区分。有一个直立主干且高达 6m 以上的木本植物称为乔木。一般情况下，乔木树体高大（通常 6m 至数十米），具有明显的高大主干。

根据高度不同，乔木可分为伟乔（31m 以上）、大乔（21～30m）、中乔（11～20m）、小乔（6～10m）四级。与低矮的灌木相对应，通常见到的高大树木都是乔木，如木棉、松树、玉兰、白桦等。

乔木按冬季或旱季落叶与否又分为落叶乔木和常绿乔木两种。常绿树木不是不落叶，而是每年都有新叶长出，在新叶长出的时候也有部分旧叶脱落。

（2）灌木类：树体矮小（在 6m 以下），指那些没有明显主干、呈丛生状态的矮小木本植物，一般可分为观花、观果、观枝干类树木。

（3）藤木类：能攀附他物而向上生长枝蔓的树木，多借助吸盘（如爬山虎等）、吸附根（如凌霄等）、卷须（如葡萄等）、蔓条（如蔷薇）及干茎本身的缠绕性而攀附他物（如紫藤等）。

（4）匍匐类：干、枝均匍地生长，如铺地柏等。

（五）按树木在园林绿化中的用途分类

（1）风景树：通常作为庭院和园林局部的中心景物，以树型或姿态作为观赏对象，也有观赏花、果、叶的。

世界五大公园树种：雪松、金钱松、南洋杉、日本金松、巨杉。

雪松：又称香柏，是松科雪松属植物的统称。

金钱松：又名金松、水树，是落叶大乔木，属松科。树干通直，高达 40m，胸径 1.5m。

南洋杉：常绿乔木，原产地高达 60～70m，喜温暖和阳光，既能忍受 40℃的高温，也能适应－5℃的低温。

日本金松：常绿针叶树，树冠圆锥形，树皮红褐色，叶深绿色，背面淡黄色。

巨杉：陆生植物中体型最大的常绿针叶乔木，红杉国家公园（Sequoia National Park）中的雪曼将军树（General Sherman Tree）为巨杉之最，基部干围 31m，高 83m，总重约 6 167t。

（2）庭荫树：栽种在庭院或公园里，以取其绿荫为主要目的的树种。一般多为叶大荫浓的落叶乔木。如梧桐、七叶树、槐、栾树、朴树、榉树、榕树、樟等。

（3）行道树：种植在道路两旁给车辆和行人遮阴并构成街景的树种。落叶或常绿乔木均可作行道树，但必须具有抗逆性强、耐修剪、主干直、分枝点高等特点。如悬铃木、槐树、椴树、七叶树、元宝枫、樟树、银桦等。

世界五大行道树种：银杏树、鹅掌楸、椴树、悬铃木、七叶树。其中悬铃木被称为“行道树之王”。

银杏树：又称白果、公孙树，落叶大乔木，高可达 40m，胸径可达 4m。银杏树最早出现于3.45亿年前的石炭纪，科学家称它为“活化石”“植物界的熊猫”。银杏树生长较慢，寿命可达千余岁。

鹅掌楸：又名马褂木，落叶大乔木，高可达60m，胸径可达3m。鹅掌楸的树形端正雄伟，花大而美丽，叶为鹅掌形，是世界珍贵树种之一。17世纪从北美引种到英国，其黄色花朵形似杯状的郁金香，故欧洲人称之为“郁金香树”，是城市中极佳的行道树，对有害气体的抵抗力较强，也是工矿区绿化的优良树种之一。

椴树：又名捷克椴，是捷克的国树，也是北部欧洲常见的温带植物种类。椴树属于乔木，茎皮富含纤维，适应性强，目前在世界各地广泛栽培，多作为行道树。

悬铃木：又称法国梧桐，属于落叶乔木，高可达35m，树冠广阔，树皮灰绿色。法国梧桐的树干高大，枝叶茂盛，生长迅速，易成活，耐修剪，所以作为行道树广泛栽植。该树种对二氧化硫、氯气等有毒气体有较强的净化作用。悬铃木在20世纪初大量传入我国，主要由法国人种植于上海的法租界内，故称之为“法国梧桐”。

七叶树：别名马栗树，属于落叶乔木。其根系发达，耐干旱瘠薄，也耐寒。树干耸直，树冠开阔，叶大而形美，遮阴效果好，初夏繁花满树，是世界著名的观赏树种。

(4) 花灌木：通常指有美丽芳香的花朵或色彩艳丽的果实的灌木和小乔木。这类树木种类繁多，观赏效果显著，在园林绿地中广泛应用。花灌木可作为高大乔木和地面之间的过渡，来丰富道路边缘线。如梅花、桃花、榆叶梅、连翘、丁香、月季等。

(5) 藤本类：具有细长茎蔓的木质藤本植物。可以攀缘或垂挂在各种支架上，有些可以直接吸附于垂直的墙壁上，不占用或很少占用地面空间。应用形式灵活多样，是各种棚架、凉廊、栅栏、围篱、墙面、拱门、灯柱、山石、枯树等绿化的好材料。藤本类植物对提高绿化质量、丰富园林景色、美化建筑立面等有独特作用。常见的有紫藤、凌霄、络石、爬山虎、常春藤、葡萄、金银花等。

(6) 绿篱树种：绿篱通常是成行密植，适合修剪整齐的园林栽植。主要起防范作用，也可用来分隔空间和屏障视线，或作雕塑、喷泉等的背景。用作绿篱的树种一般都是耐修剪、多分枝和生长较慢的常绿树种。如黄杨、女贞、珊瑚树等。也有以观赏花果为主而不需修整的自然式绿篱。常见树种有小檗、铁梗海棠、黄刺玫、珍珠梅、枸橘、木槿等。

(7) 地被植物：用于对裸露地面进行绿化覆盖的低矮灌木或藤木。如铺地柏、箬竹、金银花、爬山虎、常春藤等。

(8) 岩石植物：在岩石园中种植的低矮植物。如南天竹、六月雪、竹类等。

(9) 盆栽及盆景：植物种植在盆中用来观赏。盆景要求植株古朴、叶小、生长缓慢、易造型。如榔榆、银杏、梅、日本五针松、棕竹等。

(10) 果木：园林结合生产的树种，需要合理配置。园林中的果木，管理是开放式的，游人可以在树木间活动，又具有观赏价值。如枇杷、海棠、核桃、柿子等。

(11) 林木：园林结合生产的树种，一般在风景区游人不常去的偏僻处，如松树、栎类等。

(12) 室内装饰植物：需选择耐荫植物。棕榈科植物除椰子、刺葵外都耐荫。

(13) 屋顶花园植物：一般根系较浅，长30～40cm，体量轻。如金银花、竹类、散尾葵等。

三、植物与环境的关系

物业环境中的植物与其他事物一样，不能脱离环境而单独存在。一方面，环境中的温度、水分、光照、土壤、空气等因素对植物的生长和发育产生重要的生态影响。另一方面，植物对环境也产生各种不同的反应和多种多样的适应性。在进行物业绿化或植物造景时，应充分考虑环境中各生态因素相互作用的基本规律。

生态因素对园林植物的影响是综合的，也就是说植物生活在综合的环境因素中，缺乏任一因素，植物均不能正常生长。环境中各种生态因素又是相互联系、相互制约的，环境中任何一个因素的变化都将引起其他因素不同程度的变化。例如，光照强度的变化，常会直接引起气温和空气相对湿度的变化，从而导致土壤温度和湿度的变化。在整个生态环境中，虽然各生态因素都是植物生长发育所必需的，但对某一种植物，或者植物生长发育的某个阶段的影响，往往有1～2个因素起着决定性的作用，这种起决定性作用的因素被称为“主导因素”。如热带兰花大多属于热带雨林植物，其主导因素是高温高湿，仙人掌是热带草原植物，其主导因素是高温干燥，这两种植物离开高温都会死亡；又如高山杜鹃，在引种到低海拔平地时，空气湿度是其存活的主导因素。

不同环境中生长着不同种类的植物，例如：棕榈科植物大部分种类要求生长在温度较高的热带和亚热带南部地区，如椰子、油棕、皇后葵、假槟榔、鱼尾葵、散尾葵、袖珍椰子、槟榔等；落叶松、云杉、冷杉、桦木等则要求生长在寒冷的北方或高海拔处；桃树、梅花、木棉、三角梅、印度橡胶榕、小叶榕、大叶榕等要求生长在阳光充足之处；铁杉、金粟兰、紫金牛、六月雪、野扇花等喜欢庇荫的环境；杜鹃、山茶、栀子花、黄桷兰、含笑等喜欢酸性土壤；柽柳、真柏、锦鸡儿则能生长在盐碱土壤上；沙枣、龙血树、光棍树在干旱的荒漠上能顽强生长；荷花、睡莲、萍蓬草、石菖蒲等需生长在湖泊、池塘中。

如果环境中生态因素发生变化，那么植物的生长发育也会随之发生变化。环境中的生态因素不是固定不变的，而是处于周期性的变化之中。因此，环境的不同能影响植物的外部形态和内部结构的变化。

如日照时间长能使唐菖蒲由营养生长转向生殖生长。另外，环境还影响植物体内有机物质的变化，很多药用植物从野生引种栽培后就会发生很大的变化，如欧乌头（Aconitum Napellus）的根在寒冷的气候下变得无毒；杜仲向阳的叶片含杜仲胶60%左右，而阴面的叶片含胶量仅为3%～4%等。

一般而言，在气候温和、湿润的地区，野生植物和栽培植物各部分的物质形成以淀粉、碳水化合物为主，而在气温较高、土壤干燥、光照充足的地区，则有利于蛋白质等的形成。

（一）温度

温度是影响园林植物的重要因素之一，它不仅影响着植物的地理分布，而且还制约着植物生长发育的速度。

1. 温度对园林植物生长的影响

温度的变化直接影响着植物的光合作用、呼吸作用、蒸腾作用等生理作用。每种植物的生长都有最低、最适、最高的温度，称为温度的三基点。一般情况，植物生长的温度范围为4℃～36℃。另外，不同植物及不同生长阶段对温度的要求也不同。

（1）热带植物：槟榔、椰子等，要求日平均温度在18℃以上才能开始生长。

（2）亚热带植物：如香樟、小叶榕、印度橡胶榕、竹等，在15℃左右开始生长。

（3）暖温带植物：如桃花、紫叶李、梅花等，一般在10℃甚至不到10℃就开始生长。

（4）温带树种：紫杉、云杉、白桦在5℃就开始生长。

一般植物在0℃～35℃的温度范围内，随温度上升，生长速度加快；随温度降低，生长速度减缓。但是，当温度超过植物所能忍耐的最低和最高温度极限时，植物的部分器官就会受损甚至全株死亡。

在实际生活中，低温对植物生长的影响较为突出，会使植物遭受寒害和冻害。

（1）寒害：指气温在0℃以上植物遭受的伤害。

（2）冻害：指气温低于0℃时导致的植物伤害。

冻害的危害程度由极端低温值、低温持续的天数、降温速度决定，也与植物的抗冻性大小有关。在相同的低温条件下，降温速度越快，植物受伤害越严重，低温持续的时间越长，受伤害的程度越大。另外，土壤低温对园林植物的危害也较大。

2. 温度对园林植物开花的影响

温度对园林植物开花的影响首先表现在花芽分化方面。此外，温度对花色也有一定的影响，因为花青素和色素的形成与积累受温度的控制，温度适宜时，花色艳丽，反之则暗淡。

3. 温度与植物景观

在园林植物配置与造景时，应尽量使用乡土树种，控制南树北移、北树南移的成活率，如椰子在海南岛南部生长旺盛，结果累累；到了北部则果实变小，产量显著下降；在广州不仅不结实，甚至还会受到冻害。又如凤凰木原产热带非洲，在当地生长十分旺盛，花期先于叶开放；引种至海南岛南部，花期明显缩短，花叶同时开放；引种至广州，大多变成先叶后花，花的数量明显减少，甚至只有叶片不开花，大大影响了景观效果。

在园林实践中，由于不同园林植物对温度的适应度不同，因此应注意落叶与常绿树种的搭配栽培。四季开花植物的搭配，要做到四季有景、季季有花，以体现温度变化与植物景观的关系。

（二）光照

1. 具有不同光照强度要求的植物生态类型

根据植物对光照强度的不同要求，一般将植物分成阳性植物、阴性植物和居于二者之间的耐荫植物。

（1）阳性植物：要求较强光照，不耐庇荫，在全光照下生长良好，否则枝条纤细，叶片黄瘦，花小色淡，开花不良，在自然植物群落中，大多为上层乔木。如木棉、橡皮树、银杏、紫薇、木麻黄、椰子、杨柳、棕榈及多数1～2年生草本植物。

（2）阴性植物：多数原产于热带雨林或高山阴坡及树林下，一般要求光度为全日照的5%～20%，不能忍耐过强光照。在自然植物群落中常处于中、下层，或生长在潮湿背阴处，如红豆杉、肉桂、珠兰、中华常春藤、三七、人参、黄连、吉祥草、宽叶麦冬、蕨类、一叶兰、兰花、文竹等。

（3）耐荫植物：一般在光照充足的条件下生长最好，但也有不同程度的耐荫能力，要求的光照强度在阳性和阴性植物之间。大多数植物属于此类，如罗汉松、竹柏、栾树、君迁子、桔梗、白及、棣棠、珍珠梅、杜鹃、山茶、八仙花、七叶树、五角枫等。

2. 园林植物耐荫性在植物配置与造景中的应用

在植物配置与造景时，对温度、水分、土壤因素都可以通过适地适树以及加强管理、换土等措施来满足和控制。而植物的耐荫性，只有通过对各种树种及草本植物耐荫幅度的了解，才能在顺应自然的基础上，科学配置，搭建既美观又稳定的景观群落。根据经验来判断植物的耐荫性是目前在植物造景中的主要依据，但是误差很大。

（1）杜鹃在进行配置与造景时，宜植于林缘、孤立树的树冠正投影边缘或上层乔木枝下较高、枝叶稀疏、密度不大的地方。

（2）山茶花配植于白玉兰树下，则花、叶均茂，早春红、白花朵相继开放。

（3）垂丝海棠配植于桂花丛中、香樟树下及建筑物北面均开花茂盛。

另外，在园林实践中，也有通过调节光照来控制花期以满足造景需要的。例如：一品红为短日照植物，正常花期在 12 月中旬或下旬，为了使其在 11 月开花，一般在 8 月上旬就开始进行遮光处理，每天见光 8～10 小时，可以用来在节日布置花坛、美化街道以及各种场合造景。

（三）水分

水分是植物体的重要组成成分。无论是植物对营养物质的吸收和运输，还是植物体内进行的一系列生理、生化反应，都必须在水分的参与下才能进行，所以水也是影响植物形态结构、生长发育的重要生态因素。

1. 空气湿度与植物景观

空气湿度对植物生长起着很大的作用。在云雾缭绕、高海拔的山上，有着千姿百态、万紫千红的观赏植物，它们生长在岩壁上、石缝中，或附生于其他植物上，这类植物没有坚实的土壤基础，它们的生存与空气湿度密切相关。如在高温高湿的热带雨林中，高大的乔木上通常附生有大型的蕨类，如鸟巢蕨、岩姜蕨、书带蕨等，它们呈悬挂下垂姿态，抬头远望，犹如空中花园。

2. 水与植物景观

不同的植物种类，由于长期生活在不同的水分环境中，从而形成了对水分不同需求的生态习性和适应性。根据园林植物对水分的不同需求，可将其分为水生、湿生、旱生三种生态类型。

（1）水生植物景观。水生植物生活在水中，有的沉水，有的浮水，有的挺出水面，因此，水面景观各有不同，如表 4－1 所示。

表 4－1　水生植物表

植物名	科别	特性	适应水深（m）
菱	菱科	一年生浮叶水生草本	3.0～5.0
莲	睡莲科	多年生水生草本	0.5～1.5
睡　莲	睡莲科	多年生水生草本	0.25～0.35

续前表

植物名	科别	特性	适应水深（m）
萍　蓬	睡莲科	多年生浮水草本	浅水
凤眼莲	雨久花科	多年生水生草本	0.3～1.0
慈　姑	泽泻科	宿根水生草本	0.10～0.15
水　芋	天南星科	多年生草本	0.15 以下
蒲　草	香蒲科	多年生宿根草本	0.3～1.0
水　葱	莎草科	多年生挺水草本	沼泽或浅水
莼　菜	睡莲科	多年生宿根草本	0.3～1.0
水　芹	伞形科	多年生沼泽草本	0.3～1.0

（2）湿生植物景观。在自然界中，这类植物的根常没于浅水或潮湿的土壤里，要求空气湿度较高，在干燥的环境中常生长不良。在植物造景中这类植物可用的有落羽松、池杉、水松、垂柳、旱柳、枫杨、乌桕、白蜡、三角枫、柽柳、夹竹桃、榕属、马蹄莲、水杉、海芋、龟背竹、广东万年青等。

（3）旱生植物景观。旱生植物多数原产于热带干旱的荒漠、沙漠地区，具有较强的抗旱能力。我国常见的抗旱树种有仙人掌类、小叶杨、小叶锦鸡儿、雪松、杨树、榆树、胡颓子、侧柏、桧柏、黄连木、合欢、君迁子、紫穗槐、紫藤、皂荚等，这些植物是旱生景观造景的良好树种。

（四）空气

空气对园林植物的影响是多方面的。空气中的二氧化碳和氧气都是植物光合作用的主要原料和物质条件，直接影响植物的健康生长与开花状况。

在园林实践中，对植物景观影响较大的是一些有害气体，它们直接威胁着园林植物的生长发育，如表 4－2 所示。因此，在园林植物配置与造景时，要因地制宜，选择对有害气体耐受性较强的园林植物。

表 4－2　　各种有害气体对植物的危害

气体名称	危害症状
二氧化硫	叶脉间、叶缘间出现点状或块状伤斑，产生失绿漂白或褪色变黄的条纹，叶脉一般保持绿色
氯化氢	叶片先端和边缘产生环带斑枯，逐渐向内发展，严重时叶片枯萎脱落
氯气	破坏叶绿素，叶片产生褪色伤斑，严重时全叶漂白脱落，伤斑与健康组织之间无明显界限
光化学烟雾	破坏叶绿素，叶片背面变成银白色、棕色、古铜色，严重时整片叶变色

（五）土壤

土壤是园林植物生长的基质，一般栽培园林植物所用的土壤应具备良好的团粒结构，疏松、肥沃，排水和保水性能良好，并含有丰富的腐殖质和适宜的酸碱度。

1. 土壤物理性质对植物的影响

土壤物理性质主要是指土壤的机械组成。理想的土壤应是“疏松、有机质丰富，保水、保肥力强，有团粒结构的土壤”。其中，城市土壤具有极大的特殊性。

（1）城市内由于人流量大，人踩车轧，增加了土壤密度，降低了土壤透水和保水的能力。

（2）土壤被踩紧实后，土壤内孔隙密度降低，土壤通气不良，抑制了植物根系的生长。

（3）城市内的地面多用水泥、沥青、地砖等铺装，封闭性大，也造成土壤透气性差，硬度大。

（4）大部分裸露地面在夏季吸热较强，提高了土壤温度。

2. 土壤酸碱度对园林植物的影响

自然界中土壤的酸碱度受气候、母岩、土壤中的无机和有机成分、地形地势、地下水和植物等因素的影响。

根据我国土壤酸碱性的测试情况，可把土壤酸碱度分为五级：$pH<5.0$ 为强酸性；$pH=5.0\sim6.5$ 为酸性；$pH=6.5\sim7.5$ 为中性；$pH=7.5\sim8.5$ 为碱性；$pH>8.5$ 为强碱性。

根据园林植物对土壤酸碱度要求的不同，可将其分为三类：

（1）酸性土植物。在酸性土壤上生长较好，一般 $pH<6.5$，植物在碱性土或钙质土上不能生长或生长不良，且多分布在高温多雨地区，如杜鹃、山茶、白兰、含笑、珠兰、茉莉、八仙花、肉桂、棕榈、印度橡胶榕、栀子花、油茶等。

（2）中性土植物。在中性土壤上生长最佳的种类，大部分园林植物属于此类。

（3）碱性土植物。在或轻或重的碱性土壤上生长最好的种类，也包括少部分能忍耐一定盐碱的植物，称为耐碱土植物，如仙人掌、玫瑰、柽柳、白蜡、木槿、紫穗槐、木麻黄等。

另外，含有游离碳酸钙的土壤称为钙质土，有些植物在钙质土壤上生长良好，称为钙质土植物（喜钙植物），如南天竹、柏木、臭椿等。

（六）营养元素对植物的影响

1. 植物生长的必需元素

植物的生长发育，必须从土壤和空气中获取大量的矿物质营养元素。植物必需的元素中，大量元素有碳（C）、氢（H）、氧（O）、氮（N）、磷（P）、硫（S）、钾（K）、镁（Mg）、钙（Ca）、硅（Si）；微量元素有铁（Fe）、锰（Mn）、锌（Zn）、铜（Cu）、硼（B）、钼（Mo）、氯（Cl）、钠（Na）、镍（Ni）。为了使植物获得这些营养元素，常用施基肥、追肥和根外追肥等方法，满足植物生长所需的营养。

碳、氢、氧可以从空气和土壤中获得，而物业绿化环境中的花木对氮、磷、钾的需求量比土壤供应量多，必须通过人工施肥补充。不同植物对氮、磷、钾的需求量也不同，如球根花卉需钾较多，氮磷钾配合的比例为 1∶1∶2，观花果植物要求的比例为 2∶3∶1，观叶花卉适宜的比例是 3∶1∶1。肥料是植物养分的来源，合理施肥可以促进植物的生长与发育。

2. 植物的营养贫乏症

有些地方，由于土壤或水质因素，植物吸收不到足够的营养元素而呈现缺元素现象。如缺铁、镁，叶片出现黄化症；缺锌，叶片明显变小，发生小叶症；缺硼，嫩叶失绿，落花落果；缺钙，顶芽受损伤，引起根尖坏死等。根据植物外部出现的现象可以诊断其所缺的元素，及时补充所缺的营养元素就能减少损失。

资料链接

生物相关性

有些植物具有相克性，不能共同生存，一种植物的存在会导致其他植物的生长受到限制甚至死亡，或者两者都受到抑制。当然，也有一些植物种植在一起，会互相促进生长。因此，在进行植物配置与造景时，要区别哪些植物可“和平共处”，哪些植物“水火不容”。

1. 相克

(1) 黑胡桃不能与松树、苹果、马铃薯、番茄、紫花苜蓿及各种草本植物栽植在一起，而能与悬钩子共生。

(2) 苹果树行间种马铃薯、芹菜、胡麻、燕麦、苜蓿等植物，苹果树的生长会受到抑制。

(3) 刺槐、丁香、薄荷、月桂等会分泌大量的芳香物质，对邻近植物有抑制作用。

(4) 榆树与栎树、白桦不能间种。

(5) 松树与云杉不能间种。

(6) 银桦幼苗根部如与壮龄树接触，幼苗会死亡。

(7) 风信子、稠李会抑制某些植物的生长。

(8) 丁香与铃兰、水仙与铃兰、丁香与紫罗兰不能混种。

(9) 甘蓝与芹菜不能混种。

(10) 如果把果树种在各种花卉旁边，各种花就会凋谢。

(11) 桃树与茶树不能间种，否则茶树枝叶会枯萎；桃树周围种植杉树会影响杉树的生长。

(12) 松树不能与接骨木生长在一起。

2. 相生

(1) 黑接骨木对云杉根系分布扩展有利。

(2) 皂荚、白蜡树与七里香种在一起具有促进作用。

(3) 黑果红瑞木与白蜡树种在一起具有促进作用。

(4) 葡萄园种紫罗兰，结出的葡萄香味更浓。

(5) 桃核树与山楂树间种，山楂的产量比单种高。

(6) 牡丹与芍药间种能促进牡丹生长。

案例评析

居住区内业主私自种植花草树木、破坏小区绿地是一种比较普遍的现象，在管理中根治难度较大的原因，就是个别业主从中获得了一定的利益。对于这类问题，管理上的防微杜渐是非常重要的。如果物业管理公司从最初阶段就积极阻止，不允许业主私自种植，这种现象是可以得到控制的。但是，案例中的物业管理公司在刚开始管理力度不够，促成这种“圈地”的扩大，所以后来的工作难度就加大了。

物业管理公司应在小区内积极宣传《城市绿化条例》，根据《城市绿化条例》第 17 条至第 20 条的规定，让圈地业主意识到他们的行为是违规的，同时主动找业主委员会沟通，并做好其他业主的工作，形成小区内的谴责舆论，避免今后类似事件的发生。

资料链接

《城市绿化条例》相关条款规定

《城市绿化条例》

第十七条　城市的公共绿地、风景林地、防护绿地、行道树及干道绿化带的绿化，由城市人民政府城市绿化行政主管部门管理；各单位管界内的防护绿地的绿化，由该单位按照国家有关规定管理；单位自建的公园和单位附属绿地的绿化，由该单位管理；居住区绿地的绿化，由城市人民政府城市绿化行政主管部门根据实际情况确定的单位管理；城市苗圃、草圃和花圃等，由其经营单位管理。

第十八条　任何单位和个人都不得擅自改变城市绿化规划用地性质或者破坏绿化规划用地的地形、地貌、水体和植被。

第十九条　任何单位和个人都不得擅自占用城市绿化用地；占用的城市绿化用地，应当限期归还。

因建设或者其他特殊需要临时占用城市绿化用地，须经城市人民政府城市绿化行政主管部门同意，并按照有关规定办理临时用地手续。

第二十条　任何单位和个人都不得损坏城市树木花草和绿化设施。

砍伐城市树木，必须经城市人民政府城市绿化行政主管部门批准，并按照国家有关规定补植树木或者采取其他补救措施。

任务二　物业绿化接管验收

案例导入

建议为什么没得到采纳？

某物业公司即将承接一个小区的物业管理工作。该公司经理与小李参加小区绿化工程的竣工验收工作，在验收现场，小李发现小区的草坪有被虫子咬过的痕迹，种植的树木部分长势不佳，叶子萎黄，枝条萎蔫，小李建议经理暂时不要接管此小区的物业工作，要施工单位灭虫和将树木养护好后再接管。经理听后却没有采纳小李的建议。

？问题与思考

小李的建议为什么没有得到经理的采纳？

知识探究

为了规范物业绿化管理工作，确保绿化质量，加强物业绿化管理，物业管理企业在接管绿地前要积极参与验收工作，包括绿化工程的施工材料、中间工序、工程竣工的验收等环节，进而避免隐患、规避风险。

一、物业绿化接管验收的相关知识

（一）定义

物业管理企业在承接物业绿化委托管理时，对新建物业绿地或原有物业绿地按行业接管验收标准进行综合检验的过程称为物业绿化接管验收。接管验收是在竣工验收合格的基础上，以绿地主体安全和满足使用功能为主要内容的验收。

（二）接管验收的重点

对物业绿地的使用功能、物业绿化资料进行接收。

（三）物业接管验收的条件

（1）建设工程全部施工完毕并验收合格。

（2）小品、喷灌、供电、给水排水、卫生、道路等设备和设施能正常使用。

（3）绿化工程按图纸、文件要求达到设备齐全，功能可靠，手续完备。

（四）接管验收前的准备工作

（1）抽调业务骨干组成物业绿化接管小组。具体工作包括：抽调档案管理文员负责接管物业的产权、工程、设备的资料验收移交工作；抽调工程部人员具体负责绿化环境、公共设施和机电设备的验收移交工作。

（2）接管验收前的准备。具体工作包括：与开发商确定交接事项、交接日期、进度、验收标准等；派出骨干技术人员前往工地现场摸底，制订接管验收计划；提前参与竣工验收和机电设备最终安装、调试工作，做到心里有数；准备好接管验收的记录表格。

（五）物业接管验收应提交的主要资料

（1）产权资料。包括：项目批准文件；用地批准文件；拆迁资料；等等。

（2）技术资料。包括：竣工图（包含总平面、绿化、建筑小品、设备及附属工程有隐蔽管线的全套图纸）；地质勘查报告；工程合同及开工、竣工报告；工程预决算分项清单；图纸会审记录；工程设计变更通知及技术核定单位信息（包括质量事故处理记录）；隐蔽工程验收签证；沉降观测记录；竣工验收证明书；钢材、水泥等主要材料的质量保证书；等等。

（六）物业接管验收的程序

（1）建设单位书面提请接管单位接管验收，并提交相应的资料。

（2）接管单位按照接管验收标准，对建设单位提交的申请和相关资料进行审核，对具备条件的，应在15日内签发验收通知并约定验收时间。

（3）接管单位会同建设单位按照接管验收的主要内容及标准进行验收。

(4) 验收过程中发现问题的，按质量问题的处理办法处理。

(5) 经检验符合要求，接管单位应在 7 日内签发验收合格凭证，并及时签发相关接管文件。

二、物业管理公司绿化接管验收流程及内容

(一) 绿化接管验收流程

绿化接管验收流程包括物业绿化环境中实物部分验收（见图 4－1）和资料部分移交（见图 4－2），二者缺一不可。

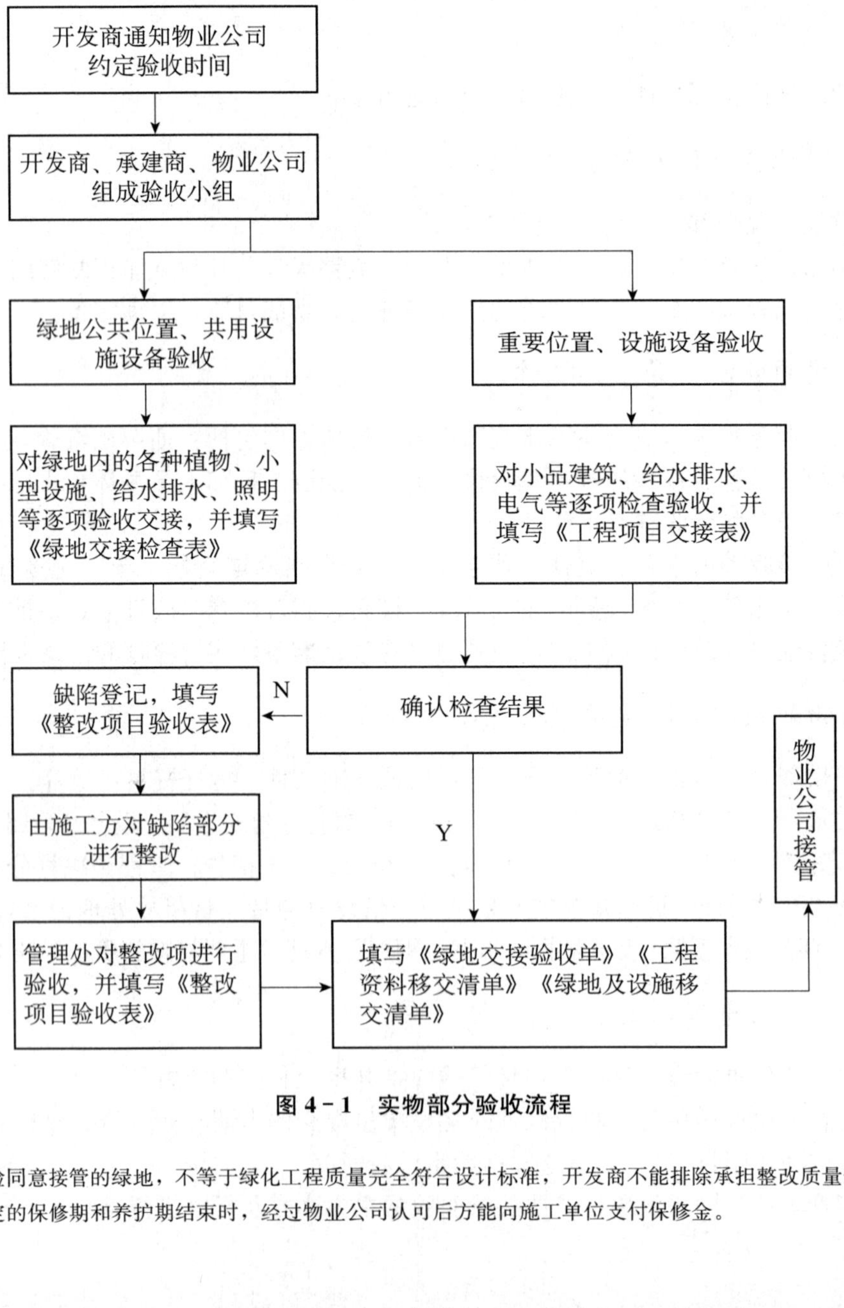

图 4－1 实物部分验收流程

注：

1. 经初验同意接管的绿地，不等于绿化工程质量完全符合设计标准，开发商不能排除承担整改质量缺陷的责任；
2. 在规定的保修期和养护期结束时，经过物业公司认可后方能向施工单位支付保修金。

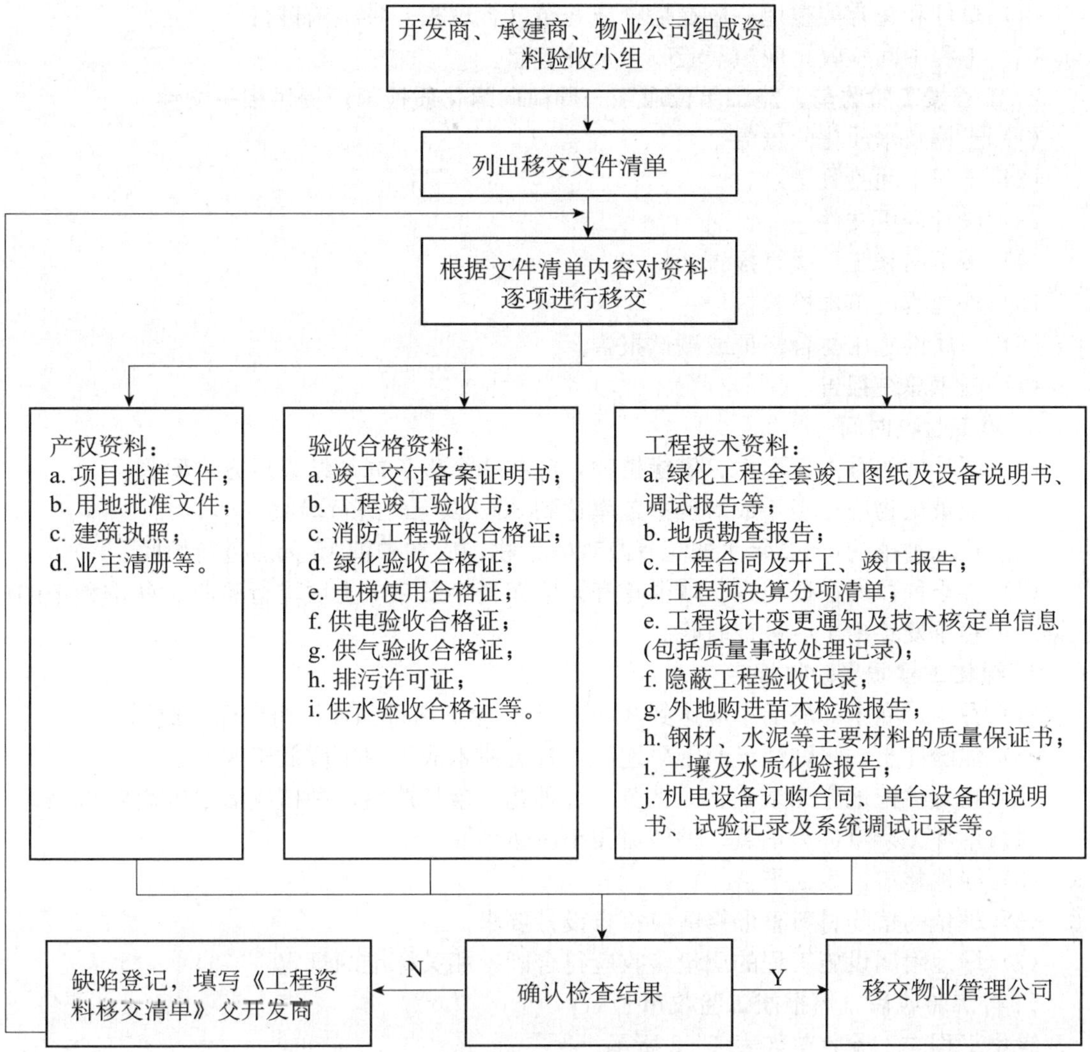

图 4-2　资料部分移交流程

注：资料移交要在开发商将资料报送市城建档案馆的同时，移交一份到物业公司存档。

（二）绿化验收接管内容

绿化工程施工环节多，内容繁杂。为了保证工程质量，做到预防为主，全面加强质量管理，必须加强施工材料和中间工序的验收。工程竣工后，施工单位要及时进行资料整理，做好技术总结，提供相关文件，提前向验收部门提请验收。物业管理公司应做好配合，积极参与验收工作。

其中，种植植物、种植土和肥料等，均应在种植前由施工人员按规格分批进行验收。

1. 工程中间验收工序应符合规定

（1）种植植物的定点、放线应在挖穴、槽前进行。

（2）种植的穴、槽应在未换种植土和施基肥前进行。

（3）更换种植土和施肥，应在挖穴、槽后进行。

（4）草坪和花卉的整地，应在播种或花苗（含球根）种植前进行。

（5）工程中间验收，应填写验收记录并签字。

2. 工程竣工验收前，施工单位应于一周前向绿化质检部门提供相关文件

（1）土壤及水质化验报告。

（2）工程中间验收记录。

（3）设计变更文件。

（4）竣工图和工程决算报告。

（5）外地购进苗木检验报告。

（6）附属设施用材合格证或测试报告。

（7）施工总结报告。

3. 竣工验收时间

（1）新种植的乔木、灌木、攀缘植物，应在一个生长周期结束后方可验收。

（2）地被植物应在当年成活且覆盖率达到80%以上时进行验收。

（3）花坛种植的1～2年生的花卉及观叶植物，应在种植15天后进行验收。

（4）春季种植的宿根花卉、球根花卉，应在当年发芽出土后进行验收。秋季种植的应在第二年春季发芽出土后进行验收。

4. 绿化工程质量验收规定

（1）乔木、灌木的成活率应达到95%以上。珍贵树种和孤植树应保证成活。

（2）强酸性土、强碱性土及干旱地区，各类树木成活率不应低于85%。

（3）花卉种植地应无杂草、无枯黄，各种花卉生长茂盛，种植成活率应达到95%。

（4）草坪无杂草、无枯黄，种植覆盖率应达到95%。

（5）绿地整洁，表面平整。

（6）种植的植物材料整形修剪应符合设计要求。

（7）绿地附属设施工程的质量验收应符合国家相关标准的规定。

5. 竣工验收后，填报竣工验收单

绿化工程竣工验收单如表4-3所示。

表4-3　绿化工程竣工验收单

工程名称：		工程地址：	
绿地面积（m^2）：		验收日期：	
开工日期：		竣工日期：	
树木成活率（%）			
花卉成活率（%）			
草坪覆盖率（%）			
整洁及平整			
整形修剪			
附属设施评定意见			
全部工程质量评定及结论			
验收意见			
施工单位	建设单位	绿化质检部门	物业公司
签字： 公章：	签字： 公章：	签字： 公章：	签字： 公章：

（三）物业绿化接管验收规范

1. 绿化建设质量标准

（1）栽植土及地下水位深度：大、中乔木>100cm；小乔木和大、中灌木>80cm；小灌木、宿根花圃>60cm；草本地被、草坪、1～2年生草花>40cm。种植的耐水湿植物除外。

（2）栽植土壤块径：大、中乔木<80cm；小乔木和大、中灌木<60cm；小灌木、宿根花圃<4cm。

（3）石砾、瓦砾等杂物块径：树木<5cm；草坪、地被、花圃<1cm。

（4）地形标高：全高<100cm，标高为±5cm；全高为101～299cm，标高为±20cm；全高>300cm，标高为±50cm。

（5）土地平整，排水坡恰当，无积水，土壤基本无石砾、瓦砾等杂物。

2. 植物材料质量标准

（1）树木姿态呈上涨势，树干挺直，树冠完整，不脱脚，生长健壮，根系茂盛，土球完整，包扎正确牢固，裸根树系完整。

（2）草块每边应在30cm左右，厚度不小于2cm，杂草数量少于5%，无病虫害，长势良好。

（3）花苗、草木地被生长茁壮，发育均匀整齐，根系发达，无损伤和病虫害。

（4）植物材料的品种、规格符合设计合同要求，对外输出的植物材料应有植物检疫表及苗木出圃单。

3. 树木栽植质量标准

（1）放样定位符合设计要求，偏差不超过5%。

（2）树坑坑径为40cm，深度与土球或裸根系的直径相同，翻松底土，树根上下垂直。

（3）孤植树冠幅完整，林冠线符合设计要求。

（4）栽植深度符合生长要求，土球包装物、培土浇水符合《园林植物栽植技术规程》的要求。

（5）树木栽植垂直度、维护的支撑、饶杆应符合《园林植物栽植技术规程》的要求。材料、高度、方向及位置应整齐划一。

（6）修除损伤、枯烂、严重病虫害的枝条，绿篱、球类等的线条整齐挺拔、造型正确、切口平整、留枝留梢正确。

（7）树木、乔木、大灌木栽植点的数量符合设计要求。

4. 草坪、花坛、地被栽植工程评定标准

（1）栽植放样符合设计要求，放样偏差不得超过5%。

（2）土地平整，地表土块小于2cm。排水坡恰当，无杂草，花坛施妥腐熟基肥。

（3）草坪满铺，留缝间隙为1～1.5cm，草坪间铺、点铺大小应一致、均匀，草块与土壤密结、平整。

（4）草坪切边线条清晰、平顺自然。

（5）花坛、草木地被的高矮、密度符合设计要求，株行距均匀，种植深度恰当，根部捣实。

资料链接

绿化工程的附属设施验收标准

各类绿地应根据气候特点、地形、土质、植物配置和管理条件等设置相应的附属设施。

1. 绿地给水和喷灌的施工应符合下列规定

(1) 给水管道的基础应坚实、密实，不得铺设在冻土和未经处理的松土上。

(2) 管道的套箍和接口应牢固、紧密，管端清洁不乱丝，对口间隙准确。

(3) 管道铺设应符合设计要求，铺设后必须进行水压测试。

(4) 管道的沟槽还土后应进行分层夯实。

2. 绿地排水管道的施工应符合下列规定

(1) 排水管道的坡度必须符合设计要求，管道标高偏差为±10mm。

(2) 管道连接要求承插口或套箍接口应平直，环形间隙应均匀。灰口应密实、饱满，抹带接口表面应平整，无间断、裂缝和空鼓现象。

(3) 排水管道覆土深度应根据雨水井与接连管的坡度、冰冻深度和外部荷载确定，覆土深度不宜小于50cm。

(4) 绿地排水采用明沟排水时，明沟的沟底不得低于附近水体的高水位。采用收水井时，应选用卧泥井。

3. 绿地护栏施工时应符合下列规定

(1) 铁制护栏立柱混凝土墩的强度等级不得低于C15，墩下素土应夯实。

(2) 墩台的预埋件位置应准确，焊接点应光滑牢固。

(3) 铁制护栏锈层应打磨干净，刷防锈漆一遍，调和漆两遍。

4. 花池挡墙施工应符合下列规定

(1) 花池挡墙地基下的素土应夯实。

(2) 花池地基埋设深度北方宜在冰冻层以下。

(3) 防潮层水泥砂浆的配比应为1∶2.5，内掺5%防水粉，厚度20mm，压实。

(4) 清水砖砌花池挡墙，砖的抗压强度标号应大于或等于MU7.5，水泥砂浆砌筑时标号不低于M5，并以按1∶2的比例配制的水泥砂浆勾缝。

(5) 花岗岩料石花池挡墙，水泥砂浆标号不应低于M5，宜用配比1∶2的水泥砂浆勾凹缝，缝深10mm。

(6) 混凝土预制或现浇花池挡墙，宜内配直径6mm钢筋，双向中距20cm，混凝土强度等级不应低于C15。

5. 园路施工应符合下列规定

(1) 定桩放线应依据设计的路面中线，每隔2cm设置中心桩，道路曲线应在曲线的起点、中点、终点各设中心桩，并写明标号，之后以中心桩为准，按路面宽度定下边桩，最后放出路面平曲线。另外，各中心桩应标注道路标高。

(2) 开挖路槽应按设计路面宽度，每侧加放20cm开槽，槽底应夯实或碾压，不得有翻浆、弹簧现象。槽底平整度的误差不得大于 2cm。

(3) 铺筑基层应按设计要求备好铺装材料，虚铺厚度应为实铺厚度的 140%～160%，碾压夯实后，表面应坚实平整。铺筑基层的厚度、平整度、中线高度均应符合设计要求。

(4) 铺筑结合层可采用 1∶3 白灰砂浆，厚度 2.5cm，或采用粗砂垫层，厚度 3cm。

(5) 道牙的基础应与路槽同时填挖碾压，结合层可采用 1∶3 白灰砂浆铺砌。道牙接口处应以配比 1∶3 的水泥砂浆勾缝，凹缝深 5mm。道牙背后应以 12%白灰土夯实。

6. 各种路面铺设时应符合下列规定

(1) 铺筑各种预制砖块应轻轻放平，宜用橡胶锤敲打，使其稳定，不得损伤砖的边角。

(2) 卵石嵌花路面，应先铺垫 M10 水泥砂浆，厚度 3cm，再铺水泥素浆 2cm，以卵石厚度的 60%插入素浆，待砂浆强度升至 70%时，再以 30%草酸溶液冲刷石子表面。

(3) 水泥或沥青整体路面，应按设计要求精确配料，搅拌均匀，模板与支撑应垂直牢固，伸缩缝位置应准确，应振捣或碾压，路表面应平整坚实。

(4) 嵌草路面的缝隙应填入培养土，栽植穴深度不宜小于 8cm。

案例评析

绿化工程竣工验收后，种植的树木、花卉和草坪还有 1～2 年的养护期。在养护期间，植物的生长和管理都由施工单位负责。小李不熟悉物业绿化接管验收程序，所以经理没有采纳他的建议。

任务三　物业绿化档案

案例导入

批　评

某物业公司管理区域内有一块草坪，公司安排新员工小刘专职负责草坪的养护管理工作，小刘工作积极，也很认真。他拔除杂草、浇水施肥、修剪草坪，看见病虫害就及时打药。每天工作结束后，小刘收拾好工具就下班。绿化班班长叮嘱他做好工作记录，小刘置之不理。有一天，经理看见小刘，询问他草坪一年要修剪几次，小刘回答：“刚工作一个月，不知道。”于是，他被经理批评了。

? 问题与思考

1. 小刘为什么会被批评？
2. 如果你是小刘，你会怎么做呢？

知识探究

在物业绿化环境的养护管理工作中，需要把绿化工作的内容、管理方法形成文字、录像等记录下来并保存。这些档案应每年进行分类整理，装订成册，编制目录，分类归档。这对于今后的工作十分重要，是一项基础性的且关系到养护成效的重要工作。

一、物业绿化档案的含义

物业绿化档案是指在物业绿地的建设和管理活动中形成的，且作为原始记录保存起来以备查阅的文字、图像、声音以及其他形式和载体的文件。

物业绿化档案包括两部分内容：一部分是物业绿化环境本身的档案，包含开发建设成果记录和物业公司接管后对物业绿地进行维修养护和更新改造情况的记录；另一部分是喜欢绿色植物、热爱园艺的物业业主的档案，包括业主的姓名、家庭成员情况、工作单位、联络电话或地址、租金、管理费缴纳情况等。

二、物业绿化档案的作用

（1）物业绿化环境本身的档案是物业管理中维修养护、更新改造必不可少的重要依据。

随着科学技术日新月异的发展和人们居住需求的不断提高，现代建筑工程进入地下的情况和埋入建筑体内部的管线、设施越来越多，越来越复杂。这些工程一旦发生意外，物业绿化环境本身的档案就是宝贵的财富。它可以使物业绿地的维修、养护工作事半功倍，省时省力并减少对住户的影响。因此，开发建设单位应将开发建设的物业档案材料移交一份给物业管理单位；更换物业管理单位时，原物业管理单位也应该将开发建设的档案材料和在物业管理中维修养护、更新改造的物业档案材料向新的物业管理单位移交。

（2）喜欢绿色植物、热爱园艺的物业业主的档案是物业管理公司开展管理服务的前提和基础。

通过档案，物业管理公司可以全面了解物业业主的情况和需求，从而为他们提供各种有针对性的服务，并开展适当的经营活动。例如，当从档案中了解到业主大部分是工作繁忙的高收入阶层时，可以提供私家花园的设计施工、花木及私家庭院的代管、花卉出租出售、花艺等服务；若业主主要是普通工薪阶层时，可提供植物租摆、植物养护清洁服务；如果业主中老人居多，则可开设一定的种植区域指导老人栽花种草、修剪、除虫等。从而减少服务的盲目性，提高管理工作效率，增加经营活动收入。

（3）物业绿化档案具有一定的凭证作用。

物业绿化档案是在物业绿化环境管理活动中形成的真实原始记录，因此它和其他档案一样，也具有凭证作用。比如绿地的打药记录表，它真实地记录着绿地管理人员的打药频率和药物使用情况，如果需要了解物业绿化环境内每年病虫害的发生规律，绿地的打药记录表就是最有力的凭证。

（4）物业绿化档案是开展物业管理研究的基本统计素材。

随着物业管理的不断发展和完善，对物业绿化区域管理的研究工作也正在逐步开展。由于物业绿化档案能够系统且翔实地记录物业管理活动近年来的情况和数据，其准确性和真实性远远超过通过社会问卷调查得来的结果。因此，物业绿化档案就成为物业管理研究素材的基本来源。

三、物业绿化档案的建立

物业绿化档案的建立主要有收集、整理、归档和利用四个环节。

（一）收集

收集是将分散在单位各机构内的有保存价值的文件资料集中移交到单位档案室或负责管理档案的部门。物业资料按不同的标准有不同的分类。

1. 按时间顺序分类

（1）设计规划阶段信息：土地购买合同、土地使用证等权属证书；规划许可证、建筑许可证、预售许可证等各类项目批准证书；建筑图、施工图、施工组织设计图等文件。

（2）竣工及验收阶段信息：绿化工程竣工图；竣工工程项目一览表；设备技术清单（设备名称、规格、数量、场地、主要性能、单价、随机工具备件等）；设施技术手册、使用说明及质保证明；设备安装调试记录；土建施工记录（地基处理记录、结构安装校正记录、预应力构件施工记录等）；外地购进苗木检疫证、出圃证和土质、水质检测报告单；隐蔽工程的验收记录；工伤事故发生及处理记录；图纸会审记录、设计变更通知单和技术核定单；项目的重要技术决定和文件；验收计划、验收会议纪要、验收记录；返修记录；验收总结报告。

（3）委托管理阶段信息：委托管理招标文件；物业管理投标文件（物业管理单位的资质证明、管理计划和预算等）；物业委托管理合同（协议书）。

（4）日常管理信息：喜爱园艺的业主、租户的情况；绿化部门工作（操作）规范、管理制度；绿化部门工作记录；绿化设备、设施的大、中、小维修记录；绿化环境维修承包合同及预算和决算记录；用户来往信件、投诉和处理资料；年度工作计划、总结、报告；绿化部门人事档案；绿化方面的法律法规和政府文件。

2. 按物业管理参与者分类

（1）在物业接管移交时与开发商、设计单位、施工单位积极合作，力争全面、准确地收集工程建设产权和工程技术等的原始资料。

（2）在业主入住和进行二次装修阶段收集业主、客户资料。

（3）在日常管理中建立和收集房屋维修档案、设备运行档案、投诉与回访记录和其他相关资料，并将档案的收集制度化。

（4）通过政府主管部门获取的相关信息。

（二）整理

整理是指把相对凌乱、分散的档案，经过分类组合、排列、编目，使档案系列化、系统化。

（1）档案整理的基本内容：区分全宗、全宗内档案的分类、立卷、案卷排列、案卷目录的编制。

（2）档案整理工作的要求：必须保持文件之间的历史联系；必须便于保管和利用；必须在原有的基础上进行整理、加工。

（三）归档

归档是指按照档案资料的内在规律进行科学的分类与保存。一个有序的资料库应是一个完整的树形图，从大分类到小分类，再到细分、排序。归档要及时，分类要合理。归档要求做到十清，即物业来源清、物业数量清、物业质量清、物业价值清、结构类型清、设备设施清、绿化苗木清、租金费用清、使用情况清、维修更新情况清。

（四）利用

利用是充分发挥档案资料的凭证和参考作用为物业管理服务。提供利用服务是档案工作的中心任务，也是档案工作的成果。同时，通过提供利用服务，可使档案管理工作不断完善和发展。

四、物业绿化档案的管理

物业绿化档案的管理是指物业管理公司在物业管理活动中，对物业绿化活动的原始记录进行收集、整理、鉴定、保管、统计和利用，为物业管理提供客观的依据和参考资料。

（一）归档管理

（1）在物业管理中可实行原始资料和计算机档案管理双轨制，并尽可能地将其转化为计算机磁盘储存形式以便于查找。同时还可运用录像、录音、照片、表格、图片等形式保存，使其具体化、形象化。

（2）对业主和企业利益影响较大的档案应加以保存。这些档案应按授权级别检索并严格控制借阅。

（3）档案管理人员应编制统一的档案分类说明书和档案总目录，并进行科学合理的分类存档。

（4）档案室应保持干燥、通风、清洁，注意防盗，并确保储存地点符合防火、防虫、防鼠、防潮等要求。

（二）档案的使用

（1）利用计算机网络技术，并采用先进的检索软件，充分发挥档案资料的作用。

(2) 对于原始资料的借阅，按档案的不同保密级别，在相关负责人批准借阅并办理借阅手续后方可借阅。

(三) 档案的销毁

根据档案的保存期限和性质，对确定没有保存价值和保存期已满的档案，严格按规定进行销毁。

案例评析

小刘平时忽略了工作记录，所以无法回答经理的问题。作为养护管理草坪的专业人员，不仅要根据草坪的生长情况来进行管理，还要做好工作记录，及时分析、整理、总结，采取合适的措施保证草坪良好生长。

作为公司的新员工，可以通过查询往年的绿化档案来了解自己的工作内容和常用的养护措施，并且对自己的工作要及时分析和总结经验，这样才能做好工作，提高效率。

项目小结

在物业绿化管理和养护工作中，要正确认识并熟悉植物的种类和习性，了解常见的花卉、草坪和树木的形态特征、生态习性和栽培方式，然后根据不同的植物种类和具体的生长状态，在绿地管养中采取相对应的措施和方法。

验收接管工作包括施工中的验收和竣工后的验收接管。施工中的验收是从物业管理的角度出发，确保小区物业的园林绿化得到合理化规划设计，减少由于规划设计、施工等方面的不合理而造成日后管理困难等。竣工后的验收接管包括植物品种的核对和清点、植物生长状况的评估、绿化面积的测量、园林建筑小品的验收以及园林资料的验收接管等。

物业绿化档案是把平时绿化养护管理的工作内容和工作方法整理、保存，归入档案，是物业绿化工作的成果，有助于园林树木养护管理工作走向科学化、规范化、法规化的科学轨道，同时也可为今后的工作提供一定的依据和借鉴。

拓展园地

夏日，很多小区的绿地里盛开着五颜六色的花朵，人们纷纷拍照欣赏，某小区的两位大爷却发生了争执。他们在一块草坪稀疏的地上先后种植了黄瓜、香葱等蔬菜，收获时为了蔬菜的归属和“菜园”的大小连吵几天，差点打架。

“人创造环境，同样环境也创造人”。在小区住宅修建好后，开发商等种植姿态各异的乔灌木、五颜六色的花卉和绿色盎然的草坪，是为给小区业主打造一个良好的居住环境，使业主们生活质量得以提高，增加休闲娱乐的场所。在良好的绿化环境中，业主们会在工作余暇来亲近树木花草，感受自然。对于部分业主破坏绿化环境的行为，物业公司的管理就非常重要。物业管理人员需要通过宣传和沟通，及时引导业主们走向维护环境、爱护环境的方向，对于踩踏损坏的绿地及时补植，定期对植物浇水、施肥、修剪、防治病虫害，及时制止乱搭乱建、破坏绿地的行为，才能创造优美的物业绿地环境。业主们在良好的环境中也会主动维护绿地，不随意攀折花木、破环草坪。如果物业管理者对破坏绿地、随意种植的行为不劝告、不制止，听之任之，那么绿地环境也会被屡遭破坏，变成私家菜园子和私家花园，导致绿化环境越来越差。

思考：作为物业管理人员，这件事带给我们什么启示？

实训练习

一、选择题

1. 物业绿化管理除了日常绿化管理养护工作外，还包括（　　）等工作。

A. 花草树木的修剪　　B. 园林设计

C. 绿化翻新改造　　D. 卫生保洁

2. 阳台及屋顶植物应选择（　　）的低矮植物。

A. 抗风性强、耐干旱　　B. 抗潮湿、耐生长

C. 抗酸碱、耐湿度　　D. 抗风弱、耐盐碱

3. 小区绿地布局时，（　　）与建筑小品要配置得当。

A. 花草树木　　B. 业主

C. 房屋　　D. 道路

4. 物业接管验收时，需要查看（　　）。

A. 外购植物的检疫证和出圃证　　B. 外购植物的出厂合格证

C. 植物的使用说明书　　D. 业主档案

5. 物业绿化档案的收集是指把（　　）集中起来，移交给单位档案室或负责管理档案的部门。

A. 平时工作中的文件资料　　B. 有保存价值的文件资料

C. 养护工作中的养护管理措施　　D. 业主车辆进出记录

二、案例分析题

案例名称	温度对植物的影响
工作任务	2017年，北方某地的一位领导到南方出差，看到当地的紫薇花开得很漂亮，就决定引种。结果没想到，一棵没剩全被冻死了。再如北海道黄杨，当年有媒体宣传它树型美、耐低温，种植肯定能赚大钱。然而，许多人为此破产。
完成时间	10分钟
任务目标	了解环境对植物产生影响的主导因素

续前表

案例名称	温度对植物的影响
任务要求	1. 为什么漂亮的紫薇全被冻死，北海道黄杨让人破产？ 2. 怎样种植树木才能够健康生长？
研讨内容	
研讨成果	
讨论过程	
自我角色	
自我评价	
小组评价	
教师评价	

项目五

物业环境绿化设计与养护

问题引入

在一家物业公司，它的绿化管理人员每天的工作任务就是养护绿地内种植的树木、花卉、草坪，过年过节还要在办公室及小区的重要位置摆放五颜六色的鲜花与绿植。作为一名物业管理人员，除了掌握扎实的绿化管理知识外，还应具备哪些素养，才能管理好管辖区域的植物呢？

任务导读

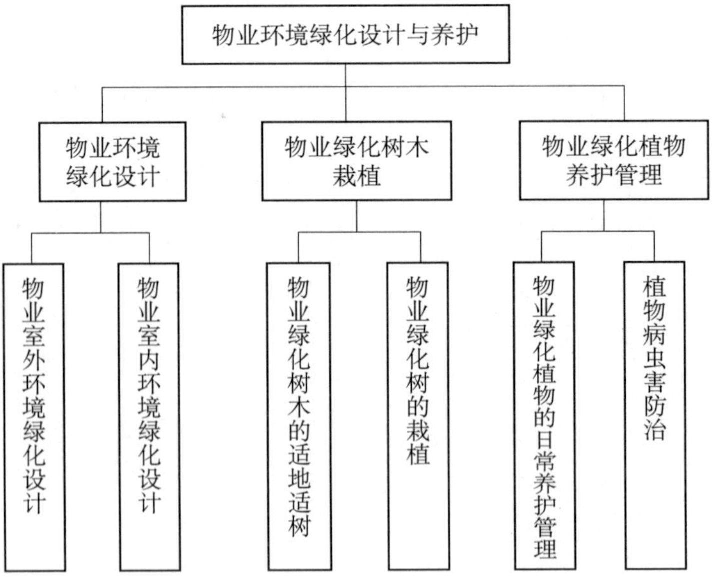

学习目标

- 学习目标
  - 知识目标
    - 掌握绿化植物的配置原则、配置方式。
    - 熟悉物业室内、室外的绿化知识及相关概念。
    - 了解植物管理的相关知识。
  - 能力目标
    - 掌握新建居住小区绿化植物的配置。
    - 了解绿化植物冬季防寒的方法。
  - 素质目标
    - 理解“爱人者人恒爱之，敬人者人恒敬之”，增强服务意识、强化敬业精神。

任务一　物业环境绿化设计

案例导入

业主抄近道怎么办？

某花园住宅区的园林设计曾获得过景观设计大奖，但入住一年多后，业主人为抄近路，在绿化带走出几条小道，物业管理公司多次补种，并在小道入口处增设了爱护绿化警示标识牌及护栏，但仍然收效甚微。后物业管理公司经过分析，业主抄近道是因为原设计园路不合理，不便于业主出行。发现此问题后，物业公司采取了“疏”的方法，在已踩出“路”的地面铺设石板路径，既方便了业主，又保护了园林景观。

资料来源：佚名．物业管理实务案例分析50例．道客巴巴，2014－05－31.

? 问题与思考

物业公司的这种解决方法是否正确？

知识探究

党的二十大报告指出，“推动绿色发展，促进人与自然和谐共生”。随着经济的不断发展和物质文化生活水平的不断提高，人们对改善工作、学习生活环境的要求越来越迫切。如在园林绿地中应用花卉创造出五彩缤纷、花团锦簇、绿草如茵、香气宜人的景观；在公共场所、机关厂矿用花卉布置和装置，使环境轻松、气氛活跃；把具有观赏价值的绿色植物引入室内，用于点缀居室，美化厅堂及公共交际场所，以增加自然风光情趣，益于身心健康。

一、物业室外环境绿化设计

（一）绿地分类

绿地按主要功能可分为公共绿地、居住区绿地、单位附属绿地、生产绿地、防护绿地、风景园林绿地六类。

1. 公共绿地

公共绿地是面向全体公众开放的以游览、休息、生态、美化等为目的的绿地，是城市绿化的主要组成部分。

公共绿地中各种类型的公园所占比例较大，包括城市性公园、区域性公园、儿童公园、动（植）物园、历史公园、风景名胜公园、游乐公园等。

2. 居住区绿地

居住区绿地是指城市居住用地内的绿地，包括组团绿地、宅旁绿地、配套公建绿地、小区道路绿地等。居住区绿地主要是为居住小区的居民服务，是配套建设的集中绿地。

3. 单位附属绿地

单位附属绿地主要是指城市中各种类型单位管理区域内的绿地，包括工业企业绿地、机关单位绿地、仓储区域绿地、交通绿地、道路广场用地内的绿地等。

4. 生产绿地

生产绿地主要是指为城市绿化提供各种苗木、花草、种子等的圃地，包括各种苗圃、花圃、草圃等，一般绿化面积较大。

5. 防护绿地

防护绿地是指城市中具有卫生、隔离和安全防护功能的绿地。包括卫生隔离带、道路防护绿地、城市高压走廊绿带、防风林、城市组团隔离带等。

6. 风景园林绿地

风景园林绿地是指为保护城市生态环境质量、城市景观和生物多样性等设立的各种风景园林内的绿地，包括风景名胜区、水源保护区、郊野公园、森林公园、自然保护区、野生动植物园、湿地等的绿地。

（二）植物绿化配置方式

1. 从布局形式上划分

室外环境绿化从其布局上可以划分为四种方式。

（1）块状绿化布局。这种绿化方式较常见，其绿化布局以块状为主，绿地分布均匀，造型规整，可利用性较好。

（2）带状绿化布局。这种布局多利用各种水系、道路，形成纵横绿化带、放射绿化带与环状绿化带交织的绿化网。带状绿化布局变化较多、形式新颖，对提升居住区整体景观作用较大。

（3）楔形绿化布局。结合居住区道路布局，在居住区交通枢纽地带及特殊地域形成由宽到窄的绿地，称为楔形绿地。这种绿化布局能适应地势条件，方便灵活，对绿化区域景观是必要的补充和调节。

（4）混合式绿化布局。混合式绿化布局是上述三种绿化布局形式的综合，可以使点、线、面绿化相结合，形成较为完整的绿化布局体系，最大限度地满足人们接触绿地、方便游憩的需要，有利于丰富区域整体景观效果。

2. 从空间形式上划分

从空间形式上可以将室外环境绿化划分为地面绿化和立体绿化两种类型。

地面绿化是环境绿化中最常见、最普遍、规模最大的绿化方式。地面绿化可以利用乔、灌木和花草等多种植物形成多层覆盖，以营造各种不同类型的室外绿地空间。地面绿化的主要空间类型如下：（1）草坪空间。以草坪为主要绿化材料，营造绿色的地被景观效果，形成开阔的草坪空间，包括花坛性质的草坪、运动性质的草坪、休息性质的草坪、观赏性质的草坪等。（2）疏林草地空间。以乔木与草坪相结合，一般铺设在绿化面积较大的居住区域，夏季可以供人遮阴，林间的空旷草地可供人们活动和休息。（3）密林空间。乔、灌、草多层覆盖。（4）半开敞空间。以灌木种植为主。

立体绿化主要采用爬藤植物来达到绿化和美化城市环境的目的，包括各种建筑物和构筑物的墙面绿化、阴台绿化、屋顶绿化、棚架绿化、栅栏绿化等。立体绿化可以充分发挥城市有限的空间，增加绿植，创造更佳的生态环境。

（1）墙面绿化。利用爬藤植物装饰建筑物或构筑物的墙面进行的绿化称为墙面绿化，用于墙面绿化的爬藤植物基本上都属于攀附型爬藤植物。墙面绿化要根据建筑物的高度及艺术风格选择植物，一般要求植物具有吸盘或吸附根，以便于攀附墙面，如爬山虎、常青藤、五叶地锦、凌霄等。在炎热的夏季，墙面爬满爬藤植物的建筑室内温度比没有墙面绿化的建筑要低 2℃～4℃。

选择墙面绿化植物时主要考虑以下因素：1）墙面朝向。朝阳的墙面，可选爬山虎、五叶地锦、凌霄等；背阳的墙面，可选常春藤、薜荔、扶芳藤等。2）墙面高度。根据爬藤植物的攀缘能力选择树种，建筑物较高的可选爬山虎、五叶地锦；建筑物较低的可选常春藤、凌霄、薜荔等。

墙面绿化的种植形式主要有地栽和容器栽植两种。有条件的情况下，应尽量采用地栽形式，因为深厚的土壤有利于植物的生长，也便于日常的养护管理。一般沿墙种植带宽度为 50cm，种植点离墙 15～20cm，种植株距为 50～60cm。

（2）阳台绿化。阳台绿化必须考虑建筑立面的整体效果，布置力求整洁、美观、有秩序，以营造出丰富多彩的空中小花园。

阳台绿化的布置形式可采用平行垂直线、平行水平线、斜线吊篮相结合的构图，布置时可用绳、铁丝、花篮等辅助材料。

阳台绿化一般采用盆栽的形式，同时选择抗旱性强的中小型木本或草本爬藤植物，或者选择多年生又见花又见叶的植物，如地锦、金银花、月季、牵牛等。

（3）屋顶绿化。屋顶绿化是指将植物栽植于排水坡度小于 5%的平屋面上。屋顶绿化对屋面防水要求较高，必须解决好屋顶的防漏问题；同时受屋顶承载能力的限制，屋顶供种植的土层很浅，土壤有效含水量少，易干燥；屋顶风力一般比较大，因此屋顶绿化应以小型的花灌木、草坪等浅根系的植物为主，以中型的盆栽花卉为辅来进行布置。

屋顶绿化施工流程如图 5－1 所示。

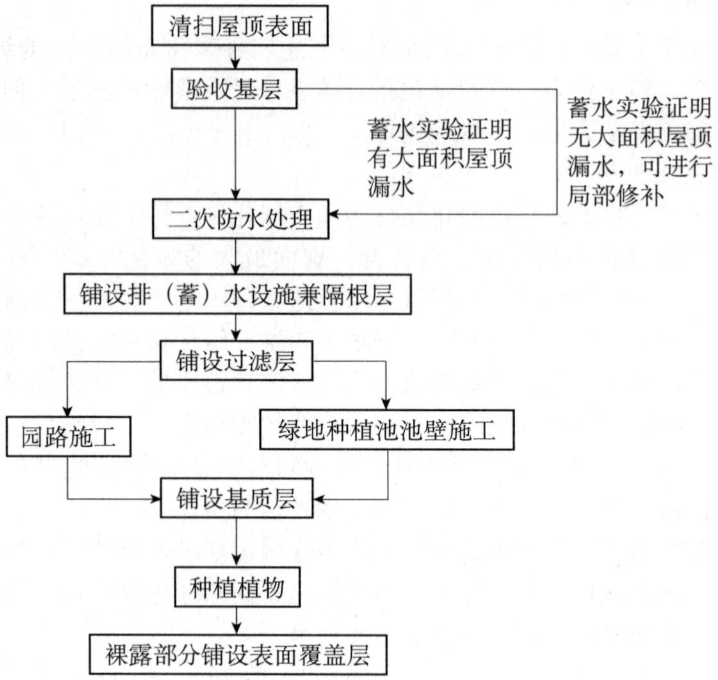

图 5－1 屋顶绿化施工流程

（三）绿化植物的配置原则

1. 美观原则

（1）总体艺术布局要协调。规则式园林植物配置采用对称式、行列式栽植，而自然式园林则采用不对称的自然配置，充分表现植物材料的自然姿态。根据局部环境和总体布置要求，可采用不同的种植形式。如在大门、主要道路、广场、大型建筑物附近多采用规则式种植，而在自然山水、草坪及不对称的小型建筑物附近则采用自然式种植。

（2）注意植物配置的色彩变化。色彩变化包括两个方面：一方面由于植物本身具有季节性特点，会产生色彩变化的景色；另一方面是人工采用不同色彩的花配置成绚丽多彩的景色。使四季皆有景可观赏，即使以季节景观为主的地段也应点缀其他季节的植物，否则当季过后，就会显得单调。

（3）全面考虑植物在观形、赏色、闻香、听声上的效果。人们欣赏植物景观的要求是多方面的，可以通过五官来欣赏园林植物，如鹅掌楸主要观赏其叶形；桃花、紫荆主要是在春天赏其色；桂花主要是在秋天闻其香；成片的松树形成“松涛”则可闻其声。所以，园林种植设计时，要考虑怎样才能充分调动人们的各感觉器官来赏景。

（4）注意植物配置的形态变化。形态变化主要是指要结合地形和乔木、草的不同组合形式，形成虚实、疏密、高低、简繁、曲折不同的林缘线和立体轮廓线。

2. 适用原则

不同性质的园林有不同的功能，可以通过种植设计发挥园林绿地的综合功能。如行道树的功能是遮阴、吸尘、阻隔噪声、美化市容，配置中以行列栽植，可选择树冠浓密、生长健壮、寿命长、抗性强的树木；医院绿地要求保护环境卫生，隔离噪声，创造清洁卫生、安静的环境，可在周围配置密林；而病房、门诊处附近可多种植花木供休憩观赏。

（1）选择树木时，首先要满足主要功能的要求。如行道树，要选择具有抗害性强、不易发生病虫害、生长迅速、根系发达、耐修剪、寿命长、树形美观、树干笔直、树冠高大、叶密荫浓等特点的树木。

（2）在植物配置中，要了解每种植物的主要特性。以庭荫树为例，不同树木的遮阴效果与其树冠的疏密、叶面的大小以及叶片的透明度有关。

（3）树木的防护功能除树种之间有差异外，还和配置方式有关，如防风林带在设置时以半透风结构效果为最好，而滞尘则以紧密结构为最佳。

3. 经济原则

经济原则指的是配置成本问题，一方面是种植成本，另一方面是养护成本。比如在植物配置中要适当考虑节水问题。可以有节制地发展草坪，多选择耐旱节水的草坪品种，可采用冷暖季草混播，或选用耐旱的地被植物，如沙地柏、扶芳藤等。在配置中优先选取较耐旱的园林植物，如银杏、臭椿较绒毛白蜡、国槐耐旱，金银木、黄刺玫较紫薇、迎春耐旱。选择节水和耐旱植物材料，是城市园林可持续发展的关键因素之一。

（四）不同植物种类间的种植配置

1. 乔木和灌木的种植设计

乔木和灌木都是直立的木本植物，在园林绿化综合功能中的作用明显，居于主导地位，在园林绿化中所占比重较大，是园林绿化的主要材料。植物配置方式主要有两种：规则式和自然式。

规则式整齐、严谨，具有大小一致的植物株行距，并按固定的方式排列，如树阵。

自然式主要是体现自然、灵活，植物配置参差不齐，没有大小一致的植物株行距和固定的排列方式。

（1）规则式配置。1）中心植。是在广场、花坛等中心点位置进行的种植方式。一般种植树形整齐、生长缓慢、四季常青的园林树木，如北方可种云杉、松柏等，南方可种雪松等。2）对植。两株树或两丛树按照一定的轴线关系采取的相互对称或均衡的种植方式。主要用于强调公园、建筑、道路、广场的出入口，同时还有遮阴和美化的作用，很少当主景。种植的位置既不要妨碍交通，又要保证树木有足够的生长空间。3）行列栽植。乔木和灌木按一定的株行距成行成排地种植，或在行株距内有变化地种植的形式被称为行列栽植。行列栽植具有整齐、气势大等景观效果。它是规则式园林中道路、广场、建筑物绿化应用的一种形式。4）几何图形栽植。按照具有一定规则的几何图形进行种植。如圆形、三角形、四边形等。

（2）自然式配置。1）孤植。物业绿化中的孤植树，要求突出个体美，所用树种要求体形壮伟、树大荫浓，如樟树、榕树、悬铃木、白皮松、银杏、雪松等；或者体态潇洒、秀丽多姿，如桦木、槭树、垂柳、合欢等。2）丛植。丛植一般由2～9株同种或异种树木构成，按其功能可分为两类：一类是以庇荫为主的丛植，同时具有观赏价值，多采用单一乔木树种；另一类是以观赏为主的丛植，可采用乔、灌、花混置的方式，混置树种不宜过多，以一两种骨干树种为主，树种之间最好阳性与阴性、快生与慢生相结合，如用油松与五角枫混置等。3）群植。群植是由 10 株以上的乔木和灌木组成的人工植物群落。它与丛植不同，数量较大。群植多采取密闭形式，要求长期相对稳定，群植树种原则上以不超过 5 种为宜，重点要突出。4）林植。较大规模的成带、成片的树木组成一个完整的人工植物群落，包括自然林带、密林，可采用纯林或混交的种植方式，一般以乔木为主。

2. 藤本植物的种植设计

具有长的枝条和蔓茎，借助吸盘、卷须攀登高处，或借助蔓茎向上缠绕或垂挂覆地，形成立面或装饰效果的绿化材料，称为藤本植物。

（1）建筑物的藤本植物设计。1）直接贴附墙面。植物有吸盘或气生根，不需要其他装置便可攀附墙面，如爬山虎、薜荔等，从而形成绿色或五彩的墙面。2）借助支架攀缘。植物本身不能吸附墙面，要求设支架供植物攀附缠绕，如葡萄、常春藤等。设立支架时，要考虑冬季无叶时露出支架的外形而影响美观的问题，故要求支架也必须具有一定的观赏性。3）引绳牵引。1～2 年生草本攀缘植物，体重轻，地上部分冬季枯萎，需用引绳牵引，如牵牛等。

藤本植物墙面的绿化在选择材料时还必须考虑植物与墙面的色彩和形态、质感对比、近期效果与远期效果等问题。

（2）独立布置藤本植物。独立布置藤本植物常利用棚架、花架、花柱作为庇荫设施，可以作为局部构图的焦点，也可以用作室内到花园的过渡空间。设计时要考虑植物的观赏性及生长特性，处理好近期效果与远期效果的关系。卷须类和缠绕类藤本植物最宜选用，如紫藤、中华猕猴桃、葡萄、油麻藤、葫芦、丝瓜等。

（3）地被、假山上的应用。根据土坡、地面防止水土流失及装饰的要求，可以将藤本植物作为地被材料应用。藤本植物生长迅速，很多种类可以形成低矮、浓密的覆盖层，是优良的地被植物，能有效控制杂草，防止水土流失，并能把树木、花草、道路、建筑等联系和统一起来。假山山石全部裸露，有时显得缺乏生气，除了布置乔灌木和草本植物外，适当布置藤本植物可以取得良好的效果。另外，藤本植物也可以将外观不美的山石覆盖。当然，在选用植物种类和确定覆盖度等方面，都要结合山石的观赏价值和特点，不要影响了山石的主要观赏面而喧宾夺主。

3. 草坪的种植设计

园林中通过人工铺植草皮或播种草籽经培养而形成的整片绿色地面称为草坪。而未经修剪的长草地区称草地。

草坪是园林绿化的重要组成部分，它对保护和美化环境，陶冶情操，防止尘土和水土流失，调节小气候，减少噪声和维护生态平衡等有着重要的作用。根据植物组合，草坪可分为：

（1）单纯草坪。仅由一种草本植物组成的草坪称为单纯草坪。如高羊茅草坪、马尼拉草坪等。单纯草坪因叶色一致故有生长整齐、美观、稠密等特点。

（2）混合草坪。由几种禾本科多年生草本植物混合而形成的草坪称为混合草坪。如以结缕草为主要草种，混入多年生黑麦草等。按比例合理地混合可以提高草坪的观赏效果。

（3）缀花草坪。在以禾本科植物为主体的草坪上，配置开花绚丽的多年生草本植物，称为缀花草坪。如在草坪上自然点缀二月兰、红花酢浆草等。开花草本植物的数量一般不超过草坪面积的 1/4～1/3，分布应有疏有密，自然错落。

4. 水生植物的种植设计

园林绿地中的水面，除了可以调节气候，解决园林中的蓄水、排水、灌溉等问题和提供水上活动场所外，还在园林景观上起着重要作用。

水生植物可成为水景之一，水生植物的茎、叶、花、果都有观赏价值，种植水生植物可打破水面的单调，为水面增添情趣；水生植物还可以改善水质；除以上优点外，水生植物还可被当作蔬菜、药材、饲料等。水生植物种植设计的要点如下。

（1）不同的水深布置不同的水生植物。1）沼生植物。它们的根浸在泥中，植株直立挺出水面，大部分生长在岸边沼泽地带，如荷花、水葱、芦苇等。这种水生植物一般平均生长在水深不超过1m的浅水中，在园林中宜把这类植物种植在既不妨碍水上活动，又能增添岸边风景的浅岸区域。2）浮叶植物。它们的根生长在水底泥中，但茎并不挺出水面，叶漂浮在水面上，如睡莲、菱角等。这类植物自沿岸浅水处到稍深的水域都能生长。3）漂浮植物。全植株漂浮在水面或水中，如水浮莲、浮萍等。这类植物在深水与浅水中都能生长，在园林中宜作平静水面的点缀装饰用；在大水面上，其可以增加水面的曲折变化。

（2）平面布置。在水体中种植水生植物不宜种满一池，否则看不到水面的倒影，就失去了扩大空间和水面平静的感觉；也不要沿岸种满一圈，而应该有断有续地种植。一般在水面布置的水生植物占水面面积的三分之一左右为宜。

（3）水生植物的选择和搭配。水生植物的选择和搭配要因地制宜，可以单纯种一种，也可以几种混栽。混栽时的植物搭配除了要考虑植物的生态要求外，还要考虑美化效果上的主次，以形成一定的特色。

（4）水生植物种植床。控制水生植物生长的方法有多种，常用的是设置水生植物种植床。简单来说就是在池底用砖或混凝土做支墩，然后把盆栽的水生植物放在墩上，水浅则不用墩，此方法适宜小水面设计。大水面可用耐水湿的建筑材料作为水生植物种植床，把种植点围起来以控制植物生长。

（五）植物与其他景物的配置

1. 水体与植物配置

水体是景观设计的主要要素，各种水体无论是否在景观中作为主景，都是借助植物创造丰富多彩的水体景观的。水边的植物配置增强了这种静态美感，从而构成幽静含蓄、色调柔和的水体景观。

（1）园林中各类水体的植物配置。

湖：园林中最常见的水体景观。如杭州西湖，湖面辽阔，视野宽广，沿湖景点四季变化突出苏堤春晓、曲院风荷、平湖秋月、断桥残雪季节景观。

池：在较小的园林中，水体的形式常以池为主。为了获得小中见大的效果，植物配置常突出个体姿态或利用植物分割水面空间以增加层次，同时也可创造活泼或宁静的景观。池边可种植柳树、碧桃、玉兰、黑松、白皮松等，疏密有致，既不挡视线，又增加了植物的层次感，倒影生动；岸边可种植蒲类等水生植物。

河：在园林中建河流时，应结合地形，不宜过分弯曲，河岸上应有缓有陡，河床有宽有窄，空间上应有开放和闭缩。有意识地安排对景、夹景和借景，两岸配置丛植、孤植树、花灌木。少数树木可以斜植，横向水面，产生动势。

（2）岛的植物配置。

四面环水的陆地称为岛。岛的类型众多，大小各异。岛可以划分水面空间，打破水面的单调，对视线起抑制作用，岛也可作为水面的焦点。岛的位置切忌居中，忌排比、忌形状端正。岛上植物配置要求疏密有致，高低有序，有层次感和丰富的林冠线，同时岛上也可布置雕塑，制作成大型盆景。

（3）驳岸的植物配置。

岸边植物配置很重要，既能使陆地和水融为一体，又可对水面空间的景观起到衬托作用。

土岸：自然式土岸边的植物配置最忌等距离地用同一树种、同样大小的树绕岸一周。应结合地形、道路、岸线配置，有近有远，有疏有密，有断有续，弯弯曲曲，自然有序。自然式土岸多半以草坪为底色，引导人们临水观倒影，在岸边植以大量的花灌木、树丛及姿态优美的孤植树，使一年四季有景可赏。

石岸：规则式石岸线条生硬、枯燥，柔软多变的植物枝条可补其拙；自然式石岸线条丰富，优美的植物线条及色彩可增添景色与趣味性。规则式石岸可以种植垂柳和迎春，细长柔和的枝条垂至水面，遮挡了石岸的生硬；自然式石岸的岸石有美、有丑，植物配置要露美、遮丑，不能遮挡整个石岸。

（4）瀑布的植物配置。

瀑布是园林中常用的水景之一。瀑布由五部分构成：上流（水源）、落水口、瀑身、瀑潭、下流。瀑布下落的方式有直落、阶段落、线落、溅落和左右落等。瀑布附近的绿化，不能阻挡瀑身，因此在离瀑身三四倍长的距离内应做空旷处理，以便游人能在最佳距离观赏瀑布，瀑布两侧不宜配置树形高耸和垂直的树木。

2. 建筑与园林植物组景

植物配置可以协调建筑与周围环境，充实建筑物的艺术构图，赋予建筑物以时间和空间的季候感。

建筑物的线条一般多平直、呆板，位置、形态固定，而植物的枝干多弯曲、自然、洒脱，植物配置得当，可以打破建筑线条的生硬感，取得一种动态均衡的效果。一些服务性建筑，由于分布位置不合适，破坏了景观环境，而通过植物的合理配置就可以改善这种不适宜，使其与周边环境相协调。

如皇家古典园林中的建筑体量庞大、色彩浓重、布局严整，可选择侧相、桧柏、油松、白皮松等树体高大、四季常青、苍劲延年的树种来显示帝王的兴旺不衰、万古长青。

3. 居住区道路与植物配置

居住区道路植物配置是居住区景观风貌的重要体现，适宜的植物配置可以起到庇荫、滤尘、减弱噪声、改善道路沿线的环境质量和美化居住区环境的作用。

（1）主路的配置。

主路一般道路较宽，连接居住区内各主要景点。多选小乔木作为主路树种植，既可遮阴又可观赏花和叶，如樱花、玉兰、桃花、梅花、海棠、桂花等。树下可种植耐雨花灌木，如杜鹃、山茶、迎春，或镶边植物，如葱兰、月季、石榴等。

（2）小路的配置。

小路一般路面较窄，多为弯曲状，以自然式布置为主，常采用花径形式。对距离较短的小路，可在其路边种植一种花卉，对距离较长的小路，则宜选用两种或两种以上交替种植以减少单调沉闷的感觉。如丁香、紫荆可形成拱圈式幽静的小径；枝条较长的迎春、连翘可形成夹道式小径；草本植物则可形成开阔的路径，如朱顶红、郁金香、美人蕉等。

（3）交叉路口的配置。

交叉路口又称中间绿岛。它是视线交点处，为主要景点。植物的选择依据交叉路口面积的大小而定，面积较小的可布置花坛，选用一株或一丛圆球形树木，如大叶黄杨、含笑、苏铁等，或置山石配一株树木，如南天竹、十大功劳等；面积较大的则种植树丛，以观叶为主，配置不同颜色的叶木。

（六）不同物业类型的植物配置

1. 居住区植物种植配置设计

（1）居住区绿化的原则。居住区绿化根据楼宇间复杂的生态环境，要求配置的绿化植物不仅在视觉上有高低、远近、粗细、层次及季节的变化，还要按各种植物的生长特性、形态特征、观赏特点和栽培要点以及是否符合其生态要求等进行合理种植。尤其是住宅空间的阴阳面，要按绿化植物喜光耐阴的习性配置。具体绿化原则是：1）首先从功能出发，满足人们对生活和环境的要求，做到以人为本。2）应方便到达绿化区，功能分区合理，方便居民休憩、交流。3）要满足不同年龄段人们的休息、娱乐、活动和交流的需要，尤其要注重老年人、儿童户外活动空间的布置，因为他们是居住区绿化环境使用频率最高的两类人群。4）应以生态性为重点，突出绿色植物在绿化中的重要作用。5）要以安全、舒适、美观为原则。

（2）居住区绿化树种的选择。1）要考虑绿化功能的需要，以植物园为主，提高绿化覆盖率，创造良好的生态环境。2）要考虑四季景观及普遍绿化的效果，采用常绿树与落叶树、乔木和灌木、速生树与慢生树等不同形式和不同色彩的树木相结合，创造优美的生态居住景观环境。3）植物园材料的种类不宜过多，力求形成特色，同时采取丛植、群植等多种植物布置形式以丰富室外空间。4）树种宜选择生长健壮、便于管理、病虫害少、有地方特色的优良树种，如银杏、五角枫、国槐、云杉、冷杉、松柏、连翘、红端木、锦带、紫叶小檗等。5）忌用有毒、有刺、易引发过敏的植物，活动场地不易栽植大量飞絮飘落的树木。

（3）居住区绿化的类型。在物业管理区域内，物业居住区绿化的类型主要包括居民楼绿化、住宅旁庭院绿化、屋顶绿化、停车场绿化等。1）居民楼绿化。居民楼绿化是居住区绿化的核心，在规划布局时要有功能分区，要结合地形、地貌、水体、植物、活动场地、小品建筑等进行总体规划。2）住宅旁庭院绿化。住宅旁庭院绿化关系到室内的安宁、卫生、通风、采光，是整个居住区绿化效果的总体体现。3）屋顶绿化。屋顶绿化分为坡屋面绿化和平屋面绿化两种。由于环境条件不同，在进行植物配置时，应根据不同的生态条件、植物的习性及具体的屋顶环境条件对植物的影响，种植耐旱、耐移栽、生命力强、抗风力强、外形较低矮的植物。坡屋面多选择贴伏状藤本或攀爬类植物。平屋面以种植观赏性较强的花木为主，并适当配置水池、花架等小品，形成周边式和庭院式绿化。常用屋顶绿化植物：小乔木有南洋杉、龙爪槐、罗汉松、鸡蛋花、女贞等；灌木有含笑、山茶、苏铁、冬青、大叶黄杨等；藤本及半藤本植物有黄素馨、吉祥草、紫藤、爬墙虎、金银花、常春藤、葡萄、丝瓜等；草花类有矮牵牛、玉竹、蜀葵、一串红、万寿菊、松叶牡丹等。4）停车场绿化。停车场的绿化可分为边界绿化、车位间绿化和地面绿化及铺装三种，如表5－1所示。

表5－1　　停车场绿化

类型	要求	具体设计
边界绿化	形成分割带，减少视线干扰和居民的随机穿越；遮挡车辆反光对居室内的影响，增加车场的区域感	较密集排列种植灌木和乔木，乔木树干要求挺直；车场周边设计装饰景墙，或种植攀爬类植物
车位间绿化	多条带状绿化种植产生陈列式韵律感，改变车场内环境，并形成庇荫，避免阳光直射车辆	车位间绿化带由于受车辆尾气排放的影响，不宜种植花卉；为满足车辆的垂直停放和所种植物的保水要求，绿化带一般宽为1.5～2m，乔木沿绿化带排列，间距应大于2m，以保证车辆在其间停放
地面绿化及铺装	地面铺装和植草砖使场地色彩产生变化，减弱大面积硬质地面的生硬感	采用混凝土或塑料植草砖铺地；种植耐碾压草种，选择满足碾压要求、具有透水功能的实心砌块作为铺装材料

2. 工业厂区的绿化

（1）工厂绿化的特点。1）环境恶劣。工厂在生产过程中，厂区内各种有害人体健康和植物生长的气体、粉尘、烟尘等物质相对要比厂区外多一些。因此，在进行厂区绿化时，一定要根据企业生产特点、产品性质等综合选择不同的植物进行绿化，这也是确保工厂绿化成功的关键。2）保证生产安全。工厂绿化要有利于生产正常运行，有利于产品质量的提高，因此在进行绿化栽植时要根据工厂不同的安全要求以及植物正常的生长条件，确定适宜的栽植距离与种类。3）工厂绿化以增加绿地面积、提高绿地利用率为主。

（2）工厂绿化植物的选择。1）适地适树。2）根据不同生产工艺的要求选择抗污染、防污染植物。3）选择容易繁殖、便于管理的植物品种。

（3）防污染绿化植物。1）对有害气体（以SO_2为主）抗性较强的树种有臭椿、榆树、刺槐、槐树、白蜡、小叶女贞、银杏、松柏、山皂荚、紫椴、垂柳、栾树、卫矛、华山松等。2）滞尘力较强的树种有松柏、毛白杨、刺楸、刺槐、榆树、铃木等。3）防火较好的树种有山茶、油茶、海桐、冬青、女贞、银杏、槲栎、蒙古栎等。

二、物业室内环境绿化设计

物业室内环境绿化即室内植物造景，是人们将自然界的植物引入居室、办公室、超市、宾馆等建筑空间。植物景观宜素雅、宁静，植物造景需选择耐荫植物，给予细致、特殊的养护管理、合理的设计及艺术布局，利用现代化的采光、采暖、通风、空调等人工设备改善室内环境条件，创造既有利于植物生长，又符合人们生活和工作、生理和心理要求的环境，让人感到舒适、雅致、美观，犹如处于宁静、优美的自然界中。

（一）室内绿化的主要形式

1. 盆栽

盆栽是花卉园艺特有的栽培形式，是指把观赏植物种植在不同形状、大小各异以及不同材料的容器中供人观赏。盆栽是室内绿化最为普遍的装饰品，不受空间和地形限制，摆设灵活，养护管理方便。

2. 盆景

盆景是把植物、山石等材料，运用“缩龙成寸，咫尺千里”的手法，经过精心设计和艺术加工后布置在陶盆等容器内的自然风景的缩影，被誉为“立体的画，无声的诗”。

3. 插花

插花是以切取的植物中可观赏的枝、叶、花、果为材料，利用植物的自然美态，经过巧妙布置，插入容器中，构成富有诗情画意的艺术品。插花装饰性很强，极易渲染和烘托气氛，富有强烈的艺术感染力。

（二）室内绿化植物的选择

（1）适宜性。考虑适宜的光照条件、温度、湿度，选择季节性不太明显、在室内容易成活的植物。

（2）观赏性。根据个人喜好选择形态优美的、观赏性和装饰性较强的植物。

（3）协调性。植物的配置还要考虑植物的形态、质感、色彩和品格是否与房间的性质、用途、空间相协调。

（三）室内绿化的总体设计

1. 组织空间

大小不同的空间通过植物配置，达到突出该空间主题的目的，并能用植物对空间进行分隔、限定与疏导。

（1）分隔。可用花墙、花池、桶栽、盆栽等方法划定界线，分隔成有一定露透又略有隐蔽的小空间，要达到似隔非隔、相互交融的效果。但布置时一定要考虑到人们行走及坐下时的视觉高度。

（2）限定。花台、树木、水池、叠石等均可成为局部空间的核心，形成相对独立的空间，供人们休息、停留、欣赏。

（3）疏导。在一些建筑空间灵活而复杂的公共娱乐场所，通过植物的景观设计可起到组织路线、疏导的作用。主要入口的导向可以用观赏性强或体积较大的植物引起人们的注意，也可用植物做屏障来阻止错误的导向。

2. 改善空间感

室内植物景观设计主要是创造优美的视觉形象，通过人们嗅觉、触觉等生理及心理反应，体验空间的美感。

（1）连接与渗透。建筑物入口及门厅的植物景观可以起到从外部空间进入建筑内部空间的一种自然过渡和延伸的作用，有室内、室外动态的不间断感。另外，可用落地玻璃使外部的植物渗透进来，作为室内的景观，有扩大室内空间之感，给枯燥的室内空间带来一派生机。

（2）丰富与点缀。室内的视觉中心是最具观赏价值的焦点，在该位置配置植物，可以其绚丽的色彩和优美的姿态吸引人们的视线。除植物外，也可用插花作品；墙前也可放置盆栽或盆景，或者在墙前辟栽植池，栽植观赏植物；或者在墙上贴挂山石盆景、盆栽植物等点缀环境。

(3) 遮挡、控制视线。室内一些有碍观瞻的局部，如家具侧面、管道等都可用植物来遮挡。

3. 渲染气氛

不同的室内空间用途不一，植物景观的合理设计可渲染气氛，同时给人以不同的感受。

(四) 室内绿化的具体设计

1. 门厅的绿化设计

门厅在宾馆称大堂，个人居家称客厅，是迎接客人的重要场所。对整体景观而言，要有一个热烈、盛情、好客的气氛，并带有豪华、富丽的气魄，才会给人留下深刻的印象。因此，在植物材料的选择上，应注重珍、奇、高、大，或色彩绚丽，或经过一定艺术加工的富有寓意的植物盆景。为突出主景，可再配以色彩夺目的小观叶植物或鲜花作为配景。边沿及转角处可布置一批大型的观赏价值较高的室内花卉；在建筑物的柱子周围可布置一两层不同高度的中小型观叶或观花的室内花卉。适用于大堂前厅布置的主要花木有散尾葵、棕竹、红宝石、绿宝石、绿萝、巴西铁、袖珍椰子、凤尾葵、发财树、变叶木、橡皮树、竹芋、龟背竹、八角金盘等。

2. 走廊过道的绿化设计

此处的景观应带有浪漫色彩，使人漫步于此，有着轻松愉快的感觉。因此，可以多采用形态多变的攀爬或悬垂性植物，此类植物茎枝柔软，斜垂盆外，临风轻荡，具有飞动飘逸之美，使人倍感轻快，情态宛然。

3. 楼梯的绿化设计

楼梯是连接上下楼层的垂直走廊，其转角平台处是装饰的最佳位置。靠角可摆放体形优美、苗条的植物加以遮挡，或不等高地悬挂一些悬垂性植物。在楼梯上下踏步平台上，靠扶手的一边交替摆放较低矮的小盆花，上下楼梯时，会给人一种强烈的韵律感、轻松感，也可利用高矮不同的盆花，自上而下、由低到高地摆放，以示高差的变化，既可缓和人们的心理感觉，又达到了装饰的目的。

4. 会议厅的绿化设计

会议厅是接待来宾、举行庆典的活动场所，会场不同，设计要求也不同，如表 5-2 所示。

表 5-2　不同会议厅的绿化设计

用途	设计要求
严肃性会场	要采用对称均衡的形式布置，显示出庄严和稳重的气氛。以常绿植物为主调，适当点缀少量色泽鲜艳的盆花，使整个会场布局协调，气氛庄重
迎送会场	要装饰得五彩缤纷，气氛热烈。选择比例相同的观叶、观花植物，配以花束、花篮，突出暖色基调，用规则式对称均衡的处理手法布局，形成开朗、明快的场面
节日庆典会场	选择色、香、形俱全的各种类型植物，以组合式手法布置花带、花丛及雄伟的植物造型等景观，并配以插花、花篮，使整个会场气氛轻松、愉快、团结、祥和，激发人们热爱生活、努力工作的情感

续前表

用途	设计要求
悼念会场	应以松柏常青植物为主体，采用规则式布置手法，营造万古长青、庄严肃穆的气氛。与会人员心情沉重，整体氛围不可过冷，以免加剧悲伤情绪，应适当点缀一些白、蓝、青、紫、黄及淡红的花卉，以激发人们化悲痛为力量的情感
文艺联欢会场	多采用组合式手法布置，以点、线、面相连装饰空间。可选用的植物多种多样，内容丰富，布局要高低错落有致，色调艳丽协调，并在不同高度以吊、挂方式装饰空间，形成一个花团锦簇的大花园，使人感到轻松、活泼、亲切、愉快，获得美的享受
音乐欣赏会场	要求以自然手法布置，选择外形优美、线条柔和、色泽淡雅的观叶、观花植物，进行有节奏的布置，并用有规律的垂吊植物点缀空间，使人置身于音乐世界里，聚精会神地去领略和谐动听的音乐。适用于音乐厅绿化的植物有南洋杉、一品红、金盏菊、千头菊、仙客来等

5. 办公室的绿化设计

办公室的绿化设计应体现清静、高雅、舒适、大方的特点，可以用少量的中小型观叶、观花植物进行点缀，力求简洁明快。在转角或转折点可以点缀中型花木，在窗台、办公桌可布置小型的室内盆栽花卉。适用于办公室绿化的植物有鱼尾葵、龟背竹、橡皮树、观叶秋海棠、吊兰、兰花、文竹等。

6. 书房的绿化设计

书房是人们工作和学习的地方，所以植物布置不宜华丽，应烘托清静、文雅的气氛。一般在书柜或书架上安放小型盆栽花草，也可陈列微型盆栽，在构图、色彩上做到与书籍和谐一致，并使书房更显雅致。书桌上一般可放置一盆观叶植物，使主人在长时间工作之余调节神经系统，缓解疲劳。盆栽大小以不影响案头工作为宜。

7. 卧室的绿化设计

有利于睡眠是对卧室绿化的基本要求，应通过绿色植物创造一个舒适安逸的氛围。不能选择香味浓郁、色彩艳丽、枝叶过于高大的花木，否则会刺激人的大脑皮层，使人兴奋，从而影响正常睡眠。宜放置纤巧优美、色彩淡雅的观赏植物，特别是一些多浆植物，因为这些植物在夜晚能更多地释放白天光合作用生成的氧气，改善卧室夜间的空气质量。

卧室布置的植物数量宜少不宜多，一般是在床头或梳妆台放一盆插花或小型盆栽，或在镜框上、柜顶或墙面空间较大的地方悬挂一些垂吊植物。

案例评析

小区园林设计与公园园林设计的不同之处在于前者十分强调“实用”，小区园林的用户是相对固定的，其活动方向也是基本固定的，在设计时必须首先考虑方便、实用，然后才是美观。物业公司在前期介入时必须注意园林的园路分布及园林功能的合理性，提前请建设单位做好安排，避免给日后业主的使用带来不便。物业公司这样做，不仅方便了小区用户，而且保护了小区绿地。

任务二 物业绿化树木栽植

案例导入

种 树

3 月 12 日是植树节，物业公司组织某新建小区的业主在小区内种植“纪念树”，物业公司的工作人员小刘负责安排此事。3 月 11 日，为了第二天活动顺利进行，物业公司从苗圃运送了许多苗木到小区，但由于 3 月 12 日和 13 日是工作日，现场植树的业主人数较少。剩余树木堆积在一起，没能立即种植，也没有采取其他措施处理。3 月 14 日活动结束后，小刘组织工人栽植剩余树木。一年后，栽植的纪念树只有部分树木存活，业主们议论纷纷。

? 问题与思考

1. 为什么“纪念树”仅有部分存活？
2. 如果你是小刘，你会怎么做？

知识探究

一、物业绿化树木的适地适树

（一）适地适树的概念

要想让种植的物业绿化树木生长得健壮，最重要的一点就是要遵循适地适树的原则。所谓适地适树，简单地说就是选择适合当地（栽植）气候条件的园林树木进行种植，也就是使所种植园林植物的生长习性与栽植地的生态条件相适应或基本保持一致，做到地与树的统一。这里的“地”指林木生长发育的外界环境，即立地条件，“树”指造林树种的生态学特性。

在物业绿化工作中，要注意避免两种倾向：一是过分拘泥于树种的生态学特性，看不到树种的可塑性；二是过于夸大人的主观能动性，不能正确分析立地条件和树种生态学特性。虽然适地适树是相对的，但衡量是否达到适地适树却有一个客观标准，即由造林绿化目的来确定。如城市风景林，要求成活、成林、成景、稳定，即对间歇性灾害因素有一定的抗衡力，防护效益、景观效果能充分发挥出来。

（二）适地适树的常见标准

适地适树标准是根据物业绿化的主要功能来确定的。物业小区大多以美化小区为目的，这就要求植物生长健壮、清洁、无病虫害，有供观赏的花、果；以卫生防护、保护环境为目的的，则要求植物在严重的污染区能成活，有绿化效果，对阵发性高浓度污染有一定抵抗能力；以某种特定艺术要求为目的，如表现苍劲古雅或成桩景式的树木，其营养代谢应平衡、稳定并能维持较长寿命。

（三）适地适树的四条途径

1. 选树适地

为特定的立地条件选择相应的树种，这是绿地设计与树木栽植中最为常见的方法。

2. 选地适树

为特定的树种选择能满足其要求的立地条件同样是在绿地设计与树木栽植中常见的方法。选树适地或选地适树，在性质上都是单纯的适应，是最简单也是最可靠的方法。其基本要求是必须充分了解“地”与“树”的特性，即全面分析栽植地的立地条件，尤其是极端限制因素，并且掌握栽植树种的生物学、生理学、生态学特性，使两者能相互适应。

3. 改地适树

当栽植地的立地条件不适合所选树种的生态学特性时，则应采取适当措施，改善不适合的方面，使之适应栽植树种的基本要求，达到“地”与“树”的相对统一。如整地、换土、灌溉、排水、施肥、遮阴、覆盖等都是改善立地条件使之适合树木生长的有力措施。

4. 改树适地

所选栽植树种与栽植地的立地条件不适合时，可以通过抗性育种增强树种的耐寒性、耐旱性或抗污染性等，还可以通过选用适应性强的砧木进行嫁接，以扩大适合栽植的范围。

上述途径不是孤立分割的，可以互相补充、互相配合进行。

二、物业绿化树的栽植

（一）相关概念

植物的栽植是树木在区域上的移动，即将植物从一个地点移动到另一个地点，并且依然要保持其生命的整个过程，通常被狭义地理解为植物的种植。而广义的园林植物的栽植主要由“掘起”“搬运”“种植”三个基本环节组成。“掘起”俗称起苗，是植物从生长点连根（裸根或带土球并包装）掘出的操作；“搬运”是将掘出的植物用一定的交通工具（人工、机械、车辆等）运到新的种植地点；“种植”是将运来的植物按要求栽种在新的种植点。种植通常分为定植、移植、假植三种。

1. 定植

定植是指将植物按景观设计要求种植在相应的位置上并不再移动。

2. 移植

将植物种植在一处经过多年生长后再次移动，这种种植称为移植。

3. 假植

假植是指植物掘起后来不及运走，或来不及栽植，为保护植物的根系采取的临时埋根于土中的措施。

（二）树木栽植成活原理

一株正常生长的树木，其根系与土壤密切结合；地下部与地上部生理代谢（如水分吸收与蒸腾）是平衡的。但由于挖掘的原因，根系与原来土壤的密切关系被破坏，根系大部分断留在土中，地下部与地上部代谢的平衡也遭到破坏，因此，如何使移来的树木与新环境迅速建立正常联系，及时恢复树体以水分代谢为主的平衡，是栽植成活的关键。而这种新平衡建立得快慢，与树种的习性、年龄时期、栽植技术、物候状况，以及以影响生根和蒸腾为主的外界因素都有密切关系。

（三）植物栽植的季节

根据树木栽植成活原理，植树的适宜时期应选择在树木蒸腾量相对较小、有利于树木根系创伤及时恢复、保证树体水分代谢平衡的时期。在四季分明的地区以秋冬落叶后到春季萌芽前的休眠期为宜。适宜的植树季节可以提高栽植的成活率，同时也能减少人力和物力的投入。在不同地区，植树时期主要根据当地气候条件及树种生长特性来确定，做到适时栽树。

（四）物业绿化植树的施工原则

为确保物业绿化植树任务的顺利完成，必须遵循以下原则。

1. 绿化施工必须符合规划设计要求

一切绿化规划设计，都要通过绿化工程的施工来实现。植树工程施工是把人们的设想（规划、设计、计划）变为现实的具体工作。为了实现设计者所构思的美好意图，施工者必须熟悉图纸，理解设计意图与要求，并严格按照设计图纸进行施工。如果施工人员发现设计图纸与实际不符，应及时向设计人员提出；如需变更设计，则必须征得设计部门和建设单位的同意，不可自作主张。

2. 植树技术必须符合树木的生长习性

树木除了具有共同的生理特性外，各种树木也都有自身的特点。施工人员必须了解其共性与特性，并采取相应的技术措施，才能保证植树工程的顺利完成。如春季，一些愈合能力强、生长快的落叶树种可以采取深根栽植的措施，修剪也可以较重些；而常绿树种，特别是针叶树种，以及一些珍贵树种，愈合、生长较慢，多以带土球的方法进行移植，修剪要轻，以保持树木的形态。

3. 抓住适宜的植树季节

不同地区树木栽植的适宜季节不同，即使是同一地区不同树种的适宜栽植季节也有所不同。施工人员必须了解和掌握各类树种的适宜栽植季节，合理安排不同树种的种植顺序，一般萌芽早的树种应早栽植，萌芽晚的可以相应晚些栽植。如落叶树的栽植时间应早些，常绿树的栽植时间则可以晚些。

4. 严格执行植树工程的技术规范和操作规程

在施工过程中，施工人员要严格执行植树工程的技术规范和操作规程，否则会影响施工效果和成活率。如定点放样准确与否、起苗的规格、坑穴的大小等均会影响施工效果以及栽植的质量，栽植后的养护质量也会不同程度地受到影响。因此，只有在严格操作的基础上才能保证成活率和设计效果，降低绿化成本。

案例评析

小刘作为一名物业工作人员，在业主种树木的时候，应安排绿化技术人员指导业主按照植树工程的技术规范和操作规程去植树。如树穴内的土壤是否适合种植、树穴挖掘的规格大小、树木放置得是否合理、种树后的浇水量等方面都要注意。如果业主栽植的树木不合格，事后要安排工人进行重植或补植，当天没有种植的树木可以先进行假植，有合适机会再安排种植。但小刘却没有按上述要求去操作，导致“纪念树”的成活率很低。

作为物业公司指派的工作人员，小刘应提前做好植树准备，安排好技术人员和工人及时补救和种植。

任务三　物业绿化植物养护管理

案例导入

某小区有一处占地一万平方米的公共绿地，这是小区内受到业主普遍欢迎的休闲场地。老人在草坪上散步，儿童在父母陪伴下嬉戏。但是一年前，部分绿地被小区周边的商家破坏，成为停车场和垃圾堆放地，还有的成为部分业主的自留地。业主们看到以前美丽的绿地被破坏，纷纷投诉物业公司，并且拒绝缴纳物业费。

? 问题与思考

小区业主们为什么拒绝缴纳物业费？

知识探究

一、物业绿化植物的日常养护管理

严格来说，养护管理包括两方面的内容：一是养护，即根据不同物业绿化植物的生长需要和特定要求，及时对植物采取施肥、浇水、排水、除草、修剪、防治病虫害等措施。二是管理，主要包括维护绿地的清扫保洁等园务管理工作。因此，绿化养护管理具有以下特点。

（1）经常性。由于绿化植物的习性特点，决定了绿化的养护管理必须要经常进行，也就是人们常说的“三分种，七分管”。在绿化设计、施工完成后，要保持绿化布置的成果。要保证绿化植物的正常生长，就要建立一套严格的绿化管理制度，落实专业养护队伍的职责，确保开展经常性的绿化养护工作，防止因失管失养而形成无人管理的局面。

（2）针对性。花草树木都有不同的特点和品性，养护不同的花草树木，需要根据其生存的客观条件来采取不同的养护方式，主要包括土壤、气候、温度、地理环境、人为因素等，要做到适地适树，以便“适者生存”。

（3）动态性。植物是有生命之物，无论是一个种群，还是一个种类、一个个体，都处于漫长的生长变化之中。它的功能和观赏效果不是短时间内就能显现出来的，而是有一个不断发展的过程。随着季节的变化、时间的推移，花草树木从发芽、长叶、开花、结果到凋落，年复一年，循环往复，在每个生长时期所需要的养护管理方式也不是一成不变的，而是随着植物的变化而调整，所以在不同时期要掌握不同的养护重点。

总之，绿化养护管理必须按照植物的不同品种、不同习性、不同季节、不同生长期以及客观条件，适时确定不同的养护重点，按照不同的养护要求，维护绿化的健康发展。

（一）植物地上部分养护管理

1. 土壤管理

土壤是植物生长的基地，也是植物生命活动所需水分、各种营养元素和微量元素的源泉。因此，土壤的好坏直接影响着植物的生长。绿化植物的土壤管理通过多种综合措施来提高土壤肥力，改善土壤结构和理化性质，以保证绿化植物生长所需的养分、水分等的有效供给，并防止水土流失，增强物业绿化景观的艺术效果。

（1）整地。物业绿地的土壤条件十分复杂，既有本地的熟土，又有建筑垃圾、水边低湿地、人工土层等。这些土壤大多需要经过适当的调整和改造才能适合绿化植物的生长。不同的植物对土壤的要求也不同，但一般植物都要求保水保肥良好的土壤，而在干旱贫瘠或水分过多的土壤上的植物往往生长不良。整地是土壤改良和土壤管理的有效方法，整地可以改进土壤的物理性状使土壤松软，有利于根系的生长，是保证树木成活和健壮生长的有效措施。

季节直接影响整地的效果。一般情况下，应提前整地，以充分发挥其蓄水保墒的作用，在干旱地区尤为重要。如果现整现栽，整地效果将会大受影响。

（2）土镶改良及管理。土镶改良就是通过对物业绿地采取某种措施进行合理管理以提高土壤肥力、改善土壤结构和理化性质，不断供应物业绿化植物所需的水分与养分，为其生长创造条件。物业绿地的土壤改良多采用深翻、中耕、培土、客土改良、化学改良等措施。

1）深翻。深翻能增加土壤的孔隙度，改善土壤理化性质，促使微生物的活动，加速土壤熟化，使难溶性营养物质转化为可溶性养分，提高土壤肥力。

2）中耕。中耕是指在植物生长发育期间，在株行间进行的表土耕作。中耕可疏松表土，破除板结，增加土壤通气性，提高土温，促进土壤中好氧微生物的活动，增加土壤养分，去除杂草，促使植株根系伸展，调节土壤水分状况。土壤干旱时，中耕可切断表土毛细管，减少水分蒸发；土壤过湿时，中耕则可疏松表土，从而有利于蒸发过多的水分。

3）培土。培土也称变土，是在植物生长期间，结合中耕除草将土培在植株基部的措施。有利于土壤保水、排水，促使根系发育，抗风防倒和保暖防冻。培土以破板结为主，增厚土层可提高地温、覆盖肥料和理压杂草，有促进植物地下部分生长的作用。例如，在我国南方高温多雨地区，降雨量大，造成土壤流失严重，生长在坡地的树木根系大量裸露，树木既缺水又缺肥，树木长势差，这时就需要及时培土。

4）客土改良。客土改良是指在物业绿化栽培时对栽植地的土壤进行局部换土。通常是在栽植地土壤完全不适宜园林植物生长的情况下进行的。

5）化学改良。①施肥改良。土壤的施肥改良以施有机肥为主。有机肥所含营养元素全面，能有效提供树木生长所需要的营养，能增加土壤的腐殖质，提高土壤保水保肥能力，改良土壤的结构，增加土壤孔隙度，缓冲土壤酸碱度，从而改善土壤的水、肥、气、热状况。②土壤酸碱度调节。土壤酸碱度与土壤溶液中的氢离子、氢氧离子含量有关，它既影响土壤的理化性质，又影响土壤肥力。土壤酸碱性状况通常用酸碱度来衡量。

2. 水分管理

水是植物的生命之源，也是植物体的基本组成部分。植物体内的水分状况涉及许多重要的植物生理活动。同时，水又是植物体与周围环境相互联系的重要纽带。水是生命发生的环境，也是生命发展的条件。植物的水分代谢一旦失去平衡，就会打乱植物体的正常生理活动，严重时会使植物体死亡。不同的植物、不同的生长期、不同的气候条件所要求的水量也不一样。因此，必须根据具体情况灵活掌握，做好浇水工作，满足植物所需的水分。

（1）浇水和排水的原则。

1）灌足浇透。每次浇水都应灌透土层，不能仅仅湿润地表，否则会因水分蒸发而使植物根系吸不到水，达不到灌溉的目的。浇水时，开始时水流应细而慢，以便于土壤吸收，继而水量逐渐加大，才可灌足浇透。

2）因时、因地、因物掌握好浇水量。一般来说，植物的生长期需要的水分较多，要多浇水；冬季休眠期，生长缓慢，需要水分较少。我国东北、华北、西北等地降雨量较少，冬春又寒冷干旱，因此秋末冬初灌“冻水”可以提高树木的越冬能力和保墒效果。夏季阳光强烈、气温高、水分蒸发快、耗水多，需要增加浇水的次数和分量；入秋后光照减弱，水分蒸发慢、耗水少，此时应少浇水。天旱季节要勤灌，雨季则要注意排水。

沙质土排水性好，要勤浇足浇；黏质土和沙壤土有较好的保水能力，可适当减少浇水次数。施肥后浇水要足，这样可以促使肥料渗透到土壤内，有利于根系吸收水分，并稀释肥料浓度而不致烧坏根系。

旱生植物需要水分少，深根性植物抗旱性强，可以少浇水；阴生植物需要水分多，浅根性植物不耐旱，需要多浇水。新梢旺盛生长和大量形成叶片时需水量大；开花结果时期需水较少，水多易引起落花落果。灌溉要灵活，在不同的条件下确定不同的浇水次数和浇水量，冬季浇水次数和浇水量应明显减少，以保证安全越冬。

（2）浇水的年限及次数。

树木定植后，一般乔木需连续浇水3～5年。一年中浇水一般不少于4次，时间大致为4、5、6、11月。浇水量乔木每棵不少于180kg，灌木每棵不少于120kg。园林植物浇水时间与次数见表5-3，各类草坪浇水时间与次数见表5-4。

表5-3　　园林植物浇水时间与次数参考表（以北方地区为主）

植物类型	生长期内次数/月	浇水时间	湿润深度（cm）	冬灌深度（cm）
低矮地被植物	2～3	早、晚	10	40
一年生草本花卉	3～4	早、晚	10	40
多年生灌木、藤本	1～2	早、晚	20	40

续前表

植物类型	生长期内次数/月	浇水时间	湿润深度（cm）	冬灌深度（cm）
竹类	3～5	早、晚	30	50
1～5年生乔木	2～5	早、晚	40	50
5年以上乔木	1	早、晚	40	50

表5-4　　各类草坪浇水时间与次数参考表

植物类型	生长期内次数/月	浇水时间	湿润深度（cm）	冬灌深度（cm）
观赏草坪	1～2	早、下午	6～8	30
休息草坪	1～3	白天	5～8	20
球场草坪	2～5	傍晚与夜间	6～10	20
活动性草坪	2～9	傍晚	6～10	20
南方冷季型草坪（越夏）	每日1次	傍晚	3～4	20

（3）浇水的方式。

正确的浇水方式，可以使水分均匀分布，减少冲刷，节约用水。常用的浇水方式有下列几种：1）人工浇水。此种方式费时费工，效率较低，但在某些特定条件下仍然是很有效和必要的方式。2）地面灌水。常用的浇水方式，效率高，可就近利用河水、井水、池塘水等进行大面积灌溉。3）地下灌水。此种方式节约用水，灌溉效果好，一般是利用埋设在地下的多孔管道输水，水从管道的孔眼中渗出，达到浸润土壤的目的，但对设备条件要求较高。4）空中灌水。对树冠喷水，也称喷灌，可节约用水，渗透性强，但投资较高。

（4）植物的排水。

排水是防涝保树的主要措施，土壤水分过多，根系进行厌氧呼吸，易引起根系的死亡。我国北方7、8、9月是雨季，是树木需水量较少的时期；在南方春季，除早春外，无需在春末夏初灌溉，反而要加强排水。排水的方法主要有以下三种：1）地表径流法。开建绿地时，就应考虑排水问题：将地面建成一定坡度，以保证雨水能从地面顺利流到河、湖、下水道排走。这是绿地最常采用的排涝方法，即节省费用又不留痕迹。地面坡度一般为0.1%～0.3%，要求不留坑洼死角。2）明沟排水。在表面挖明沟，将低洼处的积水引至出水处（河、湖、下水道）。此法适用于大雨后抢救性排水，或地势高低不平不能采用地表径流法排水的绿地。明沟的宽窄视水情而定，沟底坡度一般以0.2%～0.5%为宜。3）暗沟排水。在地下埋设管道或用砖砌筑暗沟将低洼处的积水引出。此法可保持地面原貌，方便交通，节约用地，但造价较高。

3. 施肥管理

植物定植后，在一个地方生长多年甚至上百年，主要靠根系从土壤中吸收水分与无机养料，以供正常生长的需要。由于植物根系所能伸及范围内的土壤所含的营养元素（如氮、磷、钾以及一些微量元素）是有限的，且经过长时间吸收，土壤的养分也会减低，不能满足植物继续生长的需要。若不能及时得到补充，必将造成植物营养不良，影响正常生长发育，甚至衰弱死亡。所以，栽培植物在定植后的一生中，都要不断对其进行施肥给予养分的补充，提高土壤肥力，以满足植物生长的需要。通过人工补充养分或提高土壤肥力来满足植物生长需要的措施称为施肥。

肥料可分为有机肥和无机肥。有机肥大多是指发酵腐熟后的粪肥、厩肥、堆肥、绿肥、豆饼肥，属于迟效肥。无机肥即化肥，属于速效肥，大多是指硫酸铵、尿素、过磷酸钙、氯化钾。

（1）基肥。以有机肥为主。可供植物长时期吸收利用的肥料，如粪肥、厩肥、堆肥、绿肥、饼肥等，经过发酵腐熟，按一定比例与细土均匀混合后施于植物的根部，使其逐渐分解，供树吸收。

一般基肥的肥效较长，对多数园林树木来说不必每年都施，可以根据需要隔几年施一次。树根有较强的趋肥性，为使树根向深广处发展，施基肥要适当深一些，不得浅于40cm；施肥范围随树龄而异，树木幼年期至壮龄，常施于树冠投影外缘部位，衰老树以施在树冠投影范围内为宜。具体有以下几种方式：1）穴施。在树冠正投影的外线挖数个分布均匀的洞穴，将肥施入后，再覆土适踩，使其与地面持平。这种操作方法方便省时，对壮龄前的树木适用。2）环施。沿树冠正投影线外缘开挖30～40cm宽的环状沟，将肥料施于沟内，上面覆土适踩，使其与地面持平。这种方法可保证树木根系吸肥均匀，适用于青、壮龄树。3）放射状沟施。以树干为中心，从离树干不远处开始，由浅而深向外挖4～6条分布均匀且呈放射状的沟。沟长稍超出树冠正投影的外缘。将肥料施入沟内，再覆土适踩，使其与地面持平。这种方法可保证内膛根也能吸收到肥料，对壮、老龄树适用。以上三种施肥方法，最好轮流采用，相互取长补短，使树木得到最大的益处。

（2）追肥。在植物生长季节，根据需要加施速效肥料，促使植物生长的措施称追肥。绿化植物施追肥，受城市环境卫生的影响，一般都用化肥或菌肥，不宜用粪肥等；若用，应于夜间开沟施埋。

施追肥可以采用以下两种方法：1）根施法。按适合的施肥量，用穴施法把肥料埋于地表下10～20cm处，然后灌水或结合灌水将肥料施于灌水堰内，随水渗放，供植物根系吸收利用。2）根外追肥。将化肥按一定的比例兑水稀释后，用喷雾器施于植物叶片上。

施肥时的注意事项：1）有机肥料要充分发酵腐熟，化肥必须完全粉碎成粉状。2）施肥后（尤其是追化肥）必须及时适量灌水，使肥料渗入。否则，会造成土壤溶液浓度过大，对植物生长不利。3）根外追肥最好在傍晚喷施。4）城市绿地施肥不同于农村，在选择施肥方法、肥料种类以及施肥量时，都应考虑市容与卫生方面的问题。

（二）植物地上部分养护管理

1. 植物的整形修剪

修剪是指对植物的某些器官（如茎、叶、花、果、芽等）进行剪截。整形是对植物施以一定的措施（用剪、锯、捆扎等手段），使之形成相应的树体结构状态。整形一般是通过修剪来完成的，因此人们常称之为“整形修剪”。以下主要介绍树木整形修剪的相关内容。

（1）树木修剪的方法。

树木修剪的方法包括短截、疏枝、剥芽、去蘖、摘心与摘芽等。分为休眠期修剪与生长期修剪，又称冬剪与夏剪。其中有伤流的树应避开伤流期；抗寒力差的，宜早春剪；易流胶的树种（如桃树）不宜在生长季剪；冬剪以短截、疏枝为主，夏剪可将各种方法结合使用。

1）短截。剪去枝梢的一部分即为短截。其目的是增加分枝和枝叶的密度。

2）疏枝。疏去过密枝、衰老枝、病虫枝、内插枝，可以改善通风、透光条件，促进花芽分化，增强树木的观赏效果，同时对全树起减缓生长的作用。

3）剥芽。在萌芽初期，剥去枝干上无用、多余的芽，以减少营养损失。

4）去蘖。除去主干上或根部萌发的无用枝条。

5）摘心与摘芽。树木生长季节将枝条顶端或侧枝新芽摘除。

（2）树木整形的方式。

1）自然式整形。在园林中应用较多，尤其是在中国传统造园中经常采用。这种方式管理起来较简便，与自然的水面、起伏的地形、蜿蜒的道路相配，易获得良好的景观效果。自然式整形的形状主要包括扁圆形、圆球形、卵圆形、圆柱形和不规则形等。

2）人工规则式整形。一般在规则式布局的园林中采用较多，体现简洁、规矩、严谨的景观效果。其形状主要包括几何形体整形与非几何形体整形。

3）混合式整形。将自然式整形与人工规则式整形结合起来的整形方式。

（3）各类不同树木的整形修剪。

1）乔木类修剪。落叶乔木应保持原有的树形，适当疏枝，保持主侧枝分布均匀，对保留的主侧枝应在健壮叶芽上方短截，可剪去枝条1/5～2/3，有主尖的乔木应保留主尖，如银杏只能疏枝，不得短截，国槐、栾树等耐修剪树种不得抹头修剪。常绿针叶树，只剪除病虫枝、枯死枝、生长衰弱枝、过密的轮生枝和下垂枝。用作行道树的乔木，分枝点应高于2.8 m，分枝点以上的枝条可酌情修剪或短截。

2）常绿针叶树的整形修剪。对这类树种主要采取自然式整形，每年将病枯枝及扰乱枝剪除即可，不可重剪。

3）庭荫树的整形修剪。这类树种可以根据不同的周边环境，确定树干高度及树冠的大小，以观赏、庇荫为主，每年将病枯枝及扰乱枝剪除即可。

4）花灌木的整形修剪。花灌木种类繁多，有的以观花为主，也有的以观果、观叶、观枝条为主。因此，为了更好地发挥观赏效果，可采用不同的整形修剪方法。观花的灌木，先花后叶的花灌木要除去病虫枝、衰老枝、过密枝、弱势枝，以达到通风透光、集中养分、增加观赏效果的目的。这类花木一般采取花后剪，在花后15天为宜。对于先叶后花的花灌木，一般修剪应选在早春。观果灌木类，在花后只能轻度修剪。对观枝类花灌木，由于新枝颜色鲜艳，每年应对老枝进行重剪，以促发新枝，增加观赏效果。

5）绿篱的修剪。绿篱在设计中一般采用萌蘖性强、耐修剪、生长快的树种。绿篱应按设计要求进行修剪，以保持一定的高度和密度，体现整齐美观的效果。因此，在生长季要定期进行整形修剪。

苗木修剪质量应符合下列规定：剪口应平滑，不得劈裂；枝条短截时应留外芽，剪口应位于留芽位置上方0.5 cm处；修剪直径为2cm以上的大枝及粗根时，截口必须削平并涂防腐剂；对于生长季移植的落叶树，根据不同树种的特性在保持树形的前提下应重剪，以保证成活。

资料链接

树体的保护

绿化树木是多年生植物，在生长过程中难免会受到各种各样的损伤，如机械损伤、风吹折枝、人为折断等，容易造成树木伤口溃烂、树体倾斜，若不及时补救，甚至会造成树木死亡。遇到树木受损的情况，应立即采取各种措施进行救护。

(1) 处理伤口。发现树干有伤口，应立即处理。先将伤口四周被破坏的树皮修削平滑，用2%～5%的硫酸铜液、0.1%的升汞溶液、石硫合剂等冲洗伤口，防止感染病菌，然后涂抹黏着性好、不腐蚀树体的药剂，再进行伤口包扎。

(2) 修补树洞。先将树洞内的腐烂木质彻底清除，刮去洞口边缘的坏死组织，直至露出新组织为止，将石灰、黄沙、水泥、碎砖等混合填充物放入洞内，再用水泥封面，略低于树皮，使树皮能粘着水泥面伸延愈合，将水泥包裹。

(3) 涂白。树干涂白可防止病虫危害，减弱地表反射的辐射热，延迟树芽萌动期，避免早春寒害。涂白剂的配方为：水10份，生石灰3份，石硫合剂0.5份，食盐0.5份，油脂少许。配置时先化开石灰，把油脂倒入充分搅拌，再加水拌成石灰乳，最后放入石硫合剂及食盐即可。

(4) 树干固定。一般在树的下风处植立桩，以支撑树木，使其不因风吹而摇动歪身。桩头可选用木柱、竹桩，但桩头寿命较短，成本较高，故近年来已普遍采用水泥桩。

2. 低温危害与植物防寒

有些植物，尤其是原产热带或亚热带的种类，会受到低温（0℃～10℃）的伤害，即“寒害”（冷害、寒伤）。轻则部分枝条受害，重则全株死亡。为使这些植物安全越冬，必须采取必要的防寒措施。目前常用的防寒措施如下。

(1) “封冻水”。土地封冻前灌足“封冻水”。一般应在秋末、冬初地表温度在0℃左右时浇足“封冻水”，这样才能起到保水防寒的作用。

(2) 秋末修剪。适当修剪，可改善分枝光照、充实芽体，增强枝、芽的抗寒能力，同时保持植物营养。剪除病虫枝，可使春芽发育更为饱满，从而增强植物抗寒能力。

(3) 根颈培土。在树木根颈部位培起直径80～100cm、高40～50cm的土堆，可以防止冻伤根颈和树根，同时减少根部土壤水分蒸发。

(4) 覆土。对于不耐寒的树苗、藤木，在土地封冻前将枝干柔软、树身不高的植株压倒固定，盖一层干树叶或覆细土40～50cm，轻软拍实，不仅可以防冻，还能保持枝干湿度，防止枯梢。

(5) 扣筐或扣盆。对一些植株较矮的珍贵花木，可采用扣筐或扣盆的办法将整个植株扣住，外边堆土或抹泥，不留缝隙，这样可以给植株创造一个温湿的小气候以安全过冬。

(6) 涂白或喷白。用石灰加石硫合剂将枝干涂白，可以防止越冬病虫害，同时可以延迟开花，避免早霜危害。

(7) 卷干、包草。卷干：用草绳紧密缠绕主干和主枝；包草：用稻草包裹主干和部分主枝。

(8) 搭建防寒设施。对于当年移植的高大乔木和南方树种（如雪松），需要搭建防寒设施。

(9) 春灌。早春开始解冻后要及时灌水，保持土壤湿润，避免早露危害，防止枯梢。

(10) 培月牙形土堆。对一些不便压埋防寒的植株，在树干北面培一个向南弯曲、高

30～40cm 的月牙形土堆，也可达到防寒效果。

二、植物病虫害防治

大多数园林植物，在生长过程中都会遭受病虫的危害，影响植物的正常生长发育，甚至造成死亡。所以，防治病虫害是园林植物养护管理中的一项极为重要的措施。园林植物病虫害防治，必须贯彻以“预防为主”和“治早、治小、治了”的原则，采取科学的态度，对症下药，综合防治，以保证植物不受或少受病虫的危害。同时要注意保护环境，减少农药污染，多用生物防治方法。

（一）病虫害的种类

1. 病害

绿化植物病害，按其性质可分为传染性病害和非传染性病害两大类。

（1）传染性病害。由生物性病原，如真菌、细菌、病毒、类菌质体、线虫、螨虫、寄生性病原体植物等引起的病害，具有传染性。

（2）非传染性病害。由非传染性病原，如营养物质缺乏或过剩、水分供应失调、温度过高或过低、光照不足、湿度过大、土壤有害盐类过量、药害、肥害等引起的病害，不具有传染性。

2. 虫害

绿化植物虫害，按其食性和危害可分为四大类。

（1）苗圃害虫。有地老虎、蛴螬等，栖居于土壤中，危害种子或幼苗的根部、芽。

（2）枝梢害虫。有蛾类和甲虫类，它们专蛀、啃食植株的枝梢及幼茎，直接影响主梢的生长；蚜虫、蚧壳虫用刺吸式口器吸取植株汁液，传播病毒，引发病害。

（3）食叶害虫。有枯叶蛾、毒蛾、刺蛾等，它们以叶片为食，造成植株生长衰弱，失去观赏价值。

（4）蛀秆害虫。有天牛、象甲等，它们在植株内部钻蛀取食，严重影响植株生长，有的还会造成整株植物死亡。

（二）病虫害的防治方法

病虫害的防治方法很多，具体可采取生物防治、物理防治和化学防治等手段。

1. 生物防治

生物防治是指根据当地的自然条件和病虫害发生的情况，利用害虫的天敌，如瓢虫、螳螂和鸟类等防治害虫；利用微生物，如真菌、细菌和病毒等防治病虫害；利用激素，如性外激素、保幼激素等防治害虫。

2. 物理防治

物理防治是利用各种物理因素和简单工具（如诱杀、热力处理、辐射处理、阻杀、人工捕杀及刮刷等）来防治病虫害的方法。这些方法简便有效，并且不污染环境，对人畜无害。采取人工捕杀方式挖除地下虫蛹时，深度应为 5～20cm。摘除的病叶和剪除的病枝，要及时收集，并立即妥善处理或烧毁。

3. 化学防治

化学防治是利用农药来防治绿化植物病虫害的方法。化学防治具有效果好、收效快、使用方法简便、受季节性限制小、适用于大面积病虫害防治等优点，但使用不当会引起人畜中毒。长期广泛使用会造成环境污染，杀伤害虫天敌，使病虫害产生抗药性而降低效果。

化学药剂主要包括杀菌剂和杀虫剂。杀菌剂是用来防治植物病害的化学药剂，常用的有石硫合剂、波尔多液、代森铵、多菌灵等；杀虫剂是用来防治植物虫害的化学药剂，如敌百虫、乐果等。

化学方法防治植物病虫害要注意以下几点。

（1）要根据树种、病虫害种类和具体环境条件，正确选用化学药剂的种类、浓度和施用方法，所选药物应做到高效低毒。

（2）配制药剂时，稀释比例必须准确并用纯水。

（3）喷射的药剂应成雾状，做到“枝枝着药，叶叶着药”。

（4）喷药时，要注意行人安全，对剩余的药液或洗刷药具的残液及剧毒药品，不准乱倒。

（5）喷药过程中一定要注意安全操作，阴雨或高温炎热的中午不宜喷药。

案例评析

如果小区内花团锦簇、绿草如茵，会吸引更多人来购买住宅；而绿化环境不佳或被破坏，则可能导致业主搬离小区或者更换新的物业。在管理到位的物业绿化环境中，业主们愿意缴纳物业管理费，希望今后依然能够享受优美的环境和服务；如果绿化管理不到位，则会引起业主与物业管理部门的纠纷，物业管理费的收取也会受到影响。“绿水青山就是金山银山”，良好的生态环境是人类赖以生存和发展的基础，与我们的身心健康、生活幸福息息相关。任何人都希望看到蓝天白云、绿水青山，希望呼吸清新的空气，饮用干净的水源，这一切都与生态环境提供的基础保障作用分不开。

项目小结

物业环境绿化设计是运用绿色植物，以一定的自然、经济和艺术规律为指导，充分发挥综合功能，因地因时制宜并与建筑、小品、环境等融为一体，创造一个安静、优良、舒适的物业环境。

绿化植物的栽植要根据树木的生物学特性和环境条件，制定相应的树木栽植措施。适地适树是树木正常生长发育和保持良好绿化效果的首要条件。绿化植物的养护管理是长期、周期性的工作，浇水、修剪、施肥、除草、病虫害防治等工作是创造优美的环境景观、美化物业环境的必要条件。

拓展园地

某天，正丰豪苑管理处服务中心接到C60栋业主的电话，要求对花园内草皮和绿化带进行修剪。园林领班接到"派工单"后，立即安排工人去完成。没过多久，业主打电话到管理处要求换人。接到通知后，园林领班带着别的工人去C60栋，在工人工作的同时业主就花园内的植物提出各种修剪方式的建议，园林工人按照业主的意思进行修剪，耐心给其解释植物名称、生长特性以及修剪注意事项，最后业主表示很满意。

"爱人者人恒爱之，敬人者人恒敬之"。作为物业管理人员，我们在工作时应该尊重他人，以友爱之心对待他人，养成服务业主的意识和习惯，不能因为业主不懂专业知识就不听取他们的意见。业主在付出费用后想要得到满意的服务，我们工作时要耐心听取业主意见并尽量满足他们的要求，业主就会支持我们的工作并且信赖我们。物业管理的发展是以服务作为主旋律的，服务的宗旨和基本理念是永恒的，那就是"让顾客满意"。以顾客为导向，力求满足顾客需求和期望，追求顾客满意和忠诚的经营管理理念是物业管理的宗旨。物业管理人员要强化自身的服务意识，增强学习的自觉性，不断提高管理水平，以专业的知识及技巧来提高服务质量，满足客户的要求。

资料来源：佚名．物业管理案例分析100例之环境管理篇．百度文库，2019-09-08.

思考：你如何理解"爱人者人恒爱之，敬人者人恒敬之"?

实训练习

一、选择题

1. 下列选项中，属于速效肥的是（　　）。

A. 豆饼肥　　B. 绿肥　　C. 尿素　　D. 氨水

2. 以下选项中，（　　）属于植物病虫害的生物防治方法。

A. 辐射处理　　B. 微生物　　C. 杀菌剂　　D. 性外激素

3. 将乔木主干下部用石灰水加适量盐涂白是为了（　　）。

A. 杀虫　　B. 抗风　　C. 抗冻　　D. 抗旱

4. 屋顶绿化对屋面防水要求较高，同时受屋顶承载能力的限制，屋顶种植的土层很浅，土壤有效含水量少，易干燥。因此，屋顶绿化应以（　　）为主。

A. 小型的花灌木　　B. 草坪等浅根系植物

C. 大型的花灌木　　D. 直根系植物

5. 我国东北、华北、西北等地降雨量较少，冬春又严寒干旱，因此在（　　）灌"封冻水"可以提高树木的越冬能力和保墒作用。

A. 早秋　　B. 晚冬　　C. 秋末、冬初　　D. 早春

二、案例分析题

案例名称	树木的防寒方法
工作任务	立冬刚过，气温急剧下降。据气象部门预测，今年冬天长沙又将面临严寒天气。某校为保证校园树木安全过冬，后勤部门早组织、早安排、早落实，从11月下旬至12月底，历时一个多月，集中力量，针对不同树种采取多种有效措施，积极做好绿化树木防寒抗冻工作。 冬季树木的防寒抗冻工作是学校后勤部门的重要任务之一，校本部分公司特意制订了有步骤、有重点、有阶段的工作计划，着力做好树木的修剪、包扎、浇灌等工作，积极为树木“喂水”“穿衣”“裹脚”。（注：“喂水”是在土壤封冻前为树木浇灌一次封冻水，保障土壤不至于过快风干，使其在冬水结冰以后还可以起到保温作用；“穿衣”是对当年新植的常绿树木覆盖防寒布，使树木在越冬期间逐步适应移植环境；“裹脚”是对行道树主干利用石灰水进行刷白处理，以保温并杀灭越冬虫卵。） 在学校科教南楼前的花坛处，可以看见所有的树木都穿上了塑料“羽绒服”，远远望去，百色的树干、绿色的树梢，在冬日的暖阳下别具一番风情。
完成时间	10分钟
任务目标	了解树木防寒的各种方法
任务要求	1. 学校对树木采取了哪些防寒措施？ 2. 常见的树木防寒措施还有哪些？
研讨内容	
研讨成果	
讨论过程	
自我角色	
自我评价	
小组评价	
教师评价	

项目六 物业水质管理

问题引入

某大学的47名学生突然出现上吐下泻的症状。与此同时，附近居民也有33人出现了同样的症状，随后，更多的当地居民出现了同样的症状。据调查，这次事故是由于饮用水污染导致的，具体是因为小区物业管理部门为节水擅自将水塔溢流管的溢流井与蓄水池连通，由于溢流井排水不畅，导致污水倒流进入生活饮用水蓄水池。物业水污染有何危害？物业饮用水如何管理才能保证饮用健康？

任务导读

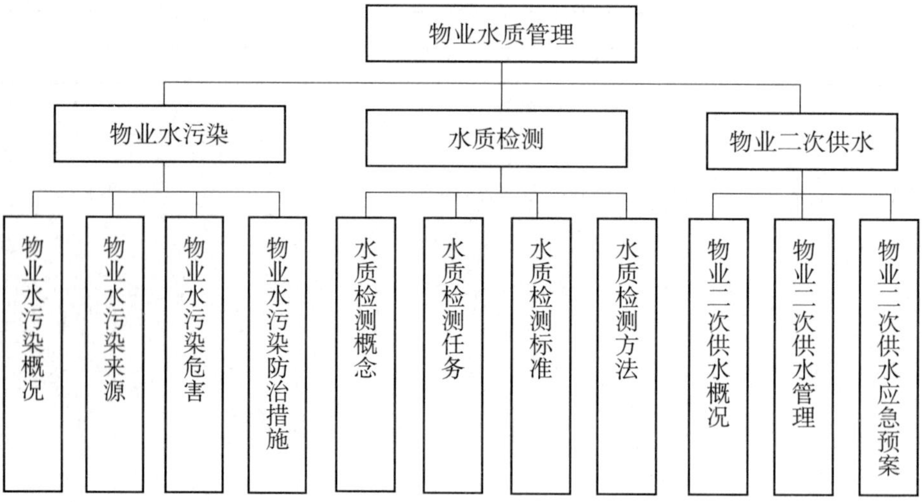

学习目标

- 学习目标
  - 知识目标
    - 了解物业水污染、水质、水质检测的概念。
    - 了解饮用水水质标准和监测标准。
    - 掌握物业水污染来源及物业二次供水管理要求。
  - 能力目标
    - 能够用感官认定方法判定物业饮用水是否污染。
    - 能够依规对物业二次供水进行管理。
  - 素质目标
    - 通过对《“十四五”城镇污水处理及资源化利用发展规划》节选内容的学习，了解社会主义制度优越性；通过学习城镇污水处理及资源化存在问题和今后目标，增强使命感和责任感。

任务一　物业水污染

案例导入

人工湖水体为何又黑又臭?

某小区人工湖水体近期变得又黑又臭，路过的小区居民纷纷掩鼻而过。人工湖里的水，已经变得有些浑浊，湖面有不少死鱼浮在上面。沿着连接人工湖的小渠，自东向西一路走，水质越来越差，由绿变黑，臭味也越来越重。一位保洁工说：“这片水本来挺好的，特别清澈，但自从前段时间下大雨开始，这里就变得又黑又臭了，不知道是怎么回事。”经过调查，原来小区最西处有一圈用水泥砌成的围挡，前不久突然出现了一处豁口，豁口以西的一家企业排出的污水不断流入人工湖，污染了这片原本清澈的水域。

? 问题与思考

1. 什么叫物业水污染?
2. 物业水污染的来源主要有哪几类？本案例中小区人工湖的污染源是什么?

知识探究

水资源是人类最重要的自然资源，也是人类赖以生存和发展的基本条件，水资源的可持续利用是社会经济可持续发展的重要保证。

一、物业水污染概况

（一）物业水污染

水污染通常是指由人类活动和自然过程引起某种有害物质进入饮用水中，在一定的时间内达到了相应的浓度，从而危害了人体的舒适、健康、福利和环境的现象。物业水污染一般是指人们在物业使用过程中大量排放的污染物进入水体，使水的质量下降，利用价值降低或丧失，并对生物和人体造成损害的现象。

（二）水污染指标

水体是否污染以及污染的程度，通常用水污染指标来进行判断。水污染指标是控制和掌握污水处理设备的处理效果和运行状态的重要依据。水污染的主要指标如下：

1. 生化需氧量（BOD）

生化需氧量又称生化耗氧量，是指在有氧条件下，水中有机物通过微生物作用进行生物氧化，并在一定时间内所消耗的溶解氧的量。水中有机物质的分解分两个阶段进行，第一阶段为碳氧化阶段；第二阶段为硝化阶段。碳氧化阶段所消耗的氧化量称为碳化生化需氧量。虽然生化需氧量并非一项精确定量的检测，但是由于它间接反映了水中有机物质的相对含量，所以 BOD 长期以来作为一项环境监测指标被广泛使用。

2. 化学需氧量（COD）

化学需氧量又称化学耗氧量，用强氧化剂（如重铬酸钾、高锰酸钾或碘酸钾等）在强酸和加热回流条件下对有机物进行氧化，并加入银离子作催化剂，反应中氧化剂的消耗量换算成氧气量就是化学需氧量。化学需氧量越高，表示水中有机污染物越多。水中有机污染物主要来源于生活污水或工业废水及动植物腐烂分解的有害物质。另外，水体中有机物含量过高可降低水中溶解氧的含量，当水中溶解氧消耗殆尽时，水质则会腐败变臭，导致水生生物缺氧，以致死亡。

3. 总需氧量（TOD）

总需氧量是指有机物完全被氧化的需氧量。主要是有机物质在燃烧中变成稳定的氧化物时的需氧量。测定燃烧前后原料气中氧浓度的减少量，便可求得水样的总需氧量值。

4. 总有机碳（TOC）

总有机碳用来表示污水中有机污染物的总含碳量，此指标适于表示污水中的微量有机物。将一定数量的污水注入高温炉中，在触媒过程中，有机碳被氧化为二氧化碳，然后可用红外线测定仪定量地测出所生成的二氧化碳。

5. 悬浮物

悬浮物是以悬浮状态存在于废水中的固形物，包括不溶于水的无机物、有机物、泥沙、黏土、微生物等。悬浮物是造成水浑浊的主要原因。水体中的有机悬浮物沉积后易厌氧发酵，使水质恶化。

6. 有毒物质

有毒物质是指达到一定浓度后，对人体健康和水生生物的生长造成危害的物质，其中非重金属中的氰化物和砷化物及重金属中的汞、镉、铬、铅是国际上公认的六大毒物。

7. pH 值

pH 值是反映水酸碱性强弱的重要指标。pH 值是水中氢离子活度的负对数，pH 值为 7 表示水为中性，大于 7 呈碱性，小于 7 呈酸性。清洁天然水的 pH 值为 6.5～8.5，pH 值异常，则表示水体受到污染。

8. 大肠菌群数

大肠菌群数是指单位体积水中所含的大肠菌群的数目，是人和许多动物肠道中最主要且数量最多的一种细菌，主要寄生在大肠内，感染后会引起腹膜炎、胆囊炎等。

9. 溶解氧（DO）

溶解氧量受水温、气压和溶质（如盐分）的影响，随水温升高而减少。水被污染后由于有机腐败物质和其他还原性物质的存在，溶解氧就被消耗了，所以越干净的水，所含溶解氧越多；反之水受污染的程度越严重，溶解氧就越少。

10. 氨氮

氨氮是水体中的营养素，可导致水富营养化现象的产生，是水体中的主要耗氧污染物，对鱼类及部分水生生物有害。氨氮主要来源于人和动物的排泄物，雨水径流及农用化肥的流失也是氨氮的重要来源。另外，氨氮还来自化工、冶金、油漆颜料、煤气、炼焦、鞣革、化肥等的工业废水。

二、物业水污染来源

物业水污染主要来源于工业污染、农业污染和生活废水污染。此外，还有其他类型的水污染，如垃圾填埋场污水渗漏产生的二次水污染、医疗污水污染、有毒危险品和放射性物质渗入水中造成的水污染等。

（一）工业污染源

工业污染源主要指未经处理的工业“三废”，即废气、废水和废渣。工业废气（如二氧化硫、二氧化碳、氮氧化物等）会对大气产生严重的一次污染，而这些污染物又会随降雨落到地面，并随地表径流下渗对地下水造成二次污染。工业废水是指未经处理的工业废水（如电镀工业废水、工业酸洗污水、冶炼工业废水、石油化工有机废水等有毒有害废水）直接流入或渗入地下水中，造成地下水污染。工业废渣（如高炉矿渣、钢渣、粉煤灰、硫铁渣、电石渣、赤泥、洗煤泥、硅铁渣、选矿场尾矿及污水处理厂的淤泥等）由于露天堆放或地下填埋隔水处理不当，经风吹、雨水淋滤，其中的有毒有害物质随降水直接渗入地下水，或随地表径流下渗至地下水中，形成地下水污染。

资料链接

2020 年 11 月 21 日，辽宁盘锦一村民家中“自来水可被点燃”这一匪夷所思的事情引发舆论关注，当地随即成立调查组介入。经过调查分析，专家认为，该居民所在的四营屯自来水源来自深层地下水，因少量天然气串入水层，在采水过程中将天然气带到地面。近期该区域自来水站的蓄水装置正在扩容改造，临时采取地下水直供方式，导致少量天然气进入自来水管网，造成可燃现象。当地相关部门采取积极应对措施，确保居民自来水饮用安全。

资料来源：张力．辽宁自来水可燃，因混入天然气．北京日报客户端，2020-11-24.

（二）农业污染源

农业用水量很大，污染的影响范围广泛。农业污染主要表现在两个方面：一是过量施用农药、化肥，残留在土壤中的农药、化肥随雨水淋滤渗入地下，引起地下水污染；二是由于地表水污染严重，农业灌溉使用被污染的地表水，造成污水中的有毒有害物质侵蚀土壤，并下渗到地下水中，造成污染。

（三）生活废水污染源

从全世界范围看，不管是发达国家还是发展中国家都有一个共同现象，就是水质污染的主要来源已逐渐发生变化。公害盛行的时代，工矿企业排污中的有毒有害物质是使人畜、农业和渔业严重受害的主要来源；而进入大众高消费社会，水质污染的来源主要是生活污水中所含的过量营养化物质进入水域，造成赤潮、水质发黑等水质污染现象。

三、物业水污染危害

物业在使用过程中，人们的一切活动所产生并排入水体的污染物超过该物质在水体中的极限容量或超过水对该物质的自净能力，就会破坏水体的原有用途，形成对水体本身、底泥和水生物的污染。这类水体的一系列污染必然会给人类和自然界带来灾难性的后果。水污染造成的危害，一般来说分为损害人体健康、破坏自然资源和降低经济活动效益三个方面。

（一）损害人体健康

水不仅是重要的环境因素，也是人体的重要组成部分。成人体内含水量约占体重的65%，每人每天生理需水量为2～3L。人体内的一切生理活动，如体温调节、营养输送、废物排泄等都需要水来完成。因此，水体污染会直接或间接损害人的身体健康。如2015年5月31日，河北省张家口市某中学发生饮用水污染事件，造成部分学生因饮用水问题出现了呕吐、腹泻等现象。

（二）破坏自然资源

水污染的危害还表现在对自然资源的破坏方面，尤其是水受到污染之后，使水产资源遭到破坏甚至毁灭。

人们在生产生活过程中，排放出的含有大量需氧污染物（碳水化合物、脂肪、蛋白质等）的污水与污物进入水体之后，在水中溶解氧的作用下，逐渐分解为二氧化碳和水，这一过程需要消耗大量的氧。但在正常状态下，气温为20℃时，水中所含溶解氧仅为

9.17ml/L，由于需氧污染物分解的消耗，使水中溶解氧的含量急剧下降，甚至产生无氧层，从而使依靠溶解氧生存的鱼类窒息或大量死亡。同时，缺氧状态还会使水中的细菌特别是厌氧菌大量繁殖，并促使有机物分解出甲烷、硫化氢等有毒气体，使水质进一步恶化。如果污染物持续不断地注入，水中长期处于缺氧状态，不仅鱼类资源会被破坏，水体也会变黑变臭，成为有毒有害的死水。另外，污水中的氮、磷等植物营养素所造成的“富营养化”，也是导致缺氧危害的重要因素。水中含有过多的植物营养素时，水中的藻类等低等植物便大量繁殖，占据大量空间，并隔绝空气与水面的接触，使水中的溶解氧降低。

资料链接

水体富营养化及危害

水体富营养化是指在人类活动的影响下，生物所需的氮、磷等营养物质大量进入湖泊、河口、海湾等缓流水体，导致藻类及其他浮游生物迅速繁殖，水体中的溶解氧量下降，水质恶化，鱼类及其他生物大量死亡的现象。在自然条件下，湖泊也会从贫营养状态过渡到富营养状态，但过程非常缓慢。而人为排放含营养物质的工业废水和生活污水所引起的水体富营养化可以在短时间内出现。水体出现富营养化现象时，浮游藻类大量繁殖，形成水华（淡水水体中藻类大量繁殖的一种自然生态现象）。由于浮游藻类的颜色不同，水面往往呈现蓝色、红色、棕色、乳白色等。

由于水体富营养化，水体表面生长着蓝藻、绿藻等水藻，形成一层“绿色浮渣”，致使底层堆积的有机物质在厌氧条件下分解产生的有害气体和生物毒素也会伤害鱼类。在形成“绿色浮渣”后，水下的藻类会因得不到阳光照射而呼吸水内氧气，使水内氧气逐渐减少，水内生物则会因氧气不足而死亡。死去的藻类和生物又会在水内进行氧化作用，这时水体就会变臭，水资源也会被污染得不可再用。

（三）降低经济活动效益

水体污染对工业、农业等生产活动的影响主要表现为资源、能源的利用效率低、浪费严重，生产的产品质量下降或不稳定等，直接导致产出率及产出水平下降、产品价格高、失去市场竞争力，最终使企业经济效益降低，甚至出现亏损。如 2015 年 6 月，安徽池州河水被污染，千亩田变荒地；2015 年 6 月，四川广元水库污染造成水库近万斤鱼一夜间死亡。

四、物业水污染防治措施

生活污水和工业废液等随意排放是造成物业水污染的主要原因，所以防止水体污染首先要从断源开始，即控制污水的排放，将“防”“治”“管”三者结合起来。具体来说，应从以下几方面着手。

（一）加强管理，从源头上减少污（废）水排放量

改变传统的工业发展模式，使工业用水重复利用并设法回收废液，尽量减少工业用水

总量，这是减少污水排放量的基本方法。此外，还可以通过实施超标准用水高价收费的办法，促使工矿企业尽量缩减用水量。例如，采用无水印染工艺代替水染工艺，高炉加装煤气洗涤用水循环使用设备，在互无影响的前提下实现一水多用，从而大量节约用水。现在许多国家正在研究如何将净化后的城市污水开发为新水源，再次用于工农业、渔业和城市居民生活，这也是减少和节约用水的一种有效途径。

（二）不断采用新工艺和新技术，实现废水达标排放

通过综合利用或技术改进最大限度地降低污染物的浓度，以有效减少污染。例如，采用无氰电镀工艺代替氰电镀法，用软性洗涤剂代替不能自然分解的硬性洗涤剂。再如，造纸黑液是主要的污染源之一，含有大量的碱和其他有机物，通过综合利用，从中回收碱和二甲基亚砜等有用物质，就可变成一种新的资源。对于生活排水，要控制污染物质的量。如厨房洗碗槽要装能滤水的垃圾袋，淘米水留着洗碗，严重影响水质的酱汤汁、酒和食用油不得进入下水道，洗碗应先擦后洗，减少洗涤剂的使用量，水要尽量节约和重复使用等，这些都是有效减少水污染的方法。

（三）提高工业用水循环利用率，实现废水回用

为了解决水资源短缺问题，人们想方设法开发新的可利用水资源。城市废水的水量和水质都比较稳定，经过处理和净化可以作为再生水源进行利用。废水回用不仅可以消除城市废水对水环境的污染，还能减少新鲜水的使用，缓解水资源的短缺。经过处理后的城市废水回用途径可以分为城市回用、工业回用、农业回用（包括牧渔业）和地下水回灌。在工业回用中，主要用作冷却水；城市回用主要是城市生活杂用水、市政用水和建筑用水等；农业用水主要是灌溉用水。根据“水十条”规定，自 2018 年起，单体建筑面积超过 2 万 m^2 的新建公共建筑，如北京市 2 万 m^2、天津市 5 万 m^2、河北省 10 万 m^2 以上集中新建设的保障性住房，应安装建筑中水设施，同时积极推动其他新建住房安装建筑中水设施。计划到 2020 年，缺水城市再生水利用率达到 20%以上，京津冀区域达到 30%以上。

资料链接

“水十条”使铁腕治污进入“新常态”

《水污染防治行动计划》简称“水十条”。由于我国一些地区水环境质量差、水生态受损重、环境隐患多等问题十分突出，影响和损害群众健康，不利于经济社会持续发展。为切实加大水污染防治力度，保障国家水安全，所以制订此行动计划。据测算，“水十条”投资将达 2 万亿元。经过多轮修改的“水十条”将在污水处理、工业废水、全面控制污染物排放等方面进行强力监管并启动严格问责制，铁腕治污将进入“新常态”。

（四）加强对水体及其污染源的监测管理

经常对工业用水和排水进行监测，了解水污染情况是否符合国家有关规定和标准，及时为管理提供准确的数据，对污水处理设施及时进行维护，对废水排放进行管理，确保物

业使用者用水安全、身体健康，避免对外界造成影响和危害，从而使物业水污染的防治工作有目标、有方向地进行，是防止水污染严重化不可缺少的有效手段。

（五）加强宣传教育

积极开展水资源安全警示教育，加强环保宣传，提高公民的环保意识，形成良好的环保氛围。同时，通过宣传教育、普及水资源科学知识，唤醒人们的生态意识，倡导生态道德，让越来越多的人承担起保护水资源的责任。

案例评析

物业水污染一般是指人们在物业使用过程中大量排放的污染物进入水体，使水的质量下降，利用价值降低或丧失，并对生物和人体造成损害的现象。本案例中人工湖已有死鱼现象发生，说明已经造成了水污染。

物业水污染主要来源于工业污染、农业污染和生活废水污染。本案例中小区人工湖的污染主要是从企业排出的污水不断流入人工湖而引起的，因此属于工业污染。

任务二 水质检测

案例导入

物业自来水如何管理？

据某小区居民反映，多年来，小区的自来水一直存在黑色沉淀物和沙子并有明显异味，而物业公司将这些问题全都归因于供水公司方面，没有采取任何解决措施。2017 年 7 月底，一位物业工作人员无意中透露小区物业公司私自保留了一口早应回填的地下水井，并将地下水在没有经过任何过滤消毒的情况下直接注入小区自来水系统，充当自来水卖给业主们饮用。8 月 3 日下午，小区业主委员会在获取了自来水井和地下水井的具体位置后，对小区内的自来水系统进行了突击检查。检查结果让业主们大吃一惊，自来水井的阀门处于关闭状态，而一台抽水泵正在抽取地下水井中的地下水，经过二次加压后，这些地下水直接注入了自来水系统。这些地下水经过检测了吗？水质符合饮用水标准吗？对居民身体健康有没有影响？一系列的疑问使小区居民不敢再使用自来水，要求物业公司给个明确答复。

资料来源：http：//help. 3g. 163. com.

？问题与思考

1. 饮用水为什么要进行水质检测？需要找什么样的机构进行检测？
2. 饮用水水质应符合什么要求？

知识探究

水是生命之源，但由于人类的生产和生活产生的废水，导致地表、地下水体被污染，水质恶化，特别是饮用水水质污染，其产生的直接后果是危害用户的健康，使饮用者感到恶心、呕吐、腹胀、腹泻，扰乱居民生活秩序。经水传播的疾病主要有伤寒、痢疾、霍乱、马鼻疽、钩端螺旋体病、肠炎等。还有一些病毒引起的疾病，也可以通过水传播。因此，要做好饮用水检测工作，为民众的身体健康提供保障。

一、水质检测概念

（一）水质

水质是水体质量的简称。它标志着水体的物理（如色度、浊度、臭味等）、化学（无机物和有机物的含量）和生物（细菌、微生物、浮游生物、底栖生物）特性及其组成状况。

（二）水质检测

水质检测是指对水中的化学物质、悬浮物、底泥和水生态系统进行统一的定时或不定时的检测，测定水中污染物的种类、浓度及变化趋势，评价水质状况等工作。水质检测主要是检验水质指标是否符合水质标准，是水质监测中的重要内容。水质指标是描述水体质量的参数，通常用水中杂质的种类、成分和数量来表示。水质指标项目繁多，因用途的不同而各异。其主要监测项目可分为两大类：一类是反映水质状况的综合指标，如温度、色度、浊度、pH 值、电导率、悬浮物、溶解氧、化学需氧量等；另一类是有毒物质，如酚、氰、砷、铅、铬、镉、汞和有机农药等。

资料链接

我国地表水水质监测现状

“十四五”国家地表水环境质量监测网共设置 3 641 个地表水国考断面（点位），其中：在 1 824 条河流上设置监测断面 3 292 个，覆盖了长江、黄河、珠江、松花江、淮河、海河和辽河七大流域，浙闽片河流、西北诸河和西南诸河，太湖、滇池和巢湖三湖的环湖河流等，同时包括在 223 条入海河流共设置入海水质监测断面 230 个；在太湖、滇池、巢湖等 210 个重点湖泊水库设置监测点位 349 个（87 个湖泊 201 个点位，123 座水库 148 个点位）。2021 年 11 月，全国共监测 3 511 个地表水国考断面（点位），包括河流断面 3 188 个，湖库点位 323 个；未监测的国考断面（点位）有 130 个。其中，监测 229 个入海河流断面，未监测的入海河流断面 1 个。未监测原因主要由于季节性断流。本月全国地表水总体水质良好。监测的 3 511 个国考断面（点位）中：Ⅰ类水质断面占 10.3%，Ⅱ类占 50.7%，Ⅲ类占 27.2%，Ⅳ类占 8.9%，Ⅴ类占 1.8%，劣Ⅴ类占 1.1%。

资料来源：中国环境监测总站.

二、水质检测任务

水质检测是水质监测的重要内容，对整个水环境保护、水污染控制以及维护水环境健康方面起着至关重要的作用。检测和测定水体中污染物的种类、浓度及变化趋势，评价水质状况等工作，目的是准确、及时、全面地反映水质现状及发展趋势，为水环境管理、污染源控制、环境规划等提供科学依据。

对饮用水来说，若水中含有有害细菌，如伤寒、霍乱、痢疾等病菌，便会传播各种传染病；当水中存在大量浮游生物（如原生动物、藻类等），就会影响水的物理性质，并产生臭味和水色；若水中含有某些矿盐杂质，也会引起各种病症；如饮用水中氟的含量过多，就会使牙齿产生斑纹，从而引起“斑齿病”，严重时可使牙齿完全溃坏。至于日常生活排出的污水，也会传播疾病。经过检测，可以判断饮用水水质是否符合饮用水的标准。一般而言，水质检测任务主要有以下几点：

（1）鉴定各种用水的水质指标（杂质种类和浓度）是否满足用水的质量要求。

（2）按照给（排）水的需要，对水质进行检验，以指导水处理的研究、设计及运行管理。

（3）为了对人类的环境进行保护，防止水被污染，要对江河湖海及地下水、雨水、生活污水、工业废水等进行经常性的水质监测。

（4）对水环境污染事件进行应急检测，及时掌握水环境状况，为采取措施提供依据。

（5）为开展水环境质量评价、加强水环境保护管理工作提供基础数据和资料。

三、水质检测标准

水质检测要按照国家相关部门制定的水质标准进行。水质标准即水体质量标准，它针对水中存在的具体杂质或污染物，提出最低含量和最低浓度的限制和要求，是一种以文件形式发布的统一规定。水质标准是国家规定的各种用水在物理性质、化学性质和生物性质方面的要求。根据供水目的的不同，可分为饮用水水质标准、农用灌溉水水质标准、各种工业生产用水水质标准。水质标准分为国家标准、地方标准和行业标准，以生活饮用水为例，《生活饮用水卫生标准》（GB 5749—2006）为国家标准。我国生活饮用水卫生标准规定的限值，除消毒指标为下限值外，其余都是上限值，即检测指标值不得超过该值，超过即为不合格。农田灌溉用水的水质一般需要考虑 pH 值、含盐量、盐分组成、钠离子与其他阴离子的相对比例、硼和其他有益或有毒元素的浓度等指标。

生活饮用水水质应符合下列要求，以保证用户饮水安全。

（1）生活饮用水中不得含有病原微生物。

（2）生活饮用水中的化学物质不得危害人体健康。

（3）生活饮用水中的放射性物质不得危害人体健康。

（4）生活饮用水的感官性状良好。

（5）生活饮用水应经消毒处理。

（6）生活饮用水水质应符合水质常规指标及限值（见表 6－1）和水质非常规指标及限值（见表 6－2）的卫生要求。集中式供水出厂水中消毒剂限值、出厂水和管网末梢水中消毒剂余量均应符合饮用水中消毒剂常规指标及要求（见表 6-3）。

（7）农村小型集中式供水和分散式供水的水质因条件限制，部分指标可暂时按照农村小型集中式供水和分散式供水部分水质指标及限值（见表 6-4）的卫生要求执行，其余指标仍按上述水质卫生要求（见表 6-1、表 6-2 和表 6-3）执行。

（8）当发生影响水质的突发性公共事件时，经市级以上人民政府批准，感官性状和一般化学指标可适当放宽。

表 6-1　水质常规指标及限值

指标	限值
1. 微生物指标	
总大肠菌群/（MPN/100mL 或 CFU/100mL）①	不得检出
耐热大肠菌群/（MPN/100mL 或 CFU/100mL）	不得检出
大肠埃希氏菌/（MPN/100mL 或 CFU/100mL）	不得检出
菌落总数/（CFU/mL）	100
2. 毒理指标	
砷/（mg/L）	0.01
镉/（mg/L）	0.005
铬/（六价，mg/L）	0.05
铅/（mg/L）	0.01
汞/（mg/L）	0.001
硒/（mg/L）	0.01
氰化物/（mg/L）	0.05
氟化物/（mg/L）	1.0
硝酸盐（以 N 计）/（mg/L）	10 地下水源限制时为 20
三氯甲烷/（mg/L）	0.06
四氯化碳/（mg/L）	0.002
溴酸盐（使用臭氧时）/（mg/L）	0.01
甲醛（使用臭氧时）/（mg/L）	0.9
亚氯酸盐（使用二氧化氯消毒时）/（mg/L）	0.7
氯酸盐（使用复合二氧化氯消毒时）/（mg/L）	0.7
3. 感官性状和一般化学指标	
色度（铂钴色度单位）	15
浑浊度（散射浊度单位）/NTU	1 水源与净水技术条件限制时为 3
臭和味	无异臭、异味
肉眼可见物	无
pH	不小于 6.5 且不大于 8.5
铝/（mg/L）	0.2
铁/（mg/L）	0.3
锰/（mg/L）	0.1
铜/（mg/L）	1.0
锌/（mg/L）	1.0
氯化物/（mg/L）	250

续前表

指标	限值
硫酸盐/（mg/L）	250
溶解性总固体/（mg/L）	1 000
总硬度（以 $CaCO_3$ 计）/（mg/L）	450
耗氧量（COD_{Mn} 法，以 O_2 计）/（mg/L）	3 水源限制，原水耗氧量＞6mg/L 时为 5
挥发酚类（以苯酚计）/（mg/L）	0.002
阴离子合成洗涤剂/（mg/L）	0.3
4. 放射性指标②	指导值
总 α 放射性/（Bq/L）	0.5
总 β 放射性/（Bq/L）	1

注：①MPN 表示最可能数；CFU 表示菌落形成单位。当水样检出总大肠菌群时，应进一步检验大肠埃希氏菌或耐热大肠菌群；水样未检出总大肠菌群，则不必检验大肠埃希氏菌或耐热大肠菌群。
②放射性指标超过指导值，应进行核素分析和评价，判定能否饮用。

表 6-2　　水质非常规指标及限值

指标	限值
1. 微生物指标	
贾第鞭毛虫/（个/10L）	＜1
隐孢子虫/（个/10L）	＜1
2. 毒理指标	
锑/（mg/L）	0.005
钡/（mg/L）	0.7
铍/（mg/L）	0.002
硼/（mg/L）	0.5
钼/（mg/L）	0.07
镍/（mg/L）	0.02
银/（mg/L）	0.05
铊/（mg/L）	0.000 1
氯化氰（以 CN^- 计）/（mg/L）	0.07
一氯二溴甲烷/（mg/L）	0.1
二氯一溴甲烷/（mg/L）	0.06
二氯乙酸/（mg/L）	0.05
1，2-二氯乙烷/（mg/L）	0.03
二氯甲烷/（mg/L）	0.02
三卤甲烷（三氯甲烷、一氯二溴甲烷、二氯一溴甲烷、三溴甲烷的总和）	该类化合物中每种化合物的实测浓度与其各自限值的比值之和不超过 1
1，1，1-三氯乙烷/（mg/L）	2
三氯乙酸/（mg/L）	0.1
三氯乙醛/（mg/L）	0.01
2，4，6-三氯酚/（mg/L）	0.2

续前表

指标	限值
三溴甲烷/（mg/L）	0.1
七氯/（mg/L）	0.000 4
马拉硫磷/（mg/L）	0.25
五氯酚/（mg/L）	0.009
六六六（总量）/（mg/L）	0.005
六氯苯/（mg/L）	0.001
乐果/（mg/L）	0.08
对硫磷/（mg/L）	0.003
灭草松/（mg/L）	0.3
甲基对硫磷/（mg/L）	0.02
百菌清/（mg/L）	0.01
呋喃丹/（mg/L）	0.007
林丹/（mg/L）	0.002
毒死蜱/（mg/L）	0.03
草甘膦/（mg/L）	0.7
敌敌畏/（mg/L）	0.001
莠去津/（mg/L）	0.002
溴氰菊酯/（mg/L）	0.02
2，4-滴/（mg/L）	0.03
滴滴涕/（mg/L）	0.001
乙苯/（mg/L）	0.3
二甲苯/（mg/L）	0.5
1，1-二氯乙烯/（mg/L）	0.03
1，2-二氯乙烯/（mg/L）	0.05
1，2-二氯苯/（mg/L）	1
1，4-二氯苯/（mg/L）	0.3
三氯乙烯/（mg/L）	0.07
三氯苯（总量）/（mg/L）	0.02
六氯丁二烯/（mg/L）	0.000 6
丙烯酰胺/（mg/L）	0.000 5
四氯乙烯/（mg/L）	0.04
甲苯/（mg/L）	0.7
邻苯二甲酸二（2-乙基己基）酯/（mg/L）	0.008
环氧氯丙烷/（mg/L）	0.000 4
苯/（mg/L）	0.01
苯乙烯/（mg/L）	0.02
苯并（a）芘/（mg/L）	0.000 01
氯乙烯/（mg/L）	0.005
氯苯/（mg/L）	0.3
微囊藻毒素-LR/（mg/L）	0.001
3. 感官性状和一般化学指标	
氨氮（以N计）/（mg/L）	0.5
硫化物/（mg/L）	0.02
钠/（mg/L）	200

表 6-3 饮用水中消毒剂常规指标及要求

消毒剂名称	与水接触时间	出厂水中限值	出厂水中余量	管网末梢水中余量
氯气及游离氯制剂（游离氯）	至少 30min	4	≥0.3	≥0.05
一氯胺（总氯）	至少 120min	3	≥0.5	≥0.05
臭氧（O_3）	至少 12min	0.3	—	0.02 如加氯，总氯≥0.05
二氧化氯（ClO_2）	至少 30min	0.8	≥0.1	≥0.02

表 6-4 农村小型集中式供水和分散式供水部分水质指标及限值

指标	限值
1. 微生物指标	
菌落总数/（CFU/mL）	500
2. 毒理指标	
砷/（mg/L）	0.05
氟化物/（mg/L）	1.2
硝酸盐（以 N 计）/（mg/L）	20
3. 感官性状和一般化学指标	
色度（铂钴色度单位）	20
浑浊度（散射浊度单位）/NTU	3 水源与净水技术条件限制时为 5
pH	不小于 6.5 且不大于 9.5
溶解性总固体/（mg/L）	1500
总硬度（以 $CaCO_3$ 计）/（mg/L）	550
耗氧量（COD_{Mn}法，以 O_2 计）/（mg/L）	5
铁/（mg/L）	0.5
锰/（mg/L）	0.3
氯化物/（mg/L）	300
硫酸盐/（mg/L）	300

四、水质检测方法

（一）检测方法分类

检测方法就是对特定的检测物依据科学原理，以及试验内容、方式、步骤、过程、计算分析等进行试验，得出需要的数据和结果的具体手段和办法。检测标准、检测方法都是随着科技的发展而不断更新的，但是有些检测方法是超前于检测标准规定的，而检测结果则要依据检测标准来判定。水质检测可以通过化学法、电化学法、原子吸收分光光度法、离子色谱法、气相色谱法等方法进行。其中，化学法在国内外水质常规检测中被普遍采用。不同指标的检测方法不同，检测标准也不同，如表 6-5 所示。

表 6-5　　生活饮用水水质检测方法与标准对照

标准名称		标准号
生活饮用水标准检验方法	总则	GB/T 5750.1—2006
	水样的采集和保存	GB/T 5750.2—2006
	水质分析质量控制	GB/T 5750.3—2006
	感官性状和物理指标	GB/T 5750.4—2006
	无机非金属指标	GB/T 5750.5—2006
	金属指标	GB/T 5750.6—2006
	有机物综合指标	GB/T 5750.7—2006
	有机物指标	GB/T 5750.8—2006
	农药指标	GB/T 5750.9—2006
	消毒副产物指标	GB/T 5750.10—2006
	消毒剂指标	GB/T 5750.11—2006
	微生物指标	GB/T 5750.12—2006
	放射性指标	GB/T 5750.13—2006

（二）检测方法的标准

水质检测要依据国家相关标准进行，以生活饮用水为例，其水质检测方法应按照 GB/T 5750 系列标准执行。

（三）检测方法的选择

（1）同一个项目如果有两种或两种以上的检验方法时，可根据设备及技术条件选择使用，但以第一种方法为仲裁法。

（2）最低检测质量（Minimum Detectable Mass）：能够准确测定的最低质量。

（3）最低检测质量浓度（Minimum Detectable Mass Concentration）：最低检测质量所对应的浓度。

（4）精密度和准确度是定性概念，不宜用量值表示，需要用量值表示的均用不确定度。目前，国内处于推广采用不确定度的过渡阶段。

（四）水质检测机构

《城市供水水质管理规定》

以饮用水为例，根据《城市供水水质管理规定》，供水单位应对水质负责。对物业来说，只有提供二次供水时才对水质负责。物业在有条件的情况下，可以建立简单的水质检测室进行自检，这种检测主要用于日常水质自检管理，不具备法律效力。没有检测条件的物业应寻找有资质的第三方检测机构检测，第三方检测机构出示的检测报告必须盖有 CMA（中国计量认证）章才具有法律效力。

资料链接

中国计量认证

《中华人民共和国计量法》规定：为社会提供公证数据的产品质量检验机构，必须经省级以上人民政府计量行政部门对其计量检定、测试能力和可靠性考核合格，这种考核称为计量认证。计量认证是我国通过计量立法，对为社会出具公证数据的检验机构（实验室）进行强制考核的一种手段。经计量认证合格的产品质量检验机构所提供的数据，用于贸易出证、产品质量评价、成果鉴定，作为公证数据，具有法律效力，如图 6-1 所示。只有取得计量认证合格证书的第三方检测机构，才允许在检验报告上使用 CMA 章，盖有 CMA 章的检验报告可用于产品质量评价、成果及司法鉴定，具有法律效力。

计量认证是关系百姓切身利益的行业评价检测机构检测能力的一种有效手段，同时也是第三方检测机构进入市场的准入证。例如，我们在日常生活中经常接触的机动车尾气检测、从事室内空气质量检测的实验室、从事饮用水检测的检测机构等都必须通过计量认证。

国家环境保护总局
环境监测仪器质量监督检验中心
检　测　报　告
产品名称
委托单位
检测类别
报告日期

图 6-1　水质检测报告样本

案例评析

水是生命之源，但由于人类的生产和生活产生的废水，导致地表、地下水体被污染，水质恶化，特别是饮用水水质污染，其产生的直接后果是危害用户的健康，使饮用者感到恶心、呕吐、腹胀、腹泻，扰乱居民生活秩序。经水传播的疾病主要有伤寒、痢疾、霍乱、马鼻疽、钩端螺旋体病、肠炎等。还有一些病毒引起的疾病，也可以通过水传播。因此，要做好饮用水检测工作，为民众的身体健康提供保障。水质检测需要有资质的第三方检测机构检测，第三方检测机构出示的检测报告上面必须盖有CMA章才具有法律效力。

饮用水水质指标应按照《生活饮用水卫生标准》（GB 5749—2006）执行。

任务三　物业二次供水

案例导入

物业二次供水之痛

长虹路某小区居民反映自来水中有黄沙，供水部门人员欲对该小区二次供水设施和蓄水池进行检查，却遭到物业公司拒绝。原来绝大多数的二次供水是由小区物业公司或各单位自行管理的，它们经常以资金缺乏为由，拒绝对二次供水设施进行消毒及正常维护。

一些二次供水的单位、小区，有的储水池溢流孔直接连着下水道，老鼠、昆虫进出自如；有的储水池连盖子都没有，雨水、枯叶很容易进入。

有保洁公司人员透露，在工作中经常会碰到四五年或者六七年不清理蓄水池的居民小区，当把水池抽干后，会发现池子里有不少污染物。同时，许多开发商建房时只重外观建设，而忽略了影响住户身体健康的饮用水系统的建设。为降低成本，有的二次供水设施质量差，致使二次供水频现“脏乱差”问题。

？问题与思考

1. 什么叫二次供水？
2. 如何对物业二次供水进行管理？

知识探究

随着城市的发展，二次供水已成为城市供水中不可缺少的环节。二次供水缓解了城市供水压力和水量分配的不平衡，解决了高层建筑居民的用水问题。根据相关规定，二次供水的储水设备需每年至少清洗、消毒一次，但许多二次供水设施多年不曾清洗、消毒，给居民的饮水安全留下了诸多隐患。

其实，自来水厂输送出来的水是严格按照相关要求消毒的，水质是合格的，但为什么经过小区水箱到达住户家里时就出现问题了呢？目前，大多数城市的自来水公司既不拥有小区二次供水设施的产权，也没有得到授权去管理二次供水设备。自来水公司一般只保证水在进入小区时是合格的，而进入居民家前的“最后一公里”，一般由开发商、物业公司或房产所有者等负责。二次供水设备一般放置在高层建筑的屋顶，水箱多是半开放式甚至是全开放式的，特别是一些水箱因为内壁材料不佳，很容易滋生污染物，污染水质。

一、物业二次供水概况

（一）二次供水概念

根据《城市供水水质管理规定》，二次供水是指单位或者个人使用储存、加压等设施，将城市公共供水或者自建设施供水经储存、加压后再供用户使用的形式。城市供水单位是指从事城市公共供水及自建设施供水（包括深度净化处理供水）的企业和单位。城市供水单位对其供应的水的质量负责，经二次供水到达用户的，水质由二次供水管理单位负责。

（二）二次供水污染原因

二次供水污染原因主要如下。

（1）二次供水管线与消防用水管线或工业用水管线连接；储水池（水箱）的溢水管和排水管直接与下水道管线连接；水箱的出水没有采取防止二次污染的措施；水箱内壁涂料不符合卫生要求，涂料易发生溶解和脱落。

（2）水箱材料问题，如铁质材料腐蚀，使水染锈色，或使用劣质涂料，溶出物浓度太高，使水有异味；水泥水箱内壁不光滑，不利于清洗；钢板水箱易生锈，污染水质；水箱观察孔（入孔、出孔）无盖、无锁；水箱无通气孔，溢水管的开口无防护网罩等。

（3）不定期清洗、消毒；消毒设施不能正常运转，滋生细菌；二次供水不定期检测或监测的项目不达标；水箱周围环境脏乱，水箱盖不严密等。

（三）二次供水卫生要求

《城市供水水质管理规定》要求，二次供水管理单位应当建立水质管理制度，配备专（兼）职人员，加强水质管理，定期进行水质检测并对各类储水设施清洗消毒（每半年不得少于一次）。不具备相应水质检测能力的，应当委托经质量技术监督部门认定的水质检测机构进行检测。另外，《二次供水工程技术规程》（CJJ 140—2010）对二次供水的相关卫生要求进行了规定。

1. 供水系统的卫生要求

（1）新建、改建、扩建的二次供水工程，应进行预防性卫生评价。

（2）二次供水使用的水箱及净化、软化、消毒、输配水设备与防护涂料等，必须有省级以上（包括省级）卫生行政部门颁发的卫生许可批件或其他有效的卫生安全证明文件。

（3）二次供水设施周围应保持环境整洁，要有排水设施，供水设备应运转正常。

（4）二次供水设施应便于清洗，不污染水质，不对饮水造成不良影响。

2. 设计的卫生要求

（1）水箱设计卫生要求。当水箱选用不锈钢材料时，焊接材料应与水箱材质相匹配，焊缝应进行抗氧化处理；水池（箱）宜独立设置且结构合理、内壁光洁、内拉筋无毛刺、不渗漏；水池（箱）距污染源、污染物的距离应符合现行国家标准《建筑给水排水设计标准》（GB 50015—2019）

《建筑给水排水设计标准》

的规定；水池（箱）应设置在维护方便、通风良好、不结冰的室内。室外设置的水池（箱）及管道应有防冻、隔热措施；当水池（箱）容积大于 $50m^3$ 时，应分为容积基本相等的两格，并能独立工作；水池高度不宜超过 3.5m，水箱高度不宜超过 3m，当水池（箱）高度大于 1.5m 时，水池（箱）内外应设置爬梯；建筑物内水池（箱）侧壁与墙面间距不宜小于 0.7m，安装有管道侧面的净距不宜小于 1.0m；水池（箱）与室内建筑凸出部分间距不宜小于 0.5m；水池（箱）顶部与楼板间距不宜小于 0.8m；水池（箱）底部应架空，距地面不宜小于 0.5m，并应具有排水条件；水池（箱）应设进水管、出水管、溢流管、泄水管、通气管等。

（2）管道与附件卫生要求。二次供水给水管道及附件应采用耐腐蚀、寿命长、水头损失小、安装方便、便于维护、卫生环保的材质，并应符合相应的压力等级；严禁使用国家明令淘汰的产品；管道、附件及连接方式应根据不同管材，按相应技术要求确定；二次供水管道需有标识，标识应为蓝色；严禁将二次供水管道与非饮用水管道连接；根据当地的气候条件，二次供水管道应采取隔热或防冻措施，室外明设的非金属管道应避免曝晒和紫外线的侵害；应根据管径承受压力及安装环境等条件，采用水力条件好、关闭灵活、耐腐蚀、寿命长的阀门；阀门应设置在易操作和方便检修的位置；室外阀门宜设置在阀门井内或使用阀门套筒；二次供水管道的下列环状管道分段处、从主干管上接出的支管起始端部位、水表前后处及自动排气阀、泄压阀、压力表等附件前端，减压阀与倒流防止器前、后端等都应设置阀门。

（3）消毒设备卫生要求。二次供水设施的水池（箱）应设置消毒设备；消毒设备可选择臭氧发生器、紫外线消毒器和水箱自洁消毒器等，其设计、安装和使用应符合国家现行有关标准的规定；臭氧发生器应设置尾气消除装置；紫外线消毒器应具备对紫外线照射强度的在线检测，并具有自动清洗功能，水箱自洁消毒器宜外置。

3. 施工卫生要求

施工单位必须按要求进行施工；施工验收必须由卫生行政部门参与，按规范要求进行二次供水工程的卫生验收；必须经卫生部门检验，符合规范水质要求后，二次供水设施方能投入使用。

4. 日常管理的卫生要求

管理部门每年应对二次供水系统至少进行一两次全面的清洗、消毒和水质检验；凡二次供水水质细菌学指标不合格者，必须建消毒处理设施；做到及时发现和消除污染隐患，保证居民饮水卫生安全；发生间断供水时，必须保证水质不受污染。

（四）饮用水污染的认定流程

1. 饮用水的感官性状发生改变

饮用水用户或者饮用者有较为一致的物理感官性状反映，即在供水区域内发现饮用水出现异色、异臭、异味、浑浊，有肉眼可见物。有机污染或生物性污染，特别是人或动物粪便污染时较明显，化学污染有时不是很明显。符合卫生要求的饮用水透明、不浑浊，无异色、异臭和异味，无肉眼可见物。

（1）饮用水浑浊、不透明。水中二价铁盐含量高，与空气接触后产生氢氧化铁，水中出现黄色乳状浑浊物；水被工业废水和生活污水污染，浑浊度高。

（2）饮用水出现异色。植物在水中腐烂，使水产生棕色、黄色（金属铬污染也会出现黄色）；当水中繁殖大量水生植物并含有铁离子时，水生植物的草宁酸及没食子酸与铁离子发生化合反应，使水产生灰白色；水中含有铁盐、镉盐时，水会出现褐色或黄褐色，只含镉盐时为纯黑色；水中含有硫化氢氧化物时，出现浅蓝色；水中含有黏土颗粒时，出现乳白色；水中藻类大量繁殖时，出现浅绿色、红色（水中出现红色有时是铁污染）；水中含有金属锌，出现白色；水中含有铜时，出现绿色或蓝色。

（3）饮用水产生异臭。人畜粪便、屠宰废水污染，会出现腐臭；水出现草腥臭、沼泽腥臭时，是因为水中生长有大量的藻类；水中植物性浮游生物大量繁殖时，出现芳香臭；水中蓝藻繁殖或放线菌繁殖时，出现霉臭和土臭；有机溶剂污染水时，出现药物臭；输水管生锈，出现金属臭；生活污水污染，出现腐败臭。

（4）饮用水出现异味。水中铁盐的含量大于 0.3～0.5mg/L 时，有蓝墨水味或铁味；水中含有大量的硫化钙时，有涩味（铁盐污染也会出现涩味）；水被硫酸镁、硫酸钠污染时，有苦味；被氯化物污染时，有咸味；水中动物、植物腐烂，有腐败味；水中含有硫酸钙时，有收敛味；水中含有大量腐殖质时，有沼泽味。

2. 饮用者有共同的症状反映

饮用水用户或者饮用者中有一定数量的人群出现一系列共同的症状反应或不适反应，其不适症状和表现出现的时间（即潜伏期）若在饮用水后 12～24 小时内发生，可能是化学性的有毒有害物引起的；若是在饮用水后几天或更长时间发生，则可能是病原微生物所致。

3. 污染原因确定

饮用水发生污染后，要通过调查明确饮用水水源或饮用水管网受到污染，确定主要污染源，确认主要污染物和污染途径。其中主要污染源的确定是关键，必须在掌握水源防护范围内工业企业的生产情况、废水（污水）的处理及排放情况、垃圾及粪便无害化处理情况等前提下，对废水排放量比较大的企业和单位的废水量、主要污染物逐一进行调查、监测、比较、分析才能确认。

4. 水质检验证实

通过测定水源水、出厂水、末梢水及用户水中有代表性的水龙头水，测出共同的污染物，并确定与主要污染源排放的废水中所含的主要污染物一致，其检出量可能是生活饮用水卫生标准规定限值的数倍甚至是几十倍。如果是生物性污染物，可在罹患者的排泄物中及罹患者家中的水龙头水中检测相同的或者同属的病原微生物。

5. 流行病学调查证实

经流行病学调查，患者集中分布在同一供水区域内；病例的出现呈集中式暴发态势；患者的主要症状反应相似；对患者的体格检查，其体征相似；潜伏期相似；患者的主要症状和表现，与污染物（病原体）对机体的特异作用一致。

二、物业二次供水管理

《二次供水工程技术规程》对二次供水企业有以下规定：

（一）一般规定

（1）二次供水设施的运行、维护与管理应有专门的机构和人员。

（2）管理机构应制定二次供水管理制度和应急预案。

（3）运行管理人员应具备相应的专业技能，熟悉二次供水设施、设备的技术性能和运行要求，并应持有健康证明。

（4）管理机构应制定设备运行操作规程，包括操作要求、操作程序、故障处理、安全生产和日常保养维护要求等。

（5）管理机构应建立健全各项报表制度，包括设备运行、水质、维修、服务和收费的月报、年报。

（6）采用叠压供水的用户变更用水性质时，应经供水企业同意。

（7）管理机构应建立健全室外管道与设备、设施的运行、维修、维护档案管理制度。

（二）设施维护

（1）管理机构应建立日常保养、定期维护和大修理的分级维护检修制度，运行管理人员应按规定对设施进行定期维修保养。

（2）运行管理人员必须严格按照操作规程进行操作，对设备的运行情况及相关仪表、阀门按制度规定进行经常性检查，并做好运行和维修记录。记录内容应包括交接班记录、设备运行记录、设备维护保养记录、管网维护维修记录、故障或事故处理记录。

（3）运行管理人员不得随意更改已设定的运行控制参数。

（4）二次供水设施出现故障应及时抢修，尽快恢复供水。

（5）泵房内应整洁，严禁存放易燃、易爆、易腐蚀及可能造成环境污染的物品。泵房应保持清洁、通风，确保设备运行环境处于符合规定的湿度和温度范围。

（三）安全运行管理

（1）管理机构应采取安全防范措施，加强对泵房、水池（箱）等二次供水设施重要部位的安全管理。

（2）运行管理人员应定期巡检设施运行状况及室外埋地管网，严禁在泵房、水池（箱）周围堆放杂物，不得在管线上压、埋、围、占，及时制止和消除影响二次供水安全的因素。

（3）运行管理人员应定期检查泵房内的排水设施、水池（箱）的液位控制系统、消毒设施、各类仪表、阀门井等，以保证阀门井盖不缺失、阀门不漏水；自动排气阀、倒流防止器运行正常。

（4）运行管理人员应定期分析供水情况，经常进行二次供水设备安全检查，及时排除影响二次供水安全的各种隐患。

（5）运行管理人员应定期检查并及时维护室内管道，保证室内管道无漏水或渗水现象。及时调整并记录减压阀工作情况，包括水压、流量以及管道的承压情况。

（6）水池（箱）必须定期清洗消毒，每半年不得少于一次，并应同时对水质进行检测。

(7) 水质检测项目应包括色度、浊度、嗅味、肉眼可见物、pH 值、大肠杆菌、细菌总数、余氯，水质检测取水点宜设在水池（箱）出水口处，水质检测记录应存档备案。

资料链接

某物业二次供水管理制度

一、管理部门职责

为确保二次供水水质符合生活饮用水水质卫生相关要求，保护小区居民及员工的身体健康，根据国家对省、市、区卫生行政职能部门的规定和要求，结合物业实际情况，设立二次供水管理部，主要职责为：

(1) 制订物业二次供水安全计划并上报所在地城市供水主管部门备案。

(2) 按照有关规定，对其管理的二次供水设施定期巡查和维修保养；负责二次供水设备、设施的及时维修和更换，并保证使用的各种净水、除垢、消毒材料符合《生活饮用水卫生标准》。

(3) 建立健全检测自检和送检制度，提高水质安全水平。

(4) 做好各项检测分析资料和水质报表存档工作。

(5) 定期向所在地城市供水主管部门如实报告供水水质检测数据；积极主动配合区卫生监督职能部门，加强对本物业二次供水设施的管理，并接受监督检查。

(6) 负责组织员工认真学习二次供水的相关法规，切实做好二次供水的卫生管理工作。

(7) 负责人员分工与组织工作。专人负责二次供水设备、设施、水质、安全等的具体管理。直接从事二次供水设备、设施清洗、消毒以及质检的工作人员，必须每年体检一次，并取得卫生行政主管部门统一发放的健康合格证方可上岗。

(8) 负责二次供水设施的清洗、消毒工作。聘请专业清洗人员，每年清洗、消毒两次，建立档案并接受区卫生监督部门的抽样检测，确保水质安全卫生。

(9) 负责二次供水清洁卫生工作。保持二次供水设施周围环境的清洁，做到高、低水箱（池）周围 10m 内无工业、生活污染，确保水质卫生，采取必要的安全防范措施，对水箱（池）加盖、加锁。

二、二次供水卫生安全制度

(1) 生活饮水卫生许可证要按期审核并悬挂在显著位置。

(2) 负责供管生活饮用水的人员必须认真学习《生活饮用水卫生监督管理办法》《二次供水设施卫生规范》等法律文件和相关卫生知识。凡从事供管水的人员上岗前必须进行健康检查和卫生知识培训，取得健康合格证和卫生知识培训合格证后方可上岗。凡患有痢疾、伤寒、病毒性肝炎、活动性肺结核、化脓性或渗出性皮肤病及其他有碍饮用水卫生的疾病的和病原携带者，不得从事与二次供水卫生管理和清洁维修相关的工作。

(3) 公共场所二次供水设施选址、设计、施工及所用材料，应保证不使饮用水水质受到污染，并有利于清洗和消毒。二次供水设计审查和工程验收必须上报卫生监督部门审查，合格后方能投入使用。

(4) 二次供水水池或水箱应加盖、加锁，并保持二次供水设施周围的环境卫生，二次供水各级水池的入水孔、排气孔、溢流管孔应加装砂网，水箱周围2m内不得设有污水管线及存在污染源。二次供水设施要设专人管理，每天对供水设施和水质进行检查，保持环境卫生，排水通畅。如发现问题要及时处理，重大问题要及时报告主管领导，并做好详细记录。

(5) 二次供水的管线不得与市政管线直接相通，不得与非饮用水管直接连通，不得与大便器、小便斗直接连接。水池的排气管和溢流管可以是同一管道，但不得与其他管道相连，不得与排水池相连，应距离地面50cm以上。

(6) 对蓄水池和水箱每年进行清洗、消毒，并做好相应的记录，清洗后及时对水质进行送检。

(7) 采购涉水产品要严格索证，任何人不得采购和使用国家明令禁止的涉水产品及部件。

(8) 当公共场所二次供水水质受到污染时，经营者应立即采取措施，并及时向当地卫生、供水部门报告。

三、水泵房管理制度

(1) 水泵房设备等由管理处指定专人负责监控、清洁及日常运行巡视。

(2) 水泵房内的机电设备、仪器由值班人员负责操作，无关人员不得进入水泵房，严禁非值班人员操作各种开关、按钮。

(3) 消防泵、生活泵、污水泵及各类控制开关、按钮、阀门都应有明显的操作标志，且简单易懂，正确无误。

(4) 水泵、仪表、阀门控制开关应定期检查，发现问题及时通知工程部机电维修组进行维修、更换，确保控制性能良好。

四、水池（箱）管理制度

(1) 由管理处指派责任心强、持有健康合格证的人员负责水池（箱）的日常管理工作。

(2) 水池（箱）容积及管道口径应满足用水需求，生活用水与消防用水管道布置合理，没有死水区。

(3) 水池（箱）结构坚实、牢固、光洁、不渗漏、耐腐蚀；水池（箱）入水孔必须加盖、加锁，锁匙由专人保管；水池（箱）溢流管孔、排气孔应有防蚊虫进入的不锈钢网；溢流管、排空管不得与下水道直接相连。

(4) 水池（箱）每年由专业清洗公司清洗、消毒至少一次，并取得有资质的第三方水质检测单位的水质检测合格证明。在水质二次污染高发期应适当增加清洗次数，定期投放适量消毒剂。

(5) 水池（箱）管道、阀门定期维护，发现跑、冒、滴、漏现象，应立即组织维修、更换。非管理人员不得随意开启或关闭水池（箱）阀门。

(6) 水池（箱）四周应保持清洁，定期消杀；周围30m范围内，禁止设置旱厕或堆放垃圾。

五、二次供水卫生档案管理制度

(1) 二次供水卫生管理档案由专人负责，专人、专柜保管。

(2) 二次供水卫生管理档案每年进行一次系统整理。

(3) 卫生监督部门的检查笔录、意见书等相关材料和本单位日常检查记录、奖惩意见等要及时归档。

档案内容包括经营单位二次供水卫生申请基础资料、单位卫生机构、卫生区域划分、各项卫生制度、各种监督检查记录、个人健康检查、禁忌调离通知书、卫生知识培训、水质消毒自检记录、水质检验报告、奖惩登记、清池记录等。

三、物业二次供水应急预案

为了及时调查、处理物业二次供水突发卫生事件，降低事故对人体健康造成的损害，必须制订物业二次供水突发卫生事件应急预案。

(一) 应急预案制度

(1) 为防止突发供水场所危害健康的卫生事件发生，应建立单位传染病防治组织和机构，明确组织分工和职责，健全供水场所危害健康事件的报告制度。

(2) 积极开展预防传染病的卫生健康教育，积极配合卫生部门开展传染病防治工作。消除各种传染性疾病和其他可能对人体健康造成危害的各种因素。

(3) 当供水场所发生生活饮用水被污染或因饮用水被污染而引发传染病流行或中毒突发公共卫生事件时，应立即启动突发供水场所卫生事件应急预案，单位负责人及卫生负责人应按照《中华人民共和国传染病防治法》和《突发公共卫生事件应急条例》的要求及时向卫生行政部门报告。

(4) 发生卫生突发事件时，应立即停止供水活动，及时抢救中毒人员（事件受害人），并负责保护好事故现场。

(5) 积极配合卫生行政部门（卫生监督机构和疾病预防控制机构）进行现场事故调查，控制危害蔓延。

(6) 卫生突发事件现场调查处理工作结束后，及时撰写本单位事件总结报告，上报有关单位并存档备案。

(二) 应急预案分级

根据二次供水条件，对水污染的性质、严重程度、可控性和影响范围等因素进行分级，有助于更好地进行应急管理。

资料链接

某小区二次供水应急预案分级

1. 因突发性事件造成大范围严重污染的，供水必须立即停止或在 12 小时内停止，停供时间预计在 5 天（含 5 天）以上的，为特别重大水污染事件。

2. 因突发性事件造成严重污染，预计在 12 小时后须停止供水的，且停供时间预计少于5天的为重大水污染事件。

3. 因突发性事件造成局部污染，不经适当处置可能会影响供水的为较大水污染事件。

4. 因突发性事件造成局部污染，经自然净化或适当处置后能维持水质原状的为一般水污染事件。

（三）应急处理原则

1. 统一

统一指挥，统一使用人力、物力；在统一的任务和目标的前提下，明确分工，各司其职，密切合作。

2. 快速

决策快、反应快、行动快，能在半分钟内完成，决不延长到一分钟。

3. 科学

实事求是，按规律办事，尊重事实，一切结论以调查和数据为准；一切应急措施以保护人的健康、抢救人的生命为目的。

（四）应急处理程序

1. 报告

饮用水污染事件发生后，必须以最快的速度逐级上报。遇生活饮用水水质污染或因不明原因水质突然恶化及水源性疾病暴发时，供水单位发现上述情况后应立即采取应急措施，以最快的方式报告当地卫生行政部门，并及时进行水质检验，报送处理报告，不得隐瞒、缓报、谎报或者接受他人隐瞒、缓报、谎报。

报告内容包括发生的时间；事件发生的详细地址；事件的详细情况（用户和饮用者的反映、饮用水水质情况、饮用者的健康状况）；患者的主要症状和表现；发病人数和死亡人数；患者救治情况（在家人数，住院人数）；报告者姓名、住址、单位、联系电话等。

2. 核实

物业二次供水部门管理人员迅速赶事件发生现场，核实有关情况。核实内容有生活饮用水的污染现状，包括污染性质，污染的范围，污染的饮用水范围和饮用者的分布；饮用者的健康状况，包括饮用者的发病人数，病情严重情况，有无死亡病例，病人的处理情况（在家人数，住院人数）；饮用者对水质的反应，包括感官性状反应，引用后身体的不适反应和症状反应；采集有代表性的水样和罹患者的呕吐物、排泄物、食物等留待检验。

3. 现场调查采样准备

主要包括准备监测仪器、取证工具、选择对照区域。

4. 调查水质污染状况

主要包括饮用者对水质的反应，饮用前对水质感官性状的反应，饮用时的不适反应和饮用后的主要症状反应；供水设施调查，主要检查居民区二次供水设施、水源卫生防护与污染情况、水源防护范围内的卫生状况、水质净化和消毒情况等。

5. 调查饮用者健康状况

主要包括首发病例，饮水量，饮水习惯（是否喝生水），发病情况，主要症状反应等；

继发病例，与饮用水的关系，饮水和饮食习惯，继发原因（是否为同一供水区域），主要症状反映，总发病人数等；患者的主要症状和表现，临床诊断，临床检查及化验所见；患者性别、年龄，病例发生时间和空间等。

6. 撰写饮用水污染事件调查和处理报告

（1）概况。包括发生的日期、时间、地点、污染的严重程度；当地过去和现在的水质状况；污染发展的过程和表现；所采取的应急措施等。

（2）现场调查结果。包括饮用水用户、罹患者的反应；供水设施、水源、管网等的调查和水质化验结果。

（3）污染原因分析。主要分析污染事件发生的直接原因和间接原因。

（4）事件发生的经验教训。主要分析导致污染事件发生的人为原因。

撰写调查和处理报告的注意事项：要及时撰写污染事件报告，要有较强的时效性，应在调查后立即组织撰写（针对具体问题发简报）；要突出实事求是，所用材料均是调查所见，用户及罹患者所言，样品化验所得的结果，患者的症状和表现为主治医生在病例上的记载。因此，要对报告的调查材料和统计数据反复核实。

7. 报告单位和报告时限

要对报告单位和报告时限进行说明。

（五）处理物业二次供水水污染事件应注意的问题

（1）准备工作应充分。

（2）调查应全面、具体。

（3）忌开“大处方”，即在现场不做初步判断，而对所有可以检测的项目在实验室进行检测，再根据检测结果提出处理措施。

（4）处理应及时，措施要得当，报告要及时、全面。

案例评析

根据《城市供水水质管理规定》，二次供水是指单位或者个人使用储存、加压等设施，将城市公共供水或者自建设施供水经储存、加压后再供用户使用的形式。

根据《城市供水水质管理规定》，经二次供水到达用户的，水质由二次供水管理单位负责。如果物业实行二次供水，应当建立水质管理制度，配备专（兼）职人员，加强水质管理，定期进行水质检测并对各类储水设施清洗消毒（每半年不得少于一次）。不具备相应水质检测能力的，应当委托经质量技术监督部门认定的水质检测机构进行检测。另外，对供水系统、设计、施工、日常管理等方面的工作都有相应的卫生要求。

项目小结

水资源是人类最重要的自然资源，也是人类赖以生存和发展的基本条件，水资源的可持续利用，是社会、经济可持续发展重要的保证。由于水污染会损害人体健康、破坏自然资源和降低经济活动效益，因此，要做水质检测工作，为民众的身体健康提供保障。水质检测主要是检验水质指标是否符合国家要求的水质标准，也是水质监测的重要内容。水质检测可以通过化学法、电化学法、原子吸收分光光度法、离子色谱法、气相色谱法等方法进行，具体以国家相应的标准为依据。

随着城市的发展，二次供水已成为城市供水中不可缺少的环节。二次供水缓解了城市供水压力和水量分配的不平衡，解决了高层建筑居民的用水问题。因此，二次供水的物业企业必须根据相关规定，制定相应的规章制度和应急预案，以保障居民饮用水安全。

拓展园地

《“十四五”城镇污水处理及资源化利用发展规划》（节选）

污水收集处理及资源化利用设施是城镇环境基础设施的核心组成，是深入打好污染防治攻坚战的重要抓手，对于改善城镇人居环境，推进城市治理体系和治理能力现代化，加快生态文明建设，推动高质量发展具有重要作用。“十三五”以来各地区各部门深入贯彻习近平生态文明思想，认真落实党中央、国务院决策部署，不断加大城镇污水处理设施建设和运行管理力度，污水收集处理能力水平显著提升，完成了《“十三五”全国城镇污水处理及再生利用设施建设规划》目标。同时也要清醒看到，我国城镇污水收集处理存在发展不平衡不充分问题，短板弱项依然突出。特别是污水管网建设改造滞后、污水资源化利用水平偏低、污泥无害化处置不规范、设施可持续运维能力不强等问题，与实现高质量发展还存在差距。“十四五”时期，是我国全面建成小康社会、实现第一个百年奋斗目标之后，乘势而上开启全面建设社会主义现代化国家新征程、向第二个百年奋斗目标进军的第一个五年，是进入新发展阶段、推动高质量发展的重要时期。“十四五”时期，应以建设高质量城镇污水处理体系为主题，从增量建设为主转向系统提质增效与结构调整优化并重，提升存量、做优增量，系统推进城镇污水处理设施高质量建设和运维，有效改善我国城镇水生态环境质量，不断提升人民群众的幸福感、获得感和安全感。

到 2025 年，基本消除城市建成区生活污水直排口和收集处理设施空白区，全国城市生活污水集中收集率力争达到70%以上；城市和县城污水处理能力基本满足经济社会发展需要，县城污水处理率达到95%以上；水环境敏感地区污水处理基本达到一级 A 排放标准；全国地级及以上缺水城市再生水利用率达到 25%以上，京津冀地区达到 35%以上，黄河流域中下游地级及以上缺水城市力争达到 30%；城市和县城污泥无害化、资源化利用水平进一步提升，城市污泥无害化处置率达到 90%以上；长江经济带、黄河流域、京津冀地区建制镇污水收集处理能力、污泥无害化处置水平明显提升。

到 2035 年，城市生活污水收集管网基本全覆盖，城镇污水处理能力全覆盖，全面实现污泥无害化处置，污水污泥资源化利用水平显著提升，城镇污水得到安全高效处理，全民共享绿色、生态、安全的城镇水生态环境。

资料来源：国家发展改革委，住房和城乡建设部．《“十四五”城镇污水处理及资源化利用发展规划》．中华人民共和国国家发展改革委员会网站，2021－06－11.

思考：

规划中体现了社会主义制度的哪些优越性？作为物业人该如何行动？

实训练习

一、名词解释

物业水污染　　中水　　水质　　水质检测　　水质指标　　二次供水

二、简答题

1. 物业水污染的主要来源是什么？
2. 水质检测有哪些方法？
3. 目前国家公布的饮用水检测方法的标准是什么？
4. 根据国家标准，生活饮用水水质卫生必须符合哪些要求？
5. 如何认定饮用水污染？
6. 物业二次供水对安全运行管理有哪些要求？
7. 物业二次供水应急处理应遵循哪些原则？

三、案例分析题

案例名称	物业水箱清洗缺少监管　清洗后水质抽检大有猫腻
工作任务	每年春季，许多物业楼顶上的水箱都要开始新一轮的清洗。根据上海市的相关调查，目前不少物业的水箱清洗作业都缺少监管，清洗后的水质抽检结果也大有猫腻。 清洗到底是如何操作的？某小区居民黄阿姨曾偶然看到这一过程，几个非专业人员穿着平时干活的靴子直接进入水箱，然后随便一冲洗就草草了事。“你们怎么穿着鞋就走进去了？要晓得这是我们要饮用的水。”黄阿姨又疑惑又气愤地询问。原来这几个人是该小区的电工，清洗水箱一共用时十五分钟。另一小区的周先生还碰到了更奇怪的事，被通知清洗水箱的那一天，家里水都没有停。“贴了单子说 26 号来清理水箱，可是 26 号我们把水都接好了物业也没来。我想 27 号可能会来，27 号也没来，我 28 号就打电话给物业了。”物业回答：清洗已完成。 从事多年物业工作的老王表示，这种连水都不停就自称清洗过的做法算是个案，而实际上许多物业在清洗水箱中的做法和这种相比是“五十步笑百步”。有的是物业公司拿了清洗费不作为，有的则是外包的保洁公司拿了钱糊弄了事。“现在上海不是规定要有卫生健康合格证嘛，我可以借用别人的证……天热的话他们就穿着拖鞋赤着脚下去，所以有的时候你不洗还比洗干净呢。问题是清洗工作的事前、事中、事后都没有监督的。”老王说。 据统计，目前上海市约有 14 万只水箱，难道它们就真的没人监管吗？实际上，所有物业都必须每年向房管部门提交每次清洗水箱后的水质抽检报告，而这份报告是由上海市疾病预防控制中心出具的。按理说，通过这种不负责任的方式清洗后的水箱中水的水质应该很难通过检测。然而记者走访了多个小区后发现，几乎所有的物业都能拿出合格的抽检报告，这是怎么回事？老王为我们揭开了谜底：“洗好以后由物业公司提供水样到疾控中心去化验，有的就到疾控中心门口买瓶矿泉水倒掉一点，到疾控中心接一点自来水，然后去化验。”据了解，如今疾控中心的抽检规则有所变动，那就是送来检测的水必须使用他们提供的专用瓶子装。 在监管不得力，物业这个“管家”又不靠谱的现状下，一位资深的小区业主委员会主任说：“那就靠自己吧。”他们小区就是每次清洗都派业主代表全程监督，这种方法听起来是个麻烦的“笨办法”，但却很有效。 资料来源：http：//www.sina.com.

续前表

案例名称	物业水箱清洗缺少监管　清洗后水质抽检大有猫腻
完成时间	15 分钟
任务目标	了解物业二次供水管理要求
任务要求	1. 物业在水箱清洗过程中违反了哪些管理要求？ 2. 对于水质检测监管不力的问题，你有何建议？
研讨内容	
研讨成果	
讨论过程	
自我角色	
自我评价	
小组评价	
教师评价	

项目七 物业水景管理

问题引入

"仁者乐山，智者乐水"，与水为邻、依山而居一直是现代人追求的生活方式。世界上的豪宅无不择水而建，中国自古以来也有择水而居的传统。水景房迎合了人们亲近自然和追求健康的心理需求。水景的生态效益给人心灵带来的共鸣与愉悦也是不言而喻的。最新调查表明，有70%的消费者认为水景是好住宅必备的条件，在水景与朝向不能兼得时，47.8%的购房者放弃朝向选择水景。一般而言，同一地段的水景住宅的价格要比普通住宅的高出10%～15%。因此，水景楼盘往往成为开发商的主打产品。

然而，美丽的水景景观往往需要投入大量的人力、物力、财力去维护，你知道水景景观需要进行哪些维护和管理吗？维护需要多少费用吗？

任务导读

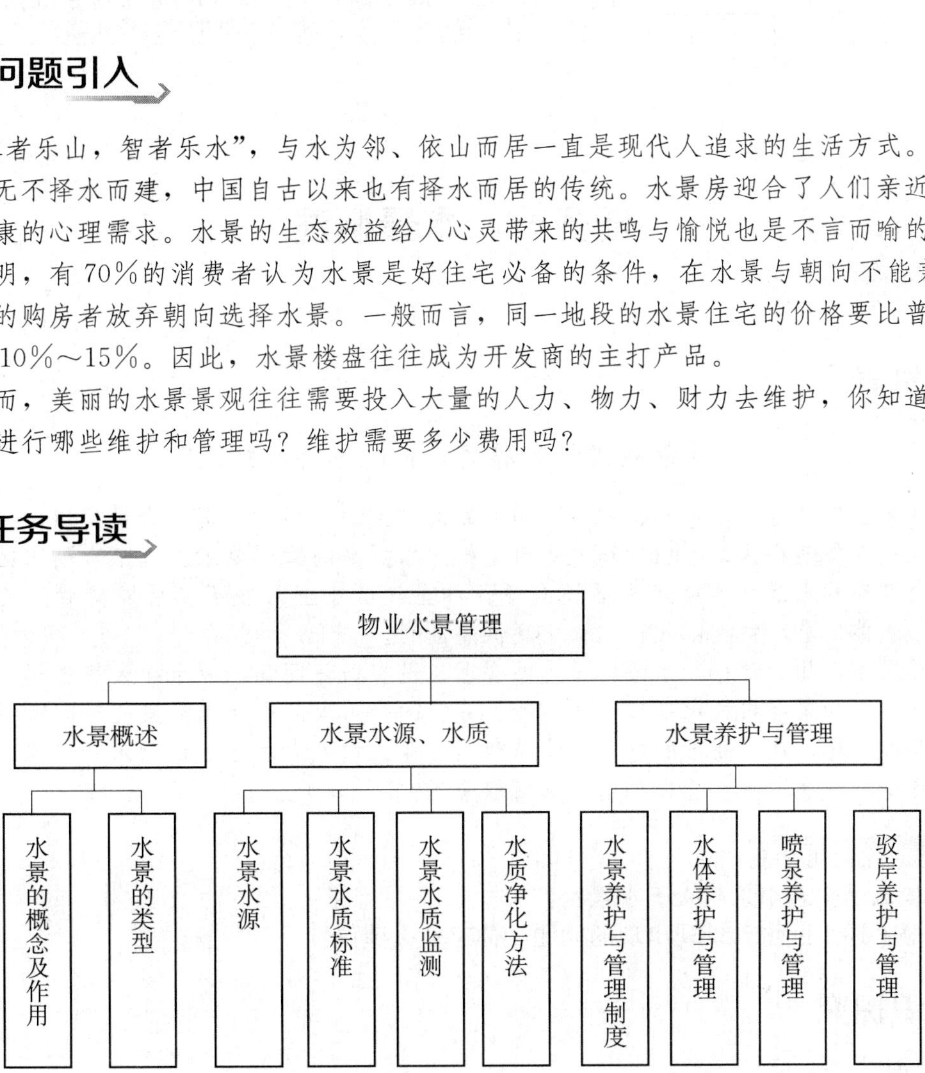

学习目标

- 学习目标
  - 知识目标
    - 了解水景的作用、净化方法，水景水质标准及监测方法。
    - 认识景观水的来源、水质恶化的原因。
    - 掌握常见的水景景观种类及特征。
    - 掌握水景景观常用养护设备的操作、材料的使用及日常维护管理。
  - 能力目标
    - 能根据不同水景景观构成、控制和材质合理安排最佳的养护方案。
    - 会根据水景景观进行设备养护、外观养护及基础防护等。
    - 会根据不同的环境和季节做好水景景观的特殊养护管理。
  - 素质目标
    - 通过阅读《中国古代的雨水再利用》，了解中华民族传统生态涵护技术，增强民族自豪感；树立合理用水、节约用水的生态环境保护意识，培养节约型、可持续发展的社会责任感。

任务一　水景概述

案例导入

水景景观设计挺漂亮，何时不再成摆设？

近年来，以“生态、自然、水景”为主题的“亲水”楼房、别墅大量推出，并在市场上热销，这对住宅小区的物业管理服务者也提出了更高的管理要求。北京市朝阳区某小区南门有个漂亮的水池和喷泉，里面还有睡莲和鱼，但业主入住不久后发现喷泉长期不喷水，夏季水体发臭，蚊虫乱飞，水面上还漂着死鱼。

究其原因，物业解释，水池的设计不合理，没有循环设备，池水在天气炎热的时候特别容易发臭。如果经常放水清理水池，业主分担的费用太多；人工喷泉长时间喷涌会造成设施、部件损坏，产生高昂的电费和维修费，物业公司无力承担。面对水景与水、电、维修等的费用，业主和物业管理公司该如何取舍呢？

? 问题与思考

1. 什么是生态水景与人工水景？
2. 对上述小区水景景观出现的问题，你有什么建议？

知识探究

一、水景的概念及作用

（一）水景的概念

所谓水景，就是以水为主要景观要素而营造的环境景观，即利用瀑布、跌水、水帘、湍流、急流、缓流、静水、膜流、水雾等水的形态形成各种特色的水道、湖、塘、池、泉等室内外景观。在现代城市居住区，以水为主题，美化、活跃户外景观，改善生态环境条件的水景皆称为居住区水景。常见的居住区水景主要有喷泉、瀑布、池塘、游泳池、溪流等。驳岸也是以水体为背景构筑的一种园林观赏形态，在实践中既能起到防泥土坍塌、防波浪冲刷的作用，又能让业主安全亲近水体。

（二）水景的作用

1. 美化环境空间

水景是建筑空间和环境空间的一个组成部分，主要由各种形态的水流组成。水流的基本形态有镜池、溪流、叠流、瀑布、水幕、喷泉、涌泉、冰塔、水膜、水雾、孔流、珠泉等，若将以上基本形态灵活组合，又可构成不同姿态的水景。水景配以音乐、灯光可形成千姿百态的动态声光立体水流造型，不仅能装饰、衬托和加强建筑物、构筑物、艺术雕塑以及特定环境的艺术效果和气氛，而且还具有美化生活环境的作用。

2. 改善小区气候

水景可起到像大海、森林、草原和河湖等净化空气的作用，使小区的空气更加清洁、新鲜、湿润，使人心情舒畅、精神振奋、消除烦躁。这是因为：

（1）水景可增加附近空气的湿度，尤其是在炎热干燥的地区，其作用更明显。

（2）水景可增加附近空气中负离子的浓度，减少悬浮细菌数量，改善空气的卫生状况。

（3）水景可大大减少空气中的含尘量，使空气清新、洁净。

3. 综合利用资源

（1）利用各种喷头的喷水降温作用，使水景工程兼作循环冷却池。

（2）如果水池容积较大，水流还能起到充氧和防止水质腐败的作用，使之兼作消防水池或绿化储水池。

（3）利用水流的充氧作用，使水池兼作养鱼池。

（4）水景工程水流的特殊形态和变化很受儿童喜爱，所以水池可兼作儿童戏水池。

（5）利用水景工程吸引游客的特点，为公园、商场、展览馆、游乐场、舞厅、宾馆等招徕顾客。

（6）水景可以作为经营项目，进行各种水景表演。

二、水景的类型

（一）按水景的形式分

（1）景观河道：包含生态型景观河道、人工水渠、季节性水渠等。

（2）可接触性景观水景：包含喷泉、涌泉、跌水等。

（3）景观湖泊：包含生态型湖泊、人工型湖泊等。

（二）按水景的使用功能分

（1）观赏的水景：主要功能是构成园林景色，一般面积较小。
（2）供开展水上活动的水景：一般面积较大，水深适当且为静止水。

（三）按水源的状态分

（1）静态的水源：水面比较平静，能反映波光倒影，如湖、池、潭。
（2）动态的水源：水流是运动着的，如涧溪、跌水、瀑布、喷泉等。

（四）按水景的营造方式分

（1）生态水景：利用地势或土建结构，通过模仿自然水的生态循环过程营造的水景。
（2）人工水景：依靠人工设备等营造的水景，如喷泉、跌水、小瀑布等。

资料链接

生态型水景住宅

水景住宅是指依水而建的房屋。生态型水景住宅是以可持续发展为原则，以生态学为基础，设计、组织住宅内外空间的资源和能源，尽可能达到小区内外之间的平衡和循环使用，从而最少量地使用资源、能源，减少对环境的冲击，营造自然和谐、健康舒适的居住环境。住宅区太阳能、绿色材料的运用，以及中水系统的建立、固体废物的处理等，将成为生态住宅的发展重点。生态型水景住宅是未来住宅的发展趋势。在建造生态型水景住宅时应注意以下几点：

第一，水景的设置能否提高住宅的品质，丰富空间环境，增强居住的舒适感。

第二，水景是否有利于净化空气，改善小区小气候。

第三，水景是否能营造回归自然的氛围，给人真正意义的精神享受。

第四，能否保证水景的正常运行与维护。

案例评析

生态水景是指利用地势或土建结构，通过模仿自然水的生态循环过程营造的水景。人工水景是指依靠人工设备等营造的水景。

面对案例中出现的问题，物业公司不能回避，应与业主积极沟通，经过协助，取得共识。具体可以从以下几方面沟通：是否可以增设水循环设备？是否可以养殖和种植有助于水净化的动植物？关于使用喷泉产生的运营费用和维护费用，物业公司可与业主先行沟通，如果协商不成，可以通过政府部门或司法部门解决。

任务二　水景水源、水质

案例导入

自来水作为人工湖补水水源，难道水质也会有问题？

中水、自然湖水作为人工湖补水水源，由于污染物较多，必须要进行水质处理，目前也得到了一致认可。若采用自来水作为补水水源，对其水质也需要进行处理吗？

答案是肯定的。自来水并不干净。自来水是地表水经过沉淀、过滤、消毒后生产出来的水，主要是对水中的颗粒物和细菌进行了去除，而水中原本存在的氮、磷等溶解性物质并没有被去除。由于含氮、磷等溶解性物质的湖水会发绿，所以，补充完自来水的人工湖几天后就会发绿。而景观水常年在户外，要求水质清澈透明，其水质的一些指标比自来水的还要高。

? 问题与思考

1. 水质净化的方法有哪些？
2. 对上述资料中出现的问题，你有何建议？

知识探究

一、水景水源

景观水可以采用自来水、地下水，也可以采用雨水或中水。一般将自来水作为水景水源时可直接将其用于景观水体。若采用的是天然河水则需根据河水的水质情况决定是否需要对其进行特别处理，同时也要考虑相关费用的支出。《绿色生态住宅小区建设要点与技术导则》对景观用水提倡使用中水和雨水，并提出采用循环系统，设置水净化设施，但现在大多数小区采用自来水作为水景水源。随着城市自来水供应紧张和水价逐年上涨，高昂的水费使物业管理费增加，很多水景运行困难，无奈断水。相对来说，雨水、中水资源丰富且价格低廉，能有效促进景观水体的循环，且处理系统一旦建成，便会带来持续的经济效益、环境效益，是今后城市居住小区景观用水的发展方向。

（一）雨水收集与利用

与自然状态下的水体依靠大气降水平衡水量一样，雨水是居住小区景观水体的有效、可靠的补水来源。在排除降雨时前期部分受污染的雨水径流后，后续来水的污染程度较低，经简单处理后可作为景观水体的补水。采用雨水作为景观水体补充水源可以间接缓解自然水资源的压力，减少污水排放，既经济又环保。

（二）中水回用

中水回用是指将小区居民生活废水集中起来，经过适当处理达到一定的标准后，再回用于小区的景观用水、绿化浇灌、车辆冲洗、道路冲洗以及厕所冲洗等，从而达到节约用水的目的。

中水作为生活杂用水，其水质必须满足以下基本条件：卫生上安全可靠，无有害物质，其主要衡量指标有大肠菌群数、细菌总数、悬浮物量、生化需氧量、化学耗氧量等；外观上干净、清澈，其主要衡量指标有浊度、色度、臭气、表面活性剂和油脂等；不会引起设备、管道等严重腐蚀、结垢，不全造成维护管理困难，其主要衡量指标有 pH 值、硬度、溶解性固体等。

资料链接

再生水

再生水是指废水或雨水经过适当处理，达到规定的水质标准，在一定范围内能够再次被利用的水，也常被称为中水。使用再生水不仅可以缓解水资源短缺，还可以减少污染排放，对改善水环境有着重要的意义。

《城市污水再生利用　景观环境用水水质》（GB/T 18921—2002）对再生水在河道内的停留时间做出了明确规定，对于完全使用再生水作为景观湖泊类水体，一般在水温超过25℃时，其水体静止停留时间不宜超过 3 天；当水温低于 25℃时，则可适当延长水体静止停留时间，冬季可延长水体静止停留时间至一个月。

国家虽然鼓励再生水利用，但却有使用条件限制，如果不注意限制条件，就会出现水质问题。

二、水景水质标准

《水景喷泉工程技术规程》（CECS 218—2007）对水景工程中的水源、充水、补水的水质根据其不同功能进行了明确规定。具体如下：

（1）人体非全身性接触的娱乐性景观环境用水水质应符合《地表水环境质量标准》（GB 3838—2002）规定的Ⅳ类标准。

（2）人体非直接接触的观赏性景观环境用水水质应符合《地表水环境质量标准》（GB 3838—2002）规定的Ⅴ类标准。

（3）高压人工造雾系统的水源水质应符合《生活饮用水卫生标准》（GB 5749—2006）或《地表水环境质量标准》（GB 3838—2002）的规定。

（4）高压人工造雾设备的出水水质应符合《生活饮用水卫生标准》（GB 5749—2006）的规定。

(5) 旱泉、水旱泉的出水水质应符合《生活饮用水卫生标准》(GB 5749—2006) 的规定。

(6) 在水资源匮乏的地区，如采用再生水作为初次充水或补水水源，其水质不应低于《城市污水再生利用　景观环境用水水质》(GB/T 18921—2002) 的规定。

当水景工程的水质无法满足上述规定时，应进行水质净化处理。

三、水景水质监测

根据景观水的特点，一般的检测指标主要有色、嗅、透明度、溶解氧、生化需氧量(BOD)、化学需氧量 (COD)、高锰酸盐指数 (COD_{Mn})、总氮和叶绿素 a 等，如表 7-1 所示。

表 7-1　检测项目及标准值

检测项目	水质监测标准	备　注
色	≤30 度	影响感官的指标
嗅	无不快感	影响感官的指标
透明度	≥60cm	影响感官的重要指标
溶解氧	≥3mg/L	反映水体活性，关乎水体生态及自净能力的重要指标
BOD	≤6mg/L	反映水中有机物含量的指标
COD	≤30mg/L	反映水体受污染程度的指标
COD_{Mn}	≤10mg/L	反映水体受污染程度的综合指标
总氮	≤1.5mg/L	反映水体富营养化的指标
叶绿素 a	≤50mg/m^3	反映藻类种类和数量的变化

监测采样点，应选择具有代表性的位置。不得使用瞬时一次监测值作为水质判断依据。在任何情况下，采样频率不得少于一月一次。对有迹象表明水质可能恶化的水体及游泳季节天然浴场的水体均应适当增加采样频率。增加的采样频率由各地监测部门根据水体具体情况确定，并将分析结果连同采样情况报告给当地环境保护主管部门。

资料链接

水体富营养化

水体富营养化是指由于大量的氮、磷、钾等元素排入流速缓慢、更新周期长的地表水体，导致藻类等水生生物大量地繁殖，使有机物产生的速度远远超过消耗的速度，从而破坏水体生态平衡的过程。而水体中过量的氮、磷、钾等元素主要来自未进行处理或处理不完全的工业废水、生活污水、有机垃圾、家畜家禽粪便以及农施化肥，其中主要来源是农田施用的大量化肥。

富营养化会影响水体水质，造成水的透明度降低，使得阳光难以穿透水层，从而影响水中植物的光合作用，也可能造成溶解氧的过饱和状态。溶解氧过饱和以及水中溶解氧偏少，都会造成鱼类大量死亡。同时，因为水体富营养化，水体表面生长着以蓝藻、绿藻为优势种的大量水藻，形成一层绿色浮渣，致使底层堆积的有机物质在厌氧条件下分解产生的有害气体和浮游生物产生的生物毒素伤害鱼类。富营养化水体含有硝酸盐和亚硝酸盐，人畜长期饮用这些物质含量超过一定标准的水，也会中毒致病。

四、水质净化方法

（一）物理净化法

1. 定期换水

定期换水是保持景观水水质的基本方法，适用于各种不同类型的水景，其主要工作原理为：在水池中加入新的水体，降低原有水体中有害物质的浓度，使其发挥出水体原有的生物净化功能。但这种方法耗水量大且更换较频繁，对较大面积的水域而言，经济上是不可行的。再者，换水也只能对防止水体水质变坏、水体的富营养化起到延缓的作用，并不能从根本上解决水体水质问题。

2. 曝气法

曝气法的实质是向水体中补充氧气，以保证水生生物的生命活动及微生物分解有机物时所需的氧量，发挥水体中生物的净化功能，达到净化水体的功效。目前，常采用自然跌水和机械曝气两种方法。前者充氧效率较低，但无耗能，维护管理简单；后者充氧效率高，是目前被广泛采用的一种方法。但这种方法仍只能延缓水体的富营养化过程，并不能起到彻底净化水质的效果，因而应与其他水处理方法搭配使用以达到最佳的处理效果。

（二）化学净化法

敞开式的水体，在阳光的照射下，会产生大量藻类，布满整个水面，不仅影响水体美观，而且还挡住了阳光，致使许多水下植物无法进行光合作用，使水中的污染物质发生化学变化，导致水质恶化，散发出难闻的恶臭，水也变成了黑色。此时，虽然投放化学灭藻剂可杀死藻类，但久而久之，水中藻类会出现耐药性，灭藻剂的效能会逐渐下降，投药的间隔就会越来越短，而投放的量也会越来越多，相应对环境的污染也会不断增加，这种污染影响深远。所以说用化学方式处理水质，虽然立竿见影，但它的危害也是显而易见的。

（三）循环过滤净化法

对水质要求较高、水源紧张、水质腐蚀或结垢倾向明显的水景工程，可设置水循环净化和水质稳定处理系统。处理的主要目的是减少水的排污损失和换水次数，去除水中的漂浮物、悬浮物、藻类和异臭等。在水景设计的初期，应根据水体的大小，设计配套的过滤缸和循环使用的水泵，并且埋设循环使用的管路，以用于日常的水质保养。如果水体面积较大，会延长循环过滤的周期，使水质不能达到预期的效果。上述方式和引水、换水相比较，虽然减少了用水量，但日常的电能耗费增加了，同时也增加了设备的日常维护保养费用。

一套完整的过滤系统不仅可以除去水中的悬浮物和多余的藻类，还可以通过滤材上的生化细菌分解掉水中的有害物质。因此，配备过滤系统是保持水质活性的重要措施。水质过滤通常可分为物理过滤、化学过滤、生化过滤等。

（1）物理过滤：利用各种过滤材料或辅助剂将水中的尘埃、胶状物、悬浮物、树叶等除去，保持水的透明度。传统的方法是用沙、石粒使水渗透，以除去肉眼可见的悬浮物，它同时具有物理过滤与生化过滤的双重作用。

（2）化学过滤：利用滤材将溶解于水中的对鱼类有害的各种离子化合物或臭气等用吸收法去除。常用的滤材有活性炭、麦饭石、磷石以及离子交换树脂等。

（3）生化过滤：利用附着于滤材上的生化细菌，将鱼的排出物（如粪尿）、残余饵料及其产生的含氮有机物或氨加以氧化处理。它是整个鱼池过滤系统中最重要的一环。常用的滤材有毛刷、纤维棉、生化球等。在对过滤槽清洗或消毒时，不要冲掉或杀死这些细菌。

（四）生物净化法

生物净化法是一种通过水中植物吸收水中的有害因子从而净化水质的方法。一般可利用的水中植物有浮萍、石菖蒲等，它们的根系发达，除了具有植物过滤的作用外，还能吸收水中的铁离子及农药。

在水体物理净化过程中，始终都少不了植物、微生物的参与。因而，生物净化在水体的净化过程中显得尤为重要。生物净化直接利用植物的净化功能，既可在池边栽种一些植物，阻止泥水进入水池，实现对雨水的初步净化；也可在水中种植一些净化功能强、观赏性能好的水生植物，不但可吸收水体中的营养盐、有害成分，降低水体中氮、磷的浓度，达到净化水体的功效，还可以对水体环境起到一定的美化作用。

还可以改善基底，充分发挥基底的净化功能。放弃以往硬质基底的做法，构建绿色环保基底，形成人工绿地系统。即利用基底的土壤、一些特殊填料，添加外观优美、净化功能强的水生植物一同构成绿色环保体系，利用系统中的物理、化学、生物三重功效的协同作用，再通过植物的吸收、微生物的分解等，完成水体的自净。

（五）微生物净化法

微生物在自然界大量而广泛地存在，是生态系统的重要组成部分。它们能将自然界中动植物的尸体及残骸分解，将一些有害的污染物质加以吸收和转化，成为无毒害或毒害较小的物质。利用微生物对水质进行处理的方法是目前国内外发展较快的一种高效、先进的景观水处理技术。

1. 投加细菌

在景观水水质发生恶化的时候，可投加适量的微生物（各类菌种），加速水中污染物的分解，起到水质净化的作用。微生物的繁殖速度惊人，呈几何级增长，每一次繁殖都或多或少地产生一些变异品种，导致微生物处理水质的能力下降，而且很难控制其数量，其生长又受温度、气压等影响。同时，微生物的分解物也会造成藻类的大量繁殖，导致水质再次变坏。因此用微生物处理水质，尽管定期进行微生物的筛选培育、保存、复壮等一系列专业处理，也不能保证水质状况长期处于良好的状态。

投加光合细菌：微污染生物处理法中投加菌种的方法国内外研究较多，如日本、韩国、澳大利亚等国采用定期向水中投放光合细菌，光合细菌能利用光能和氧将微污染水或废水中的无机和有机碳源及其他营养物质转化为菌体，从而起到净化水质的作用。此法具有工艺简单、无需建构筑物、省基建等特点，但菌种所需费用较高，而且解决不了水体富营养化的问题。

投加生物菌群：投加生物菌群可促进生物链的形成，而且其复合体具有较强的净化作用。南宁市的人大鱼塘、市政府观赏水池和南湖的试验结果表明，有效微生物群对污染水体的透明度、高锰酸盐指数、溶解氧、总氮、总磷、叶绿素 a 均有明显的改善作用。所谓有效微生物群，是指从自然界筛选出各种有益微生物，用特定的方法混合培养所形成的微生物复合体系，其微生物组合以光合细菌、放线菌、酵母菌和乳酸菌为主。但有效微生物群对富营养化水体中藻类的过度繁殖的抑制效果和机理尚不清楚。

投加细菌的方法因其生物安全性问题，使得公众接受度较差，且致病机理不清楚，需要慎重使用。

2. 光催化降解

光催化降解是指在水中加入一定的光敏半导体材料，利用太阳能净化污水，从而提高污染物的降解效率。

3. 生物接触氧化

生物接触氧化被广泛应用于污染水及微污染水源水的处理。根据国内外报道，生物接触氧化对微污染水体的 COD、NH_4^+-N 去除率可分别达到 20%～30%和 80%～90%，因此用于景观水处理也是一种行之有效的方法。

利用园林环境功能材料及组件，建造具有水污染控制效果的微污染水生物处理系统。园林环境功能材料是一种可以附着大面积生物膜的材料，在进行水景设计时，以园林环境功能材料为载体，按生物接触氧化机理，构筑假山、生态浮岛并置入景观水体，使细菌和真菌类的微生物、原生动物、后生动物等微型动物附着在园林环境功能材料上生长繁育，形成膜状生物污泥。微污染水与生物膜接触时，水中的有机污染物、植物营养物如氮、磷等，被生物膜上的微生物所摄取，使微污染水得到净化，其上部可种植花草，一方面吸收和降解水中的污染物，另一方面还有美化景观的作用，表现出立体景观效果。

资料链接

挺水植物

挺水植物能吸收水中和底泥中的氮、磷等元素，通过竞争途径抑制同样吸收氮、磷等元素的藻类的繁殖。细菌、浮游生物、着生藻类能吸附在挺水植物的枝干上，形成庞大的生物群落，对水质的净化作用很强。具体的代表植物有：

鸢尾：多年生挺水植物。花期 4～6 月，花色鲜艳，花色有蓝、紫、黄等，叶常绿(4～10 月)，冬季植物衰败，以宿根过冬，来年冒新芽，并且能在宿根处长出新的分枝。

荷花：多年生挺水植物。喜欢肥土，花期 6～10 月，塘养无需施肥，如果塘栽，为防止荷花长满整塘，可在塘内分割出一部分水面栽荷花，使荷花根茎限定在特定范围内。冬季将枯败的植物体收割，保留土壤中的藕，来年春天，藕上的芽萌发，长成新的植株。

水葱：多年生挺水植物。地下有粗壮而横走的根茎，地上茎直立，喜欢腐殖质丰富的疏松的土壤，霜降后剪去地上枯茎，以根茎越冬。

菖蒲：多年生挺水植物。花期 6～9 月，花形小，黄绿色，喜欢生于沼泽或浅水中，耐寒性不强，以根茎潜入泥中越冬。菖蒲叶丛挺立而秀美并具有香气，可以在春季分株繁殖。

慈姑：多年生挺水植物。对气候和土壤的适应性很强，喜欢生长在含腐殖质丰富且土层不太深厚的黏质浅水土壤中。根茎在泥中越冬，但土面不能干涸，以免泥土冻结。

千屈菜：多年生挺水植物。花呈紫红色，是一种很好的观赏植物。

案例评析

水质净化的方法有物理净化法、化学净化法、循环过滤净化法、生物净化法、微生物净化法。

关于如何防止自来水作为补充水的人工湖变绿，有专家提出，可以考虑采用定期换水、曝气充氧、微生物净化等方式，或者综合采用多种净化水质的方式，对人工湖水质进行处理，以提升人工湖的水质。

任务三　水景养护与管理

案例导入

昔日水系景观，今日为何成摆设？

人工湖、景观水系、喷泉、游泳池……近年来，随着人们对居住环境品质的追求，小区水景成为购房的重要参考指标。精明的开发商在规划建设住宅小区时，为满足住户亲水的需求，纷纷在小区内建设人工湖、景观水系等。然而，本应"风生水起"的水景景观随着时间的推移，很多水体处于黑绿或干涸状态，甚至成了纳污池、臭水沟。

？问题与思考

1. 昔日水景景观为何成了摆设？
2. 对于解决上述问题，你有什么建议？

知识探究

一、水景养护与管理制度

为保证小区水景景观设施的正常运行，物业公司应有专业人员负责水景景观设施的维护保养工作。一般由物业公司工程部维修人员负责对小区内的水景景观设施进行日常维修保养并做好巡查保养记录。具体操作流程如下：

（1）使用水景景观前，首先打开各个水池的进水阀并检查是否渗漏。

（2）当循环水进入集水坑后，打开喷泉、瀑布、溪流的阀门。

（3）从设备所在的配电室开启循环泵。

（4）冬季不使用水景景观时，必须关闭水景观的所有进水阀并打开水池的泄水阀，放空水景景观内的水，以防管道被冻坏。

（5）水中灯具工作电压不大于24V。

（6）有漏电保护器，且保护器工作正常。

（7）在喷泉等水景设施的醒目位置，设置“严禁嬉水”等警示标识。

（一）周检

由物业公司工程部维修人员每周对集水坑内的杂物进行清理，对循环泵、控制柜进行巡查，发现问题及时排除，并将结果记录于《设备（设施）巡查记录》。

（二）月检

由物业公司工程部维修人员对整个系统，包括管道系统、设备及控制系统进行维护保养，并将结果记录于《共用设备（设施）维修保养记录》。

（三）年检

（1）每年水景景观停止使用后，物业公司工程部维修人员应对整个系统进行检修保养，并将结果记录于《共用设备（设施）维修保养记录》。

（2）每年水景景观开始使用前，物业公司工程部维修人员应对整个系统进行检查保养，并将结果记录于《共用设备（设施）维修保养记录》。

二、水体养护与管理

（一）水质恶化的主要原因

（1）前期设计得不合理。由于设计得不科学，景观水中常出现死角，死角里的水缺乏流动，容易恶化，并影响整个景观水系。

（2）水源条件差。景观水水源主要来自自来水、河水、中水以及地下水。其中，中水由于氮、磷等元素严重超过景观水水质要求，高温季节很容易导致富营养化而引起藻类暴发。

（3）污染源多。景观水周围往往种植草坪、花卉和树木。为供人们观赏水中还常常饲养水禽、鱼虾等。由于雨水冲刷和浇灌水的渗透，将氮、磷、碳、钾等元素和肥料、农药以及树叶、枯草等汇集到地势最低的景观水中，使水质恶化。

（4）蓝绿藻的入侵。蓝绿藻的孢子通过空气传播，可以生长在任何有水的地方，并且繁殖速度极快，每20分钟繁殖一代。在繁殖生长过程中消耗大量的溶解氧，影响水生动植物的正常生长，严重时，可能造成水生动植物缺氧。蓝绿藻死亡后会产生有毒物质，当浓度过大时就会引起水生动植物的死亡。

（二）水体日常养护

（1）小区水景水质的好坏直接关系到周边居民的生活、娱乐以及健康状况，物业应重点监控，保持小区水景水的清洁度、透明度、色度及其功能要求（如养鱼等）。

（2）严格监测补充水水质，补充水水质应满足景观水的国家标准要求。

（3）在水系周边设立安全警示、温馨提示类标识，杜绝安全事故和对水质造成污染；禁止在水系中玩耍戏水。严禁向水中投撒饲料和投掷杂物、垃圾，以防造成人为的水质恶化。可以让鱼吃鱼虫、鹅鸭吃小鱼，形成天然生物链。因为过量的饲料以及鱼、鹅、鸭的粪便在水中会形成高浓度的污染物，增加污染负荷，使总氮、总磷、COD 等的污染指标急剧上升。

（4）鱼类繁殖速度极快，没有天敌，每年物业应及时捕捞，控制鱼的数量不要超标。

（5）严禁将割来的草投放到水中喂鱼，防止这些草在水中腐败从而使有机物含量升高，造成水体污染。

（6）岸边绿地的草坪、树木的种植尽量少使用农药、化肥，避免其随雨水冲刷流入湖中，造成湖水污染。

（7）不要将中水注入水景中，因为中水里的高浓度氮、磷肥料会扩散到湖水中，造成湖水的富营养化和蓝藻暴发，有百害而无一利。

（8）做好定期的水面固体废弃物（垃圾、树叶等）的打捞工作。

（9）冬季提早关闭水系，防止树木落叶及枯草污染水系，防止风沙污染水系，防止冬季结冰破坏防水层。如遇特殊雨季、风沙天气，应关闭水系，排放水源。

（10）检修管道设施。无论是自然水体还是人工水体，都会有给水与溢水的管道，喷泉的喷头、动力等设施，如果发生淤塞或漏裂，将会影响水位、水质和水景造型。因此，要经常进行检查并做到及时修复。

（三）水体设备养护

1. 水泵的日常维护

（1）进口管道必须充满水，禁止水泵在含气状态下长期运行。

（2）定时检查电机电流值，避免超过电机额定电流。

（3）水泵进行长期运行后，由于机械磨损，机组噪声及振动增大时，应停机检查，必要时要更换易损零件及轴承，一般机组运行一年就要大修一次。

（4）如长期停机，应将泵内的水放尽。

（5）密封泄漏量允许 3 滴/分，否则应检查。

（6）过滤水泵进行长期运行时，应常打开泵前过滤器上盖，倒掉并清洗滤筒内的杂质后再装上。

2. 过滤器的日常维护

（1）过滤器如长期不用，应将过滤器内的水放掉。

（2）过滤器在运行过程中，进水压力不得超过过滤器的最高压力。

（3）在调节多路阀位置时，应先停止过滤水泵，再按下手柄并转动。

（4）如手柄按下后转不动，不能用太大的力去转动。应拆开上盖，拿出上转盘并清洗转盘内的沙粒或其他杂质。

3. 故障分析

水体设备故障分析如表 7－2 所示。

表 7-2 故障分析表

故障现象	可能产生的原因	排除方法
过滤器多路阀转不动	过滤泵未停止（多路阀芯进入沙粒）	（1）停止水泵； （2）拆开清洗
循环水泵漏水	（1）机械密封漏水； （2）泵体有砂眼或破裂； （3）密封面不平整； （4）安装螺栓松懈	（1）更换； （2）焊补或更换； （3）修整； （4）紧固
循环水泵不出水	（1）进口阀门未打开，流到叶轮阻塞； （2）泵体有砂眼或破裂； （3）吸水管漏气； （4）泵未灌满水，泵体内有空气； （5）湖泊水位不够	（1）检查，去除阻塞物； （2）调整、紧固电机方向； （3）修复吸水管； （4）拧开排气阀排气； （5）湖泊加水并排气
循环水泵杂音振动	（1）泵内空气未排尽； （2）轴承损坏； （3）电机超负荷发热运行	（1）空气排尽； （2）更换轴承； （3）检查原因后排除
循环水泵出水不足	（1）先按“循环水泵漏水”的故障现象检查； （2）电压偏低； （3）叶轮磨损	（1）按“循环水泵漏水”的故障现象排除； （2）稳压； （3）更换叶轮
过滤系统不出水	（1）过滤泵前毛发滤器阻塞； （2）阀门未打开； （3）过滤砂缸多路阀位置不正确； （4）管道或回水口堵塞； （5）过滤泵不启动	（1）清除毛发滤器内杂质； （2）打开阀门； （3）停泵后调整多路阀位置； （4）清除阻塞物； （5）检查过滤泵电源
滤器系统出水不足	（1）先按“过滤系统不出水”的故障现象检查； （2）过滤器阻力太大	（1）按“过滤系统不出水”的故障现象排除； （2）反冲洗

（四）水体清洁养护

（1）水景系统保洁标准：应达到目视水池清澈见底，水面无杂物，池边无污迹。

（2）清洁人员应及时用捞筛对水景系统水面漂浮物进行打捞。

（3）水景系统喷水池清洗：小喷水池每周一次，大喷水池每月一次。

（4）水景系统清洁前，环境管理部主管应通知维修人员做好停电停水工作，然后再对水景系统进行清洗。具体如下：1）打开水景系统排水阀门放水，等水放去 2/3 时，清洁人员开始清洗；2）用刷子由上向下刷洗（必要时使用清洁剂）水景系统的瓷砖；3）用板刷刷洗大理石表层的青苔、污垢及底部鹅卵石；4）用毛巾擦洗灯饰、水泵、水管、喷头及电线；5）排尽池内污水，清理底部脏物、垃圾，清洗周围地面污迹；6）关闭排水阀门，打开进水阀门，通知维修人员供电供水。

（5）遇重大节日、庆典活动时，提前做好清洁工作，保持良好的水系环境。

（6）清洗水景系统时应注意：1）清洗时应断开电源，以防触电；2）擦洗电线、灯饰不可用力过大，以免损坏；3）清洗时不要摆动喷头，以免影响喷水观赏效果；4）清洗底部后应将鹅卵石块整理平；5）注意防滑，以免跌倒。

资料链接

住宅区景观水体水质处理实例

一、世贸滨江花园景观水体水质处理

（一）处理前的状态

世贸滨江花园的景观水是围绕建筑物一圈的静态水体，水量约300t，池壁及池底均贴瓷砖，用消防水作补充水源，水体正面设有喷泉。

喷泉在喷水过程中会把空气中的灰尘冲落下来，同时由于刮风等各种因素的影响，喷泉周围的沙尘等也会进入池中，从而使水体水质日益恶化。污浊的池水又会促使藻类及细菌的繁殖，使水质进一步恶化，造成恶性循环。细菌分泌物还会使水体表面产生一层泡沫，严重影响观赏效果。

（二）处理方式

处理景观水体最科学的方法是人为模拟自然生态系统，往水体中投入鱼类、贝类，种植水生植物，植入混合菌种，以形成一个完整的生态圈，使水体产生一定的自净功能。

但世贸滨江花园现有的景观水体水量太小，且池壁及池底贴有瓷砖，种植水生植物已不可能。由于没有底泥，植入菌种的难度也较大。所以经综合考虑，认为只能采用游泳池水处理方式，把景观水体当作无任何生命的“死水”处理。游泳池水处理方式是一种过滤、消毒相结合的方式。因水中含有较高浓度的消毒剂，水中的任何动植物都无法存活。

世贸滨江花园的景观水体在建造时没有考虑过滤系统，因此在设置过滤器、循环泵、出水口、回水口、循环水管道等方面都有一定的难度，需要花时间仔细考察，寻找安装位置。因此，世贸滨江花园的景观水体水质处理分两步进行，首先采用投加消毒剂、凝聚剂的方式使水体变清；然后再考虑安装过滤器，使水体保持清澈。

（三）处理后的现状

处理后的池水呈碧蓝色，在阳光下折射出璀璨的光芒，宛如一颗夺目的明珠。

二、嘉里华庭景观水体水质处理

（一）处理前的状态

在嘉里华庭正门入口处有一座假山，位于水池中，并设有一套水循环过滤系统，目前水质较清，但水面有大量泡沫，影响观感，且假山上出现锈斑，整个水景未达到预期的效果，整个系统保有水量约30t。

（二）处理方式

系统的沙过滤器可以将水中的杂物过滤掉，但无法抑制细菌的繁殖，细菌的大量繁殖造成水中产生大量的泡沫。因此，在原有水循环系统中加设投药装置，定期投加杀菌剂以改善水质。同时，检查石英砂过滤器，看内部石英砂有无板结现象，如有应及时更换以免影响过滤效果。

（三）处理后的现状

池水清澈见底，水面没有大量泡沫，给人清新爽洁的感觉，假山上的锈斑无扩大的趋势。

三、喷泉养护与管理

随着人们生活水平的不断提高，对小区环境的舒适、美观越来越重视。小区内的喷水池不仅衬托小区景致，还能增加空气中的负离子含量，使空气更清新，使小区充满活力。然而，许多小区内的喷泉因为水质问题，纷纷减少喷水时间，有的甚至变成了旱池；有的喷泉池底长满了藻类，水面充斥着肮脏的泡沫，池中的雕塑锈迹斑斑，满目疮痍，夏天池水更成为蚊、蝇滋生的场所。

（一）喷泉系统概述

1. 喷泉的结构

喷泉是许多小区的主景之一，与水景配合得当可以为小区环境添加不少情趣，运动的水流形式也可以给人以视听上的享受。一个完整的喷泉系统，一般由池体、电源设备、泵机设备、喷头设备、水下彩灯、音乐系统、溢水系统、排水系统、调压阀等装置组成，通过外增动力装置和喷头设备可使水呈现不同的喷洒形状，并能不断循环使用。喷泉根据其喷头数量可分为组合喷泉和单体喷泉，如图 7－1 和图 7－2 所示。

图 7－1　组合喷泉

图 7－2　单体喷泉

2. 喷泉的工作原理

水在加压装置下通过设置好的喷头，使水流在水面或空中形成几何造型的艺术景观。在庭院中常见的喷泉有三类：涌泉、喷泉和瀑布。水流从水底喷出，水柱不脱离水面，只产生涌动而无音质，这种喷泉称为涌泉；若喷泉的喷嘴略高出水面，所形成的水流效果完全呈现于水面之上，水在空中的形态和气势是主要的观赏效果，这一类称为喷泉；还有一类是将水引到一定的高度，再使其垂直落下或沿壁流下，在垂直面上形成一种水流艺术，这类称为瀑布。

喷泉在园林中起着增加环境活性、渲染周边氛围的作用。另外，还可以保持池水水质清洁，有利于池中动植物的生长。

3. 喷头形式

常用的喷泉喷头形式有：扇形、锥形、柱状形、象形分类等。其中柱状形的有花柱喷头、涌泉喷头、礼花喷头等；象形类的有水晶蒲公英喷头、牵牛花喷头、球状喷头、摇摆喷头、三层花喷头等。如图 7-3 所示。

花柱喷头1　　花柱喷头2　　花柱喷头3　　牵牛花喷头

图 7-3　喷头形式

4. 喷泉的材质

喷泉的制作从材质上可分为铜质、不锈钢质、合金类、铁质镀层类及硬塑类等。其中铜质最为前卫，性能最为稳定，使用寿命最长，但价格最高。最普通的是合金类，其性价比最高。

5. 喷泉设备对水质、水量的要求

喷泉设备要求水质的色度不超过 150，并不得呈现其他异色，混浊度不超过 100，不得含有肉眼可见物。水中杂质含量不大于 0.1%，杂质粒度不大于 0.2mm，氯离子含量不超过 400mm/L，pH 值为 6.5～8.5，同时还要注意喷泉设备对循环水的运用，当喷头有要求时，循环水应经过滤处理。

循环系统的补充水量应根据蒸发、风吹、渗漏、排污等的损失量确定，一般为循环流量的 5%～10%。

（二）喷泉系统的养护

（1）对维护管理人员的要求。喷泉设备维护人员需进行专业培训，电气设备维护人员需持有专业上岗证书。定期对喷泉操作人员进行考核，加强管理。

（2）对设备的养护。设备的维护检修应在切断电源的情况下进行，如遇特殊情况需要带电作业时，应做好安全防护措施，重要部位要设专人监护。防水电缆的连接必须在无水条件下进行，并用防水胶带、绝缘胶带、高压绝缘胶带进行三层防护。大型音乐喷泉由于水下有大量电线电缆，一定要格外注意老化、漏电现象，确保运行时不发生事故。定期检查不在水里的电线电缆的老化情况，以“避免”发生事故。喷泉设备要定期维护，每半年要对易损设备进行检测并做必要的维护。

（3）喷泉水泵。水泵吸水口要每月至少清洗一次，防止污物堵塞吸口，降低工效甚至造成设备损坏。喷泉潜水泵在冬季停用期间必须将冷却水放光，避免结冰损坏泵体。

（4）喷头。喷头要定期清理维护，安装时应注意喷头与管路连接的紧密性，安装喷头时应在管路套丝处缠一层生料带，以免出现漏水现象，影响喷水效果，同时应做好喷头的防盗措施。为保证喷泉花形美观一致，要随时将变动角度的喷头进行复位，复位时禁止使用物体敲击，防止喷头被损坏。

（5）喷泉水下灯。喷泉水下灯要定期检查，紧固松动的螺栓，避免灯体进水造成短路故障。水下灯更换必须在无水的条件下进行，并将螺栓紧固。水下彩灯是喷泉设备组件中极易损坏的部件，因此彩灯的日常维护也极为重要。彩灯最好用热缩管和热溶胶防水对接；在组装彩灯的时候要保证彩灯与灯架连接紧固，不松动；管路上焊灯片时，必须将灯片焊紧，防止使用过程中灯片脱落；组装完毕后，应将其浸入5%的盐水中达72小时，测量阻值合格后方可使用。

（6）冬季喷泉停用前应将管道中的水排净，防止管道冻裂。

（7）喷泉及喷泉管路每半年清洗维护一次，清洗时注意喷头立管及水下彩灯，防止造成损坏。

（8）电脑每年要进行升级，对电脑及程序进行必要的维护。

（9）每年对喷泉的摇摆位置要进行维护及保养。

（10）备用设备要定期启动运行。

四、驳岸养护与管理

驳岸从严格意义上来说属于硬质景观，但小区中的驳岸在用量和体积上都有别于其他大型绿地，它往往与水景搭配，小巧精致，因此把它归于水景景观中。

驳岸是园林水景中用来维持陆地与水面比例的一种形式，以达到园林水体的水岸美观和稳固。驳岸实质上是支撑陆地和防止岸壁坍塌的水工构筑物，可以防止水景岸边被淹或者水景水岸坍塌使水面破坏性扩大。它在园林造景中的功能主要有安全防护功能、景观亲水功能和良好的生态功能。驳岸最重要的功能是减缓流速、保护岸坡、减少水土流失等，通常采用配置植物、石块等材料的方式来减缓水体流速。驳岸还可以通过与亲水平台、木栈道等结合，使人们更便于接近水体。另外，驳岸对于大雨、暴雨具有一定的缓冲和抵抗作用，同时还对水体中的污染物具有一定的净化和过滤作用，具有很好的生态功能。

驳岸的种类很多，最常见的是块石驳岸（见图7-4）。它可以采用缓坡式、台阶式、直壁式等多种形式。石材的种类大致有太湖石、黄石、天然卵石、千层石和龟纹石等。水景中的驳岸在结构上主要是重力式结构，它主要依靠墙身自重来保证岸壁稳定，可抵抗墙背土压力，这种重力式结构的驳岸也称为挡土墙。重力式驳岸的墙身材质有浆砌块石、钢筋混凝土、混凝土等。园林水景中的驳岸高度由水体的深度而定，一般为1～2.2m，块石驳岸一般不超过2m。另外，考虑到驳岸的挡土作用，对于超过2m的驳岸，多采用高强度的钢筋混凝土驳岸；对于较低的驳岸，一般采用浆砌块石驳岸。

图7-4 块石驳岸

顺着水体的自然边坡建造的驳岸又称为护坡，如图 7－5 所示。护坡主要是防止水体与陆地边缘处的泥土被水冲刷，坡度的陡缓因造景的需要而定。在园林水景工程中，有各种形式的驳岸。这些不同形式的驳岸有着不同的施工方法。

图 7－5　护坡

（一）从立面上进行养护

驳岸从立面上可分为地基部分、常水位以下部分、常水位至最高水位部分和最高水位以上部分，不同部分的损坏情况是不一样的。

（1）地基部分由于池底地基强度和岸顶荷载不一而造成不均匀的沉陷使驳岸出现纵向裂缝甚至局部塌陷。这部分长期处于水底，出现问题难以及时发现。因此养护时要在水体换水时加以仔细检查。较为常见的症状就是出现漏水现象，产生的原因与季节性气候有关。在高温的夏季因水位不深，水的温度与池底的温度相差太大而引起伸缩不均，使得驳岸石与基础部分分离；在寒冷的冬季，也是在水位不深的情况下，可能会由于冰胀而引起基础变形；用木桩做的桩基则会因受腐蚀或水底一些动物的破坏而朽烂。另外，在地下水位很高的地区会产生浮托力，这也影响基础的稳定。

（2）常水位以下部分因常年被水淹没，其主要破坏因素主要是水浸渗。在寒冷的冬季因水渗入驳岸内引发冻胀使驳岸胀裂，从而造成驳岸倾斜或位移。常水位以下的岸壁又是排水管道的出口，如果安排不当也会影响驳岸的稳固。

（3）常水位至最高水位部分会经受周期性的淹没。如果水位变化频繁则会对驳岸形成冲刷腐蚀的破坏。

（4）最高水位以上部分虽然不会被淹，但也会遭受外物撞击、长期日晒和风化剥蚀，以及地面水的冲刷而受到破坏。另外，驳岸下部的损坏也会引起此部分受到破坏。

了解驳岸各部位的主要破坏情况以后，可以结合具体问题采取防止和减少破坏的措施。

（二）从外表上进行养护

（1）因水位的涨落，往往会在驳岸的外表留下一道道印迹，严重时还会有轻浮杂质附在其表面，养护时要及时用塑料扫帚或清洁球等工具将其擦洗干净。

（2）有时受水质的影响，在驳岸的表面会生长藻类或青苔等物质，既不利于庭院环境美观，也不利于人们亲水时的人身安全。对此要结合水体水质及时进行养护清理。

(3) 为了驳岸外观的整洁美观，不管是块石驳岸还是碎石驳岸，接缝线条都要均匀密实，养护时保证做到不凸不陷、不糊不漏。

(4) 驳岸在使用过程中，发现石材表面有开裂、断板、爆裂等损坏现象时，要尽快更换或用同质地的材料加以修复。

(三) 从材质上进行养护

(1) 太湖石属于石灰岩，多为灰白色，经大自然精雕细琢，形成形状怪异、曲折圆润、玲珑剔透、叠嶂多姿的外形。“瘦、皱、漏、透”是其主要审美特征。养护时，“瘦”要求当心重物的撞击，因其易断易裂；“皱”易导致落叶和尘埃累积，要时常清理；“漏”指雨水不会积存在石头上，顺着孔隙流下来，这就要保证纵向纹理的通畅性；“透”指石头上有很多孔洞，玲珑剔透，要注意它的穿透性，不要被杂物堵塞。

(2) 天然溪坑石又称卵石，是经过河流冲刷，受到水的搬运和相互摩擦作用，形成的不同形状的鹅卵石。卵石因其形状多变无规则、表面光滑摩擦系数小、驳岸难度大、重心不稳定等诸多不利因素，在养护时要保证接缝无漏泄现象，并要当心石块松动或错位。修复时要从内壁掏空并用大小相当的石块塞紧，再加灌混凝土密封。卵石一旦产生松动或错位要及时请专业人员修复。

(3) 块石包括黄石、千层石和龟纹石等，具有纹理清晰、线条流畅、富含韵律的特点。其色泽与纹理比较协调，显得自然光洁、造型奇特、变化多端，神韵秀丽静美、淡雅端庄。这类石材，养护时宜粗放，又因其表面平坦，接触面大，所以要防止其表面脏物沉积。施工时采用台阶式较多，层与层的台阶要当心松裂并做好防滑保洁工作。另外要杜绝超重负载造成塌陷情况的发生。

(四) 从季节上进行养护

季节养护主要是冬、夏两季。因收缩缝在骤冷骤热的情况下会产生伸缩比例不同步的现象，轻微时出现裂缝，严重时产生断层，因此在高温时应多浇水养生，霜冻时尽量覆盖。另外，为了防止水岸出现冻胀、浮托、风浪淘刷等情况，要根据季节需要做好给水排水工作。一般在高温期白天满水晚间换水；冬天以低水位或排空为好；台风季要根据天气预报决定水量的多少；雨前以放掉一半水为宜。梅雨季要做好防滑和防木耳、青苔等生长，并要防止病虫害的出现。

资料链接

人工湖水处理技术的发展

第一代：人工湖水处理的起步阶段。当人们开始认识到人工湖也会发生水质发臭、恶化等现象，严重影响其美观时，一些技术人员便逐渐开始研究合适的技术进行治理。常用的技术有水泵循环、跌水、沙缸过滤、投撒化学药剂、增氧曝气等，这些方法大多比较单一，治理效果一般。

第二代：随着科学技术的发展，部分公司在第一代技术的基础上适当改进，推出了第二代技术。这一代技术主要有全自动精滤机、气浮、生物制剂、人工湿地以及生态基等。这些技术相对第一代在技术含量和处理效果方面有很大的进步，但大多是从其他水处理技术转型而来的，对人工湖水处理并没有针对性，水面较小时治理效果较好，水面较大时治理效果则一般。

第二代技术没有考虑土建、循环周期及二次污染等问题。比如，传统的沙缸过滤方式只对悬浮泥沙有效，对藻类、溶解性污染物、沉底泥沙不起作用，而且水处理循环周期相当漫长，几天才循环一次。夏季湖水污染快，还没等处理完一遍，湖水又变脏了，即使处理机房的出水水质再好，与大湖中的水混合以后整个湖水还是比较脏的。另外，将水从湖中抽出需要消耗大量的电能，处理机房的建设也需要较多费用。

第三代：这一代技术在人工湖的治理效果上比第二代技术又有大幅度提升，对大水面及污染严重的水面都有很好的治理效果，能达到三类甚至二类水质标准。主要代表技术有动植物综合调控技术和 HDP 直接净化技术。

动植物综合调控技术通过对鱼类品种、鱼虫品种、水草品种的精心筛选和调控以及各种化学药剂、生物制剂的应用，最终实现大量沉水植被的健康生长，形成“水下森林”。但调控过程非常复杂，过程中需要缓慢注水以适应水草光照要求，前后耗时几个月。而且杂草的清除和所培育水草的定期收割都需要耗费大量人力，人力、生物制剂、鱼虫的消耗使得维护成本很高。

HDP 直接净化技术通过提供载体的方式在水中大量培养土著微生物，大量微生物在充足的溶解氧和动水环境下，对水中有机污染物进行好氧分解，实现污水净化。这种技术弥补了其他各种方法的缺陷，既有污水处理厂的处理能力和速度，又解决了湖外治理时水泵循环带来的循环周期瓶颈限制。另外，以土著微生物为种源，用生物载体促使其大量繁殖，避免了外来生物制剂数量的快速衰减和种源的快速退化等问题，而且施工和维护简单方便。

案例评析

昔日水景之所以成了摆设，主要是因为很多物业公司出于运营成本等因素的考虑，接手物业后，有意或无意放松了对物业水景设施的管理，导致很多本来可以为业主创造美好生活环境的水景景观，变成了纳污池、臭水沟，也给业主的生活带来了不良的影响。

对于本案例出现的问题，物业公司首先要从自身找原因，建立规范的水景养护与管理制度，实行周检、月检、年检制度，严格规范物业工作人员对水景设施的维护工作。同时，物业工作人员要懂得养护和管理水体的相关科学知识。

项目小结

水景对于美化环境、提高居民小区的生活品位起到了很大的作用。水景水质的清洁与维护管理问题一直是物业管理企业最头疼的问题，对于水景水质的保障可以采取一些传统的方法，但一些新技术的开发与应用也将会因其优越性而越来越多地应用在水质控制中。作为物业管理企业在水景管理维护时应遵循开发水资源、节约水资源、合理利用水资源的原则，这对物业管理企业长效管理水景显得极为重要。

拓展园地

中国古代的雨水再利用

中国古建筑很多具备雨水的再利用功能，以北京北海公园团成为例。北海公园团城地面高于四周地面4～5米，高于北海水面5.63米，团城上的17棵树龄在300年以上的古树，即便在无人管理的年代，也明显比其他古树生长茁壮。甚至在大雨如注、街头巷尾水流成河的时候，团城的地面也只是湿漉漉的，形不成径流。而团城又没有一条排水明沟，城墙上也没有一个泄水石槽，可见团城地下有一套完整的收集、涵养天然降水的系统。团城地面的青砖是上大下小，成倒梯形，砖与砖之间没有用灰浆勾缝，砖内多气孔，吸水性强。城内地面布置的9个石板雨水口均与地下涵洞相通，而涵洞用砖也是渗透性极强的，这样既可以在雨天收集雨水，又可以涵养雨水，在干旱时向周围土壤中渗水，冬天还能起到提高土壤温度的作用。专家计算，团城每年可得到天然降水3 427立方米，团城土体的最大蓄水能力为4 037立方米。也就是说，一年的降水量均可储存在团城的涵洞中，供给团城的树木。

汲取古代劳动人民智慧，运用现代科学方法在今天变得越来越有意义，我们如果把团城的这种方式利用下来，在小区的物业管理中对雨水进行收集利用规划，与小区的景观水、绿地及非机动车道路的规划设计相结合，最大限度地将雨水通过径流、渗透，达到植物灌溉及土壤净化，同时作为景观水体及地下水的补水。可以做到对小区的景观用水自给自足。这样能节约资源，保护水环境，对北京的生态平衡起到不可估量的作用。

资料来源：央视《走近科学》. 探察团城雨水利用之谜. 新浪科技，2004-07-02.

思考：中国古代的雨水再利用实例对现代物业管理有何启示？

实训练习

一、简答题

1. 水体在园林造景中的主要作用是什么？
2. 常用的补水水源有哪些？
3. 水质净化的方法有哪些？
4. 物业公司应如何对水体进行养护与管理？

5．物业公司应如何对喷泉进行养护与管理？
6．物业公司应如何对驳岸进行养护与管理？

二、实训内容

通过对某小区水景景观进行实地考察，走访小区居民和物业公司，调查水景面积、喷泉形态及维护费用，了解水质现状及存在的问题，分组讨论并提交纸质实训报告。

项目八 物业安全管理

问题引入

在任何一个行业中，安全管理都是至关重要的，物业行业也不例外。在物业管理过程中，物业管理人员除了应掌握扎实的物业管理基本知识外，还应该重点掌握哪些安全管理方面的知识呢？在面对实际发生的各种安全事件中，物业管理人员应如何去有效应对呢？

任务导读

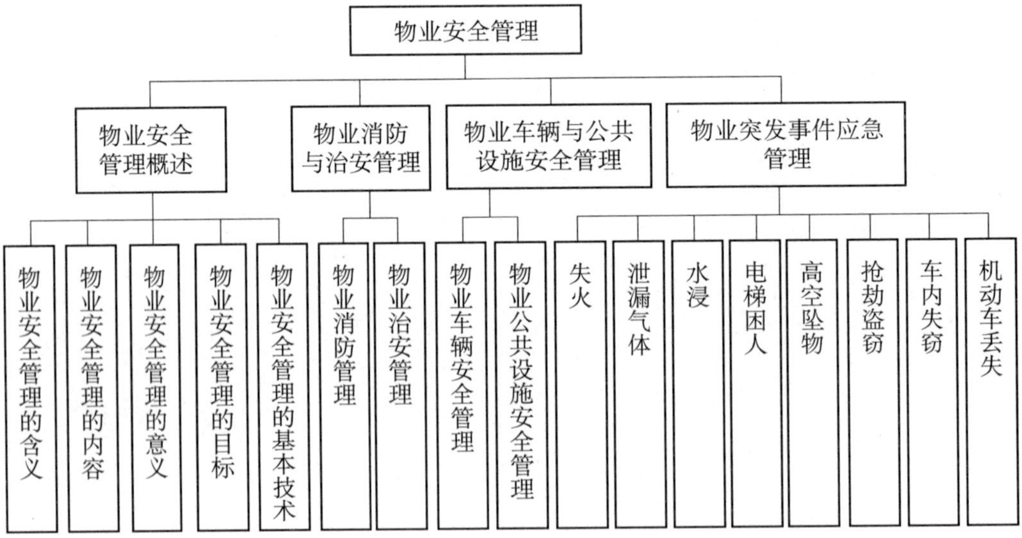

学习目标

学习目标

- 知识目标
  - 了解物业安全管理的含义、内容、意义和目标。
  - 掌握物业安全管理的基本技术。
  - 熟悉物业消防与治安管理、物业车辆与公共设施安全管理以及物业突发事件应急管理的具体内容。
- 能力目标
  - 能够运用所学知识解决物业管理中遇到的各种安全事件。
- 素质目标
  - 通过阅读《平凡物业人，服务暖人心》，懂得给予别人无私的帮助是中华民族的传统美德。每一个人在自己的岗位上都可以用爱心来书写人生价值，将温暖和幸福感传播出去。

任务一　物业安全管理概述

案例导入

业主请来的装修人员要强行闯入怎么办?

一天傍晚，某小区来了4位陌生人。4人手提工具，旁若无人地径直朝大堂闸门走去。值班保安员立即走出值班室，开口询问："先生，您好，请问上楼找哪位?"其中一位说是去7楼装修。保安员要求他们出示装修出入证，对方敷衍说装修已经做完，只是来收一下尾。保安员坚持让其出示装修出入证或其他有效证件，并提示按照《房屋装修管理规定》，晚6时后应停止装修，请予合作和谅解。

这4人见保安员不放行，便破口大骂，说是楼上住户请他们来的，若不放行就强行闯进去。保安班班长前来劝说、制止，他们则怒气冲冲地围过来想要动手。

? 问题与思考

1. 遇到这种情况，值班保安员应该怎么做?
2. 物业公司的保安部门有哪些职责?

知识探究

根据《物业管理条例》第三十五条的规定：物业服务企业应当按照物业服务合同的约定，提供相应的服务。因物业服务企业未能履行物业服务合同的约定，导致业主人身、财产安全受到损害的，应当依法承担相应的法律责任。

一、物业安全管理的含义

（一）安全

所谓安全，就是指没有危险，不受威胁，不出事故。安全包括两层含义：其一是指自然属性的安全；其二是指社会属性的安全。自然属性或准自然属性的安全，主要是由自然界的力量造成的，如地震、海啸等；而社会属性的安全，则主要是由于人的有目的的参与造成的，如生产事故、人身侵犯等。

（二）物业安全

物业安全一般是指物业区域内没有危险，也没有发生危险的隐患，具体表现为物业区域内的人身和财物不受侵害，物业区域内的生活秩序、工作秩序和公共场所秩序保持良好的状态。

影响物业安全的因素很多，归纳起来主要有两类：一是人为侵害因素，如失火、偷窃、打架等；二是自然侵害因素，如台风、洪水等。这些因素会降低物业的安全程度。

（三）物业安全管理

物业安全管理是指物业管理公司采取各种措施和手段，保证业主和使用人的人身和财产的安全，维持正常的生活和工作秩序的一种管理工作。物业安全管理包括防和保两个方面，防是预防灾害性、伤害性的事故发生；保是通过各种措施对可能发生的事故进行妥善处理。防是防灾，保是减灾。两者相辅相成，缺一不可。物业安全管理的本质是安全服务，因此也称为物业居住安全服务。物业居住安全服务是指在物业管理活动中，从业主居住安全的需求出发，尊重用户和他们的隐私权，保护其居住权，促进物业区域环境的最优化、居住场所的有序化、人际关系的和谐化，最终满足业主的安全需求，而提供的一种系统的、综合的、连续的服务。

物业安全管理作为一项职业性的服务工作，是介于公安机关职责和社会自我防范之间的一种专业保安工作，是社会治安管理的补充，具有补充国家安全警力不足、减轻国家财政负担及工作职责范围具有针对性等优点。

物业管理活动包含多方面的内容，其中最为核心的就是保障业主财产权和人身权的安全，若没有安全，物业管理的一切活动就成了空中楼阁。

二、物业安全管理的内容

广义的物业安全管理包含的服务有居住物业的安全服务、居住环境的安全服务、居住活动的安全服务、居住者心理的安全服务四方面的内容。居住物业的安全包括房屋本体及配套设备设施在其生命周期内的安全以及使用过程中的安全。居住环境的安全包括卫生保洁服务、绿化管理服务、装修管理服务，以及由物理、化学、生物等因素造成的环境污染的预防和治理等。居住活动的安全包括公共场所交通秩序维护、车辆管理、消防管理、治安防范服务等内容。居住者心理的安全是居住安全需求更高层次的综合性反映，包括满足对居住者隐私权的保护和尊重的需要，满足居住者对物业区域的归属需要和认同需要，满足居住者对物业区域内人与人、人与自然和谐相处的心理需要等内容。狭义的物业安全管理主要是指居住活动的安全管理。一般来讲，物业安全管理主要包括以下几方面的内容。

（一）物业消防安全管理

物业消防安全管理主要是预防和控制火灾的发生，协助消防部门灭火。

（二）物业治安安全管理

物业治安安全管理主要包括治安维护管理、公共秩序维护管理。治安维护管理是指对扰乱社会秩序，妨碍公共安全，侵害公民人身权利，侵害公、私（他人）财产，尚不构成刑事处罚的行为和事件，进行强行管理的过程；公共秩序维护管理是指为维护物业的公共环境和秩序而采取的管理措施，如对乱摆卖、乱张贴、拾荒者和推销人员的管理，对业主纠纷进行协调和劝解等。

（三）物业车辆安全管理

物业车辆安全管理主要包括交通管理和车辆管理，交通管理的主要任务是保证小区内交通安全、畅通，维护小区内的交通环境；车辆管理的主要任务是防盗、防损、停放有序等。其目的是保证车辆和行人的安全。

（四）物业公共设施安全管理

物业公共设施安全管理主要是指对设备设施正确使用、操作，对设备设施及时维修、保养，使设备设施正常运行并始终处于良好状态，没有安全隐患，避免事故的发生。如水泵房、配电房、仓库等的安全管理。

（五）物业突发事件应急管理

物业突发事件应急管理主要是要求物业公司管理人员针对一些常见的突发事件制订应急预案，保证在关键时刻从容应对。物业公司面对紧急状况所采取的应对措施对广大业主而言是一种十分重要的保护，它能最大限度地降低突发事件给业主带来的危害。为确保及时、有效地解决问题，物业服务公司在建立健全各种应急处理预案的同时，还要提前培养、建立有应急服务技能的队伍，并能够对事件的起因和变异做调查分析，以不断丰富应急处理预案，确保为业主提供更满意的应急服务。突发事件主要有火灾、气体泄漏、水浸、电梯困人、小区突然停电、高空坠物、抢劫、盗窃、地震等。

三、物业安全管理的意义

（1）物业安全管理是维护社会安定团结、保障人民安居乐业的前提条件。整个国家和城市是由千千万万个社区组成的，只有做好各个社区的安全管理，才能实现社会稳定、人民安居乐业的目标。

（2）物业安全管理能为业主和使用人的人身、财产提供安全保护。

（3）物业安全管理是物业公司提高信誉，增强市场竞争力的重要途径。如果物业的安全管理做好了，物业才能少受或不受损失和侵害，其价值才能得到保持或增值，人们也才会更愿意购买物业。

（4）物业安全管理强调以物业风险责任为主体，突出对业主心理安全需求的认知和理解，使居住安全服务观念与以人为本、构建和谐社会的时代要求形成了有机而紧密的联系。

四、物业安全管理的目标

党的二十大报告指出，“完善社会治理体系，健全共建共治共享的社会治理制度，提升社会治理效能，畅通和规范群众诉求表达、利益协调、权益保障通道，建设人人有责、人人尽责、人人享有的社会治理共同体”。物业安全管理的目的是要保证和维持业主和使用者有一个安全舒适的工作和生活环境，以提高生活质量和工作效率，为了实现这一安全服务目的，物业管理企业应根据物业安全管理实际需求来制定所管物业的安全管理目标。

（一）安全管理目标设定的基准

（1）应达到国家和地方相关法规对物业安全管理的基本要求。

（2）应满足业主或使用人对安全的委托要求，即物业服务合同所规定的要求。

（3）应以物业管理行业安全管理优秀标准为目标。

（二）制定物业安全管理目标应注意的事项

（1）安全管理目标应与项目物业管理总体目标相适应。

（2）目标应具体，方便考核、检验，并便于制订相应的管理措施。如对治安管理和消防管理，应以治安案件发生率和火灾事故发生率来表述。

（3）目标应切合实际，即以现有的条件经过努力能够实现。

（4）在制定目标时应考虑成本因素。

五、物业安全管理的基本技术

（一）事故调查、分析、处理

事故调查报告应包括以下内容：

（1）对所发生事故的总结。

（2）事故发生前的状况的简述。

（3）事故调查中所收集到的信息。

（4）目击者陈述的详细情况。

（5）有关伤亡、损失的信息。

（6）结论。

（7）建议。

（8）支持材料（照片、图、表）。

（9）日期、调查者签名。

通过事故调查所提交的报告，需要进行分类及统计，从而得到关于事故原因及发生趋势等多方面的信息，此外还要对伤害性质进行分析。分类有利于在企业间、不同阶段间、行业间进行比较。其中还有一种很有用的分类方法是根据事故原因来分析。进行分类后，按一定时间段或年份进行统计。

通过对事故进行调查、记录、分类、统计、查找原因，预测事故发展趋势，为消除和控制事故提供整改措施和有关信息，同时为预防同类事故的发生提供科学依据。

（二）安全检查

1. 安全检查的任务

安全检查的主要任务是找出危险，提出消除或控制的方法。因此，安全检查后，有两点要求：一是指明危险的状态并进行纠正；二是改进操作和条件。

2. 安全检查的类型

安全检查的方式很多，常用的可分六类：

（1）法定检查：遵循安全法则的要求进行的检查。

（2）外部检查：由执法、保险、咨询单位开展。

（3）行政检查：上级管理人员巡视。

（4）例行检查：由主管在适当的时间内按计划开展。

（5）投产检查：对新的或重新调试的设备进行的检查。

（6）连续检查：由工人及主管进行，可以是正式的、预先计划的或者非正式的。

开展任何一项检查，都要掌握关于工作内容、硬件及所应用的法规、规程及标准等方面的知识。检查之后，要保证所有的有关问题都给予考虑并且采用同一个报告系统。这样使得必要的纠正行动得以实施，检查的结果能够在管理上体现出来。

3. 安全检查的原则

在安全检查开始之前，要对以下问题做出规定。这些规定对于检查的质量及目的具有极其重要的影响。

（1）哪些事项需要检查？有些内容来自检查项目清单，这种专门为检查设计的表格是有用处的，检查表提醒执行检查的工作人员需要检查的主要事项并且作为记录保存。在表上再加上时间、评述及签名，这份表格就可作为一份保存的记录。

（2）表中所列项目的哪些方面需要检查？由于外因、内因等所造成的不安全现象，都有可能引起危险的发生，故应全部列入受检的范围。

（3）什么样的状态需要检查？关于这个问题，最好在检查表上说明。如果没有相应的技术标准，要用文字说明所要检查的状态。

（4）需要多长时间进行一次检查？在没有法定要求、标准或规范指导的情况下，这个问题将取决于失效后果的严重性，要注意所检查的事项以某种形式失效而造成伤害的可能性。另外，该问题也取决于受检事项可能出现不安全因素的快慢。

（5）由谁来进行检查？每个工作人员都有责任对其所在的工作场所进行非正式检查。主管应为总的检查做出计划，并周期性地参加作业场所中重要事项的检查。产品或服务使用人代表也应当有检查的权力，在情况允许时，应鼓励他们参加。经理应做周期性的检查，在开展正式的检查时，要在场。

4. **检查的技术**

（1）必要的知识和经验。对于执行检查的工作人员而言，必须配备必要的设备，具有必要的知识和经验，充分了解技术标准及法规要求；还必须能完全遵守现场规则，包括正确地穿戴及使用个体防护用具，做到以身作则。

（2）制定并使用检查表。检查表用来确定要点并记录结果，但必须与检查的内容一致。

（3）会记笔记。不能只靠记忆，要求学会做笔记，然后整理到检查表中，即使检查后的存档报告有书面正式报告，在现场也要做记录。

（4）善于查阅和应用存档报告。在开始一个新的检查之前，最好能够阅读之前的存档报告。这种做法将有助于检查那些过去的检查评述是否已按要求采取了行动。

（5）善于思索和提问。在检查中，不仅要看，而且要问和答。比如“出现了情况应该怎么办?”之类的问题是最难回答的。在实际的操作方法及可能的改进意见方面，人们往往过低地估计工人意见的价值，其实，在有关工作系统及方法方面，仅靠检查很难掌握事情的全部，所以还需要正确地向有关人员提问。

（6）善于发现和跟踪。在发现丢失及损坏物件时，要跟踪调查而不能只是记录在表上。

（7）随时纠正危险。在检查中凡遇到危险的情况并构成对人员及财产的严重风险时，应随时纠正而不要等到有书面报告后再处理。

（8）尽量做定量测试。在适当的地点，应对作业场所的状态做定量测试。这些测试结果可以作为今后检查时进行比较的依据。没有定量的结果就难以管理。

（9）随时纠正不安全行为。在检查过程中，对于不安全的行为要随时记录在案并进行纠正。如不使用安全装置、不使用个体防护用品、在禁烟区吸烟等。

（10）检查风险评估。在检查过程中，对风险评估的核查应是其中的一项内容。

（三）安全管理

1. **目标**

安全管理的目标是获得全体有关人员对于安全行动的支持，开展宣传、教育和培训，使全体人员能够认识并纠正危害；通过设计及风险评估达到对危害的控制，并且用合理有效的检查计划获得效果的反馈信息，确保危害得到控制；在风险评估基础上，采取控制措施，遵守标准及规范。

2. **保障措施**

完整的安全管理保障措施由以下五方面组成。

（1）安全政策制度保障。需要有全面的安全政策，并在所有的业务活动及决策中得到有效贯彻。这些政策的法令条文构成了良好的安全管理的核心。对各管理层面提出的基本要求，用书面文件的形式详细地规定应承担的责任，再定期检查这些责任是否得到了履行。

（2）组织保障。为使安全政策能够得到有效贯彻，要求员工都要积极参与并做出承诺。动员大家参与控制风险的活动，形成一种“安全文化”的氛围。

（3）计划与执行保障。通过计划保证安全工作的有效性，建立和维持一个计划系统并使其通过正常运行来达到目的。这个系统的特点有：一是明确任务和目标，这些任务和目标是能够完成的且是互相联系的；二是对管理和风险控制建立标准，这些标准的建立是以危害识别、风险评估以及把法律的要求作为可以接受的最低标准为基础的；三是考虑风险并加以控制。

（4）对实施情况进行测量。对安全管理活动进行监测，从而对实施活动进行有效的度量。

（5）对实施结果进行评估并审核。审核可以使管理人员保证其政策得以执行并收到理想的效果。审核使监测计划得到充实。

案例评析

值班保安员应文明劝说并立即邀请业主前来。

当装修人员欲动手时，保安部门工作人员应告诉他们保安员已去邀请业主前来核实了。和业主协商处理，以避免激化矛盾。业主赶到后，保安员不再与装修人员沟通，而应马上向业主说明情况，讲明管理制度，争取业主的理解。业主理解后请业主向装修人员解释。

任务二　物业消防与治安管理

案例导入

遇到火警消防栓不出水怎么办？

胡女士入住某高层住宅小区还不到1个月。一天，胡女士家厨房内发生火灾，其家人急忙跑到楼层消防栓处，打开水源开关，拉着软管一边向屋里跑，一边打开喷枪开关，结果喷枪内滴水未出。幸亏楼层灭火器箱内有几只灭火器，在闻讯赶来的周围邻居和物业公司值班保安员的帮助下，及时扑灭了火灾。后经了解，消防栓不出水是因为小区内有居民盗用消防栓里的水，物业公司担心水费超标，所以擅自将消防栓的阀门关掉了。胡女士以此为由向该小区物业公司提出赔偿经济损失的要求。

？问题与思考

1. 针对胡女士的情况，物业公司应该如何做？
2. 在事情处理完毕之后，物业公司应该做哪些后续工作？

知识探究

一、物业消防管理

消防管理在物业管理中占有非常重要的地位。物业管理中最常见的意外事故是火灾，给业主的生命财产带来最大危害的也是火灾。做好消防工作是物业安全和社会安定的重要保障。

（一）物业消防管理的含义和目的

1. 消防管理的含义

消防管理就是遵循火灾发生和扑救活动的客观规律，依照消防法规和消防工作方针、原则，运用科学管理的理论和方法，通过一系列的管理职能，合理而有效地利用人力、物力、财力、时间和信息等资源，为达到预定目标而进行的各种消防活动。

做好消防工作，需要消防的设施到位、技术到位和管理到位，不仅需要一定的消防技术、防火硬件设施，更需要有效的管理。只有管理有效，消防设施、消防技术才能最大限度地发挥作用。

2. 消防管理的目的

消防管理是物业管理中的一项重要工作，它直接关系到住户的生命财产安全。物业消防管理的目的是为了预防物业火灾，最大限度地减少火灾损失，为用户提供安全环境，保障其生命财产安全。

（二）小区常见的火灾情况

（1）业主外出，但家中厨房忘记关火。

（2）冬季不正确使用电暖器、电热毯等，夏季不正确使用空调、电风扇等。

（3）家中小孩玩火。

（4）私自熏制腊肉、香肠等。

物业工作人员一旦发现有此类安全事故发生，如果火势不严重，应立即就近用灭火器将其扑灭；如果火势严重，应立即拨打 119 求救，并告知业主情况。在消防部门赶到前，先组织人员采用灭火器扑救。

（三）预防火灾的基本措施

1. 控制可燃物

具体方法有：控制可燃物品的储存量；以难燃或不燃材料代替易燃或可燃材料；用防火涂料浸涂可燃材料，提高其耐火极限；保持可燃物处于良好的通风状态等。

2. 隔绝助燃物

即破坏燃烧的助燃条件，具体措施有：将易燃、易爆物的生产置于密闭的设备中进行；对容易自燃的物品进行隔绝空气存放；变压器充惰性气体进行防火保护；关闭防火门、窗，切断空气对流；用沙、土覆盖可燃油液等。

3. 消除着火源

具体措施有：安装防雷、防爆装置；采取控温、遮阳等措施；在建筑物之间构筑防火墙，即在同一大厦不同楼层之间及同一楼层的不同区域之间安装防火卷帘等。

（四）火灾扑救的基本方法

1. 窒息灭火法

窒息灭火法是指根据可燃物燃烧需要足够的氧气的条件，采取适当措施阻止空气进入燃烧区，或使用惰性气体冲淡空气中的氧气含量，使燃烧物缺乏氧气的助燃而熄灭。这种灭火方法适用于扑救密闭的房间、生产装置和设备容器内的火灾。

2. 冷却灭火法

冷却灭火法是指根据可燃物发生燃烧必须达到一定温度的条件，将水或灭火剂直接喷洒在燃烧物上，使燃烧物的温度降低到燃点以下，从而终止燃烧。此法还可用于冷却尚未燃烧的物体，如建筑构件、设备等，避免其受热辐射影响而发生燃烧或爆炸。

3. 隔离灭火法

隔离灭火法是指根据发生燃烧必须具备可燃物的条件，将与燃烧物邻近的可燃物隔离开，阻止燃烧进一步扩散。

4. 抑制灭火法

抑制灭火法是指将灭火剂喷在燃烧物上，使其参与燃烧反应，促使燃烧中产生的游离基消失，形成稳定分子或低活性游离基，从而使燃烧终止。

（五）常用消防设施、设备和器材

1. 灭火器

灭火器是一种可由人力移动的轻便灭火器具，它由筒体、筒盖、瓶胆、喷嘴等部件组成。灭火器种类较多，按其移动方式主要分为手提式和推车式两种。

2. 火灾自动报警系统

火灾自动报警系统的作用是第一时间探测到火灾的发生并发出警报，以便采取措施，预防和减少火灾的发生，降低造成的损失。按监测火灾特性的不同，火灾探测器通常分为感烟式火灾探测器、感温式火灾探测器、感光式火灾探测器、可燃气体火灾探测器。

3. 自动喷淋灭火系统

自动喷淋灭火系统是按适当间距和高度安装一定数量喷淋头的供水灭火系统，主要由喷头、阀门、报警控制装置和管道等组成。

4. 消防栓系统

消防栓系统主要由供水泵、管网、消防栓、水带、水龙头、喷水栓、报警按钮及报警电话等组成。

5. 防排烟系统

现代化的高层楼宇里在安全通道附近都会安装防排烟系统。

6. 加压送风系统

发生火灾时，为防止烟雾、毒气进入疏散通道及消防电梯厅，除安装防火门外，还应在每一层的疏散楼梯及消防电梯前安装百叶式加压送风系统，以供应充足的新鲜空气，确保人员疏散和消防电梯的正常运行。

7. 安全通道与消防电梯

当火灾发生时，相关人员可通过安全通道（即防火楼梯）进行紧急疏散，使人员直达室外或其他安全处（如避难层等）。消防电梯是供消防灭火、抢救伤员、运输消防器材专用的电梯。

（六）物业消防管理组织机构的建立

物业消防管理组织机构应设立三级，并任命三级消防机构责任人。三级消防机构的人员由总经理根据实际需要来确定。

1. 一级机构

物业公司总经理为公司消防责任人（由当地政府消防安全部门任命），负责消防管理组织机构的建立和消防工作的组织及安排。总经理要负责组建公司防火安全委员会，确定委员会成员人选，并明确其职责，负责有关消防法规的贯彻和消防规章制度的建立，研究解决消防人员、设备等方面的重大问题，定期组织消防安全检查及消防演习。

2. 二级机构

管理处负责人作为第二级消防机构的责任人，负责管理处各部门消防责任制度的制定和日常消防工作的监督与指导。

3. 三级机构

物业部或其他部门主管作为第三级消防机构的责任人，负责部门消防的监督、检查和日常管理工作。如工程部负责对疏散出口指示灯、应急灯、灭火器、防火门进行维修、保养工作，并负责建立《消防设备设施一览表》。物业消防公司还可以委托专业消防公司负责消防设备设施的维护、保养、检修、试验，物业部则负责对专业消防公司进行监督、检查。

（七）物业消防管理措施

1. 贯彻落实“谁主管，谁负责”的消防原则

“谁主管，谁负责”原则的核心就是层层落实消防责任制，从而调动各部门、各岗位和全体员工做好消防工作。物业公司各级消防机构负责人要对自己工作范围内的消防安全负责。

2. 建立健全消防安全制度

（1）消防中心值班制度。消防值班人员必须树立高度的责任感，严肃认真地做好消防中心的值班监控工作。

（2）动用明火管理制度。

（3）施工防火安全管理制度。凡是进入辖区物业内并进入室内装修的施工单位都必须遵守物业公司的装修安全管理规定，以确保施工中的消防安全。

（4）重点部位消防管理制度。

（5）消防安全检查制度。

3. 加强防火管理

防火管理是消防工作的重中之重，尤其是机房、油库、仓库、厨房、商场、资料室、娱乐场所等物业重点区域的防火管理。为此应在以下方面加强管理：

（1）消防中心对各区域实施 24 小时监控，认真落实巡逻制度。

（2）合理设置防火分区，以防火门或卷帘为分隔。每个防火分区均设防火责任人，加强监控中心的监控和日常巡视检查，发现事故隐患及时排除，保持消防设备设施完好。

（3）区域内禁止吸烟，严禁携带火种进入，在醒目位置设置“严禁吸烟”“严禁烟火”“严禁火种入内”等标示牌。

（4）杜绝管辖区域电气设备超负荷工作的现象，排除一切火灾隐患。

（5）对于公共区域，按防火分区设置责任人，定时、定期检查、保养消防设备设施和其他电气设备。

（6）对食堂厨房等重点防火区域，除严格按规章制度实施管理外，还应加大消防检查力度

4. 加强消防教育培训

（1）对员工的培训教育。

（2）对业主的宣传教育。

资料链接

家庭火灾逃生知识

1. 家庭防盗网一定要留逃生口，逃生口钥匙要放在固定和易取的地方，以便逃生。

2. 火灾袭来时要迅速逃生，不要贪恋财物。

3. 家庭成员平时就要了解并掌握火灾逃生的基本方法，熟悉逃生路线。

4. 受到火势威胁时，要立即披上浸湿的衣物或被褥等向安全出口方向逃生。

5. 穿过浓烟逃生时，要尽量使身体贴近地面，并用湿毛巾捂住口鼻。

6. 身上着火时千万不要奔跑，可就地打滚或用厚重的衣物压灭火苗。

7. 遇火灾时不可乘坐电梯，要向安全出口方向逃生。

8. 室外着火，门已发烫，千万不要开门，以防大火蹿入室内，要用浸湿的被褥、衣物等堵塞门缝并泼水降温。

9. 若逃生线路被大火封锁，要立即退回室内，用挥舞衣物、呼救等方式向窗外发送求救信号，等待救援。

10. 千万不要盲目跳楼，可利用疏散楼梯、落水管等逃生自救。也可把床单、被套撕成条状并连成绳索，紧拴在窗框、暖气管、铁栏杆等固定物上，用毛巾、布条保护手心，顺绳滑下，脱离险境。

二、物业治安管理

（一）物业治安管理的含义

1. 治安

治安的含义有两层。一是指社会治安秩序，如我们常说：某物业小区治安好，就是说这个小区的公共秩序和社会治安比较好，通俗地讲就是，在这里人身和财产安全有保障；二是指维护治安秩序的社会活动，如要搞好办公楼的治安工作，这里的治安是指一切维护治安秩序的行为。从行为角度来看，广义上的治安工作包括治安立法、治安执法和治安司法等内容，狭义的治安工作主要是指治安执法，即治安行政管理工作。

2. 治安管理

治安管理是国家为维护公共秩序和社会治安而依法组织的行政管理工作，它是国家行政管理的重要组成部分，是维护社会秩序的重要手段。

违反治安管理的行为很多，《中华人民共和国治安管理处罚法》根据违法内容的不同，将违反治安管理的行为归纳为以下几类：（1）扰乱公共秩序；（2）妨害公共安全；（3）侵犯他人人身权利和财产权利；（4）妨害社会管理秩序；（5）违反交通管理秩序；（6）违反户口或居民身份证、出租屋管理规定。

资料链接

违反治安管理的行为与犯罪行为的区别

第一，情节轻重和对社会危害大小不同。犯罪行为重于违反治安管理的行为，社会危害性大于违反治安管理的行为。

第二，触犯的法律不同。犯罪行为触犯的是《中华人民共和国刑法》，违反治安管理的行为触犯的是《中华人民共和国治安管理处罚法》。

第三，应当受到的处罚不同。犯罪行为受刑罚处罚，违反治安管理的行为受治安管理处罚。

3. 物业治安管理

物业治安管理是指物业公司依照我国治安管理的法律、法规和规章制度，运用物业管理的手段和方法，为维护物业管理区域内的治安秩序，预防各种治安危害的发生，针对所管物业实施的一系列管理活动。其目的是保障物业公司所辖物业区域内的财产不受损失，人身不受伤害，工作、生活秩序正常。

物业治安管理是我国治安管理制度中群防群治的重要环节，是在物业管理组织和公安部门的双重指导下开展工作的，但不得行使公安部门所拥有的治安管理权力。

物业治安管理一般由专业的保安公司或物业公司的保安部门来实施。根据工作性质，物业保安可分为门卫保安、巡逻保安和守护保安等。

（二）物业治安管理的内容

1. 预防和制止违反治安管理的行为

（1）预防和制止扰乱公共秩序的行为。

（2）预防和制止妨碍公共安全的行为。

（3）预防和制止侵犯他人人身权利和财产权利的行为。

（4）预防和制止妨碍社会管理秩序的行为。

（5）预防和制止违反交通管理秩序的行为。

（6）预防和制止违反户口或居民身份证、出租屋管理规定的行为。

2. 维护小区正常秩序

（1）保护各类治安事件现场，疏导群众，维护秩序。

（2）维护小区内的交通秩序。

（3）协助小区内住户报警。

（4）为行人、住户指引带路，救助突然受伤、患病、遇险等孤立无援的人，帮助遇到困难的伤残病人、老人和儿童。

（5）受理拾遗物品，设法送还失主或上交。

（6）巡视小区内的安全防范情况，提示公司的有关部门、商铺、住户清除隐患。

（三）物业治安管理的方式

物业治安管理方式根据物业使用性质的不同而有所不同。主要有两种：一种是封闭式管理；另一种是开放式管理。在管理过程中，也有一些物业管理是将两种方式结合起来进行的。

（1）封闭式管理。封闭式管理的特点是将整个物业管理区域作为一个封闭体系，通过建立一整套登记、巡逻、审查等管理程序来实现封闭管理。封闭式管理要求物业公司的保安人员每天24小时巡逻、看守，用户通行要有专用通行证件，外来人员须征得物业内用户同意并办理登记手续方可入内。这种治安管理方式比较适用于一些特殊行政管理部门或一些住户有特别要求的居住小区和写字楼等的物业管理。

（2）开放式管理。一些大的住宅小区、宾馆、商厦、写字楼等无法实行封闭式管理，可采用开放式管理，这些场所外来人员一般可以自由进出，无需办理专用通行证件。开放式管理是目前物业治安管理比较普遍的方式。

（四）物业治安管理的设施和装备

要做好物业安全管理工作，离不开安保设施和装备。近年来，发展迅速的智能化、现代化设施在物业安全管理中发挥了重大作用。安保常见的设施有电视监控系统、电子报警系统、出入口控制系统、电子巡更系统等，保安人员常配备的装备有对讲机、警棍等。

1. 电视监控系统

电视监控系统是对建筑物内的主要公共活动场所、通道、电梯及重要部位和场所等安装摄像机并进行有效监视和记录。具体是指对重要部门和设施的特殊部位能进行长时间录像；在接到报警系统和出入口控制系统的示警信号后可以进行实时录像。组成电视监控系统的主要设备包括电子摄像机、屏幕显示器、录像机、中央微处理机、中央供电器等。

2. 电子报警系统

电子报警系统是在物业管理区域内的重点部位安装的系统，主要是用于防盗、防火、防破坏、防意外事件等。根据各类建筑安全防范部位的具体要求和环境条件，可分别或综合设置周界防护系统、建筑物内区域或空间防护系统、重点实物目标防护系统。

3. 出入口控制系统

出入口控制系统主要是对楼内（外）通行门、出入门、通道、重要办公室门等处设置出入口控制装置。系统应对被设防区域的位置、通过对象及通过时间等进行实时监控和设定多级程序控制；系统应有报警功能。出入口控制系统主要有以下几类：

（1）密码钥匙。这是一种特殊而有效的安全保护装置，它不是只靠钥匙的形状不同打开锁，而主要是靠密码的差异来区分每把钥匙所能打开的锁。这种锁具有记忆功能，它能记录开锁的时间和持有钥匙的人。

（2）安全卡。安全卡实际上也是一种钥匙，它的作用与密码钥匙相同，只是安全卡是一种磁性卡，比密码钥匙更难仿造。

（3）远距离控制门锁。这类门锁适用于高层或多层住宅。当有客人来访时，客人可以通过通信装置接通要拜访的住户，住户与来访者通过对讲装置或电视监视器确认可以放行时，住户在自己家内即可打开入口门让来访者进入。

4. 电子巡更系统

电子巡更系统是在物业管理区域内各个要害地点和部位设置的专门巡更确认点，它可以弥补监控不到位的部位或死角的安全防范问题，保证巡更值班人员能够按巡更程序所规定的路线与时间到达指定的巡更点进行巡视，不能迟到，更不能绕道。其作用不仅可以对保安人员出勤进行准确的管理，也可以对保安人员的安全进行充分的保护。目前，比较先进的巡更系统由手机、墙机、打印机等组成。墙机主要安装在需要巡视的部位，手机主要由巡逻保安人员掌握，在到达指定部位时，将手机插入墙机方孔内，手机即可记录巡逻人员巡逻的信号、日期、时间，监督人员便可通过手机显示屏或专用打印机输出记录内容，以便查阅巡逻状况。

5. 对讲机

对讲机是目前专职人员常用的寻呼、联络、通信设备，一般由电源板、主机、天线三部分组成，主机上设有寻呼频道旋钮与音量旋钮。需对讲、联络时，双方必须把旋钮转到同一频道。一般对讲机设有多个频道。

6. 警棍

警棍的种类很多，如木质警棍、塑料警棍、橡胶警棍、气动警棍、铝制警棍、直式警棍、爪式警棍、垂直手柄警棍、隐蔽式警棍、伸缩式警棍、电击警棍以及催泪警棍等。警棍主要作为公安人员执行公务时逮捕、制服罪犯和自卫的武器。通常情况下，保安人员不得佩带警棍。但对于承担易燃、易爆物品守卫、巡逻、守护和押运任务的保安人员，可由所在单位向市（县）以上公安机关提出配置警棍的申请，经批准后，到公安部指定的经销单位购置。

（五）物业治安管理机构的设置

物业治安管理机构的设置与所管物业的类型、规模有关，物业管辖的面积越大，类型配套设施越多，班组设置也就越多越复杂。物业公司可以聘请专业的保安公司具体实施，也可以设置保安部来负责物业的安全管理。

大型物业公司一般在保安部下设办公室、门卫室、巡逻班、电视监控班、车辆保安班等。这种分班方式的特点是每个班治安任务专一，便于人员及治安设备的管理。这种分班方式的缺点是每个班的成员（如门卫保安员）不能同时上班，要分成早班、中班、晚班及轮休等，因而不利于治安工作的统一管理。

有的物业公司则按“四班三轮转”的方式设置治安管理机构，即将不同工作性质的保安人员按照每一班次的工作需要分成四个班组，每天有三个班组分别上早班、中班、夜班，一个班轮休，每个班都有消防、巡逻、门卫、电视监视、车场、内巡等保安员。这种分班方式便于治安工作的统一管理，但是要求班长具有较为全面、丰富的保安工作经验。

（六）物业治安管理的措施

1. 预防为主、防治结合

治安工作关键是做好预防工作，防患于未然。

2. 坚持物业治安管理与社会治安管理相结合的原则

物业安全离不开社会治安大环境的改善，同样，社会治安也不能失去物业区域治安工作的支撑。物业区域内的治安工作有赖于社会力量和公安部门的支持。

3. 坚持“服务第一，以人为本”的服务宗旨

管理就是服务，安保也是一种服务。治安管理者必须紧紧围绕努力为业主、使用人提供尽善尽美的服务这个目标来开展治安管理工作。

4. 坚持治安工作硬件与软件一起抓的原则

要做好物业管理中的治安工作，既要依靠治安工作的软件管理，也要依靠治安工作的硬件设施。

案例评析

物业公司针对胡女士的投诉，应深刻认识自己的错误，用较好的态度与胡女士协商，赔偿部分财产损失，争取业主不追究法律责任。

物业公司应立刻对小区内的消防设施进行检查，消除消防隐患，避免被消防部门处罚，并大力落实各项消防措施，加强消防巡查工作。另外，物业公司还可以充分利用这一典型案例，宣传《消防法》的有关规定，要求广大业主配合做好消防工作，不得随意使用、挪用消防器材，树立消防意识，共同维护小区的安全环境。

任务三　物业车辆与公共设施安全管理

案例导入

客户轿车丢失怎么办？

近日某商业大厦内的客户轿车丢失。大厦管理人员说，当客户在大厦停车场停车时，车辆管理员曾给客户发过停车卡，停车卡上写有“本大厦停车场只提供车辆的场地使用，不负责车辆的保管，请各位车主自行保管”。该客户现因车辆丢失向物业公司索赔，但是物业公司拒绝赔偿，于是双方发生激烈争执。

？问题与思考

1. 你认为物业公司的做法正确吗？
2. 物业公司应该给予赔偿吗？为什么？

知识探究

一、物业车辆安全管理

（一）物业车辆安全管理的必要性

（1）物业管理区域内车辆在逐年增加。

（2）城市规划跟不上房地产开发的需要，不少物业没有停车场或停车位严重不足。

（3）有的物业公司管理不善，造成物业区域内车辆乱停乱放现象严重。

（4）物业管理区域内车辆被盗现象时有发生。

（5）物业管理区域内会发生行车事故。

（二）物业车辆安全管理的内容

物业车辆安全管理包括道路管理、交通管理、车辆管理、停车场管理四部分。

1. 道路管理

道路管理的主要任务是制定物业道路设施的管理办法，负责物业道路的养护维修和设施的日常管理，对非法占用道路的行为进行纠正和处罚。物业管理企业应建立专门的道路及设施的养护维修队伍。其主要工作内容是：

（1）掌握各类设施的布局、结构情况。

（2）负责对道路的日常巡查，随时发现并纠正违反物业管理规定的现象，并根据物业道路管理规定做出相应的处理。

（3）执行物业管理企业下达的道路维修计划。

（4）负责道路设施的日常养护工作，随时了解设施的运行状况，发现异常及时上报和处理。

2. 交通管理

交通管理的任务是正确处理人、车、路的关系，在可能的情况下做到人车分流，保证居住区内交通安全、畅通，重点是机动车行车管理。物业管理企业除了要加强对车主和广大住户的宣传教育外，还要制定居住区道路交通管理规定，主要内容有：

（1）建立机动车通行证制度，禁止过境车辆通行。

（2）根据区内道路情况，确定部分道路为单行道，部分交叉路口禁止左转弯。

（3）禁止乱停乱放车辆，尤其是在道路两旁。

（4）限制车速，铺设减速墩，确保行人安全。

在物业管辖范围内，发生交通事故，应及时报请公安交通部门处理。

3. 车辆管理

车辆管理包括对机动车、电动车、自行车的管理。应实行物业管理企业与公安交通部门管理相结合的原则。物业管理企业的主要职责是禁止车辆乱停乱放和防止车辆丢失、损坏。

（1）机动车管理。机动车管理是通过门卫管理制度和车辆保管规定来落实的。门卫包括停车场门卫和物业区域大门门卫。对进出的机动车必须执行验证放行制度，对外来车辆要登记。对车辆的保管，物业管理企业应与车主签订车辆保管合同或协议，确定停车地点，收取停车费，明确双方责任。

（2）电动车、自行车管理。居住区内为确保电动车、自行车的存放安全，应设有专人看守的存车处。车主需委托保管车辆时，应先办理立户登记手续，领取存车牌，并按指定位置存放，物业管理企业负责其安全。

4. 停车场管理

无论是住宅小区还是商贸楼宇，都应设专用的机动车停车场。停车场分地上停车场（停车楼）和地下停车库两大类。其管理要点基本相同，主要有以下四点：

（1）场内车位划分要明确。为了安全有序地停放车辆，避免乱停乱放现象，停车场内应用白线框明确划分停车位。停车位分固定车位和非固定车位、大车位和小车位。车主必须按分类使用车位，需经常停放的车辆，应办理手续付费使用固定车位，外来车辆和临时停放的车辆付费使用非固定车位。

（2）场内行驶标志要清楚。为便于管理，停车场一般只设一个进口和出口，进出口的标识一定要明确，场内行驶路线要用标识牌、地下白线箭头指示清楚。

（3）进出停车场管理要严格。车辆进入停车场要验证发牌并做登记，驶离停车场时要验证收牌，对外来车辆要计时收费。在车辆进出高峰期间，管理人员还要做好现场车辆的引导、停放与疏散工作。

（4）车辆防盗和防损坏措施要得力。为避免停车场内车辆被盗和被撞等事件的发生，一方面管理人员要加强对车辆进入的登记与车况的检查，实行 24 小时值班制度和定期巡查制度；另一方面提醒车主在停车场内要服从管理人员的指挥与安排，缓慢行驶，注意安全，按规定车位停放车辆，离开时锁好车门，将防盗系统调至警备状态，随身带走贵重物品。

（三）物业车辆安全管理的目标

为保障物业管理区域的安全，规范辖区内的车辆停放管理，为业主提供高效且安全的服务，保障车辆停放有序，交通顺畅，避免交通事故、车损事故、车辆丢失事故的发生，要做到以下几点：

（1）交通组织规划合理，交通设施标识完好。

（2）交通通行顺畅，无事故发生。

（3）机动车和非机动车分类停放，停车场整洁有序，无车损和偷盗事故。

（四）物业车辆安全管理的岗位设置及职责

1. 车辆管理人员的岗位设置

车辆管理一般设置门岗、巡逻岗、车场管理岗。

2. 车辆管理人员的岗位职责

（1）熟悉物业管理区域内的车辆流通情况、车位情况，全力引导，优先保证业主使用车位。

（2）负责对停车场（库）的汽车、摩托车，以及保管站内的自行车进行管理。

（3）实行 24 小时轮流值班，服从统一安排调度。

（4）按规定着装，佩戴工作牌，对出入车辆按规定和程序指挥放行，并认真填写《车辆出入登记表》。

(5) 遵守规章制度，按时上下班，认真做好交接班手续，不擅离职守。

(6) 按规定和标准收费，开具发票，及时上交营业款。

(7) 负责指挥小区内车辆行驶和停放，维持物业管理区域的交通秩序和停车秩序。

(8) 负责对停车场的停放车辆进行巡视查看，保证车辆安全。

(9) 发生意外事故时，负责维护现场，及时报告并配合相关部门进行处理。

(10) 负责停车场（库）值班室的清洁卫生。

(11) 定期检查停车场（库）内治安设施是否完好、有效，如有损坏及时报告管理处进行处理。

（五）物业车辆安全管理的制度

为加强对出入和停放小区车辆的管理，维护小区的正常生活秩序，确保住户的生命财产安全，应对出入和停放小区的车辆、停车场、收费等的管理进行相应的规定。

1. 门卫管理制度

门卫管理制度包括停车场的门卫管理制度和物业区域大门的门卫管理制度。

2. 车辆保管规定

依照国际惯例，物业公司应与车主签订车辆停放管理合同或协议，明确双方的责任。另外，对外来车辆的管理也应有相应规定。

资料链接

某小区车辆管理制度

一、车辆管理规定

1. 凡装有易燃、易爆、剧毒等危险性物品的车辆，严禁驶入小区。2t 以上的卡车不得进入小区，特殊情况除外。

2. 本小区有车辆的住户，应向本公司申请办理通行 IC 卡，凭 IC 卡通行大门。在小区停放，按规定收取 IC 卡工本费、停车费。

3. 本小区住户车辆进入小区后，有车库的住户必须将车停放在车库内，无车库的住户必须将车停放在指定停车位置，严禁乱停乱放。

4. 非本小区住户的车辆，进入大门时应主动向门卫出示证件，并说明进入原因，符合进入条件的领取临时通行 IC 卡并做好登记方可进入小区，严禁冲闯大门。出小区时收回 IC 卡，并按停车时间收取停车费。遗失、损坏 IC 卡的，照价赔偿。

5. 进入本小区的货车，卸完货物后应及时离开小区，因故不能离开的，应将车辆停放在指定的停车位置。

6. 进出、停放车辆必须服从小区管理人员的管理。进小区的车辆应减速行驶，时速不得超过 5km，不得鸣笛。如车辆损坏路面或公用设施，应照价赔偿损失，并视情节处以罚款。

7. 车辆在小区内停放应当在划定的停车位内有序停放，并不得有以下行为：(1) 车辆停放在小区治安通道口；(2) 阻碍物业管理区域内的主要交通道路；(3) 车辆停放在绿地上；（4）影响其他业主使用物业公共设施设备。

8. 管理人员必须坚持原则，严格执行车辆出入、停放管理规定，发现可疑情况及时报告。不得利用工作之便与车主拉关系，收受贿赂，放松管理，违者从严处理。

违反以上规定者，按小区有关规定办理，情节特别严重的，移交公安部门处理。

二、停车场（库）管理规定

1. 停车场必须有专职保管人员24小时值班，建立健全各项管理制度和岗位职责，将管理制度、岗位责任人和保管站负责人的姓名和照片及收费标准悬挂在停车场（库）出入口的明显位置。

2. 停车场（库）内按治安要求设置治安栓，配备灭火器，由服务中心治安负责人定期检查，由车管员负责管理使用。

3. 在停车场（库）和小区行车道路上须画好行车线、停车位（分固定和临时），在停车、转弯、减速、治安通道等处安装标识牌，并在主要行车道转弯处安装凸面镜。

4. 在停车场（库）出入口设置垃圾桶（箱），在小区必要位置设路障和防护栏。

5. 机动车进场（库）时应服从车管人员的指挥，遵守停车场（库）的管理规定，履行机动车进出场（库）的有关手续，并按规定缴保管费。

6. 集装箱车、2.5t以上的货车（搬家车除外）、40座位以上的客车、拖拉机、工程车以及运载易燃、易爆、有毒等危险物品的车辆不得进入小区（大厦）。

7. 不得损坏停车场（库）治安、通信、电器、供水等场地设施。

8. 保持场（库）内清洁，不得将车上的杂物和垃圾丢在地上，发生漏油、漏水时，车主应立即处理。

9. 禁止在停车场（库）内洗车（固定洗车台除外）、修车、试车、练习。

10. 根据公司规定，如因车主不慎造成车辆损坏或丢失的，停车场概不负责；如车主有特殊保管或保险需求，可与公司另行协商确定收费标准并签署协议。

三、收费人员管理制度

1. 举止文明，姿态端正，热情服务，礼貌待人，耐心解释用户提出的各种问题，树立公司的良好形象。

2. 加强学习，不断提高业务技能，熟练掌握收费系统的操作。

3. 坚守岗位，认真履行职责，做好车辆出入登记，尤其对临时出入本小区的车辆要严格进行对比检查，收回IC卡后方可放行。若IC卡丢失，值班人员要照价赔偿；如遇车辆丢失，值班人员应承担相应的责任。

4. 坚持原则，严格执行收费标准，按照票额开具发票，不得徇私舞弊、利用工作之便与车主乱拉关系、收受贿赂、放松管理，违者从严处理。

5. 爱护设备，不得擅自修改系统的各种设置、删除资料和进行非法操作，严禁私自在电脑上安装各种软件，不得进行玩游戏、看视频等其他操作，违者从严处理，并承担由此所造成的一切损失。

6. 如遇停电或设备出现故障应及时报告上级，维持好车辆出入秩序，认真做好登记，防止IC卡丢失。对停电或设备出现故障期间所收回的未付款IC卡应分类保管，交收费管理员处理。

7. 认真交接班，如实做好各项登记。

8. 维持收费岗亭良好秩序，保持收费岗亭及出入车道的卫生整洁。

二、物业公共设施安全管理

（一）物业公共设施概念

物业公共设施是指为该物业的公共利益或公共服务在该物业所属地块范围内装设的供所有业主享用的各种设备、装置、器械、场所等。包括大堂及通道、电梯、扶手梯、楼梯间、人行道、行车道、梯台、绿化区、休憩场所、监控室、电表房、锅炉房、电闸控制房、泵房、给排水管道、治安及保安设备控制房、水箱、升降机房、发电机房、空调机房、游泳池、健身房等。

物业公共设施对于丰富物业的使用功能必不可少，然而这些设施设备若缺乏维护管理、缺少警示标识、经常“带病工作”，一旦出现故障，就会给使用者带来很大的安全问题。

（二）物业公共设施的安全隐患

（1）电梯系统运行故障。
（2）给水排水设备故障。
（3）燃气输送系统故障。
（4）供配电设备故障。
（5）健身设施和游乐设施破损。
（6）水景、假山、雕塑缺少警示标识和防护措施。
（7）井盖被挪移或被偷盗。
（8）用玻璃幕、面砖、大理石等装饰的外墙破损坠落。
（9）空调室外机、花架、晒衣架、防盗窗等室外悬挂物损坏坠落。
（10）玻璃大门、旋转门伤人。

资料链接

某物业公司公共设施日常维修方案如表8-1所示。

表8-1　某物业公司公共设施日常维修方案

序号	类别	项目	日常维修			
			计划	方案	标准	实施效果
1	区内道路	路面、人行道、缓路径、道牙	每天检查两遍	由养护处维修工按项目维修规程实施	路面修缮质量标准，人行道铺设修缮标准	平整、无坑尘洼、无积水、无缺损
2	室外照明	道路灯、庭院灯、高杆灯、投光灯及其他照明灯	每天检查一遍	由养护处维修工按专业操作规程实施	电气作业安全操作规程，灯具施工技术标准	灯泡正常使用，灯罩完好，清洁灯杆及灯座无破损
3	园林绿地	绿化、雕塑小品、循环水池	每天检查一遍	环境管理部进行绿化补种，园艺维修	绿化工作标准；园林工作标准	绿化管理设施、设备齐全完好；雕塑小品等园艺完好；绿化完好；循环水系统顺畅

续前表

序号	类别	项目	日常维修			
			计划	方案	标准	实施效果
4	活动中心		每天检查一遍	由养护处专业维修工按相关维修规程实施	活动中心维修工作标准	各项设施、设备完好，正常使用
5	车库		每天检查两遍	由养护处专业维修工按相关维修规程实施	灯具照明亮度达到要求；停车场地面修缮标准	车库内照明无死角，无损坏
6	消防设施及排水管网	排水管、室外消防栓、水泵结合器	每周检查一遍	由养护处专业维修工按相关维修规程实施	排水管施工技术标准；消防设施施工技术标准	管道畅通，无堵塞；无泄漏；消防设施正常有效
7	公共标识设施	标识牌、警示牌	每周检查一遍	由养护处专业维修工按相关维修规程实施	标识清楚，无污迹、损坏；安放牢固	标识设施完好；标识勿损坏
8	景观廊架		每周检查一遍	由养护处专业维修工按相关维修规程实施	无翘边、损坏的木结构	无乱搭建，整洁、通畅；外观完好
9	其他公共设施	垃圾堆放点及围栏、围墙	每周检查一遍	由养护处按相关维修保养规程实施	无破损、脱落；泄水通畅	确保垃圾转运站正常使用
10	公共智能化系统	摄像监控系统、电子巡更系统、车辆管理系统、智能控制中心	每天对摄像监控系统的监视器、控制器、摄像头等的外观及控制性能检查一遍；每天对电子巡更系统读卡机外观的连接处及性能查一遍；每天对车辆管理系统的IC卡读卡器的外观性能、闸杆的外观及运行情况检查一遍；每天对智能控制中心的电脑的外观、运行情况、传输线路、传输性能、软件及数据的运行情况等检查一遍		由养护处按智能化系统维护保养标准维护	系统性能良好，正常运行；设施完好，整洁有序，无破损
11	背景音乐	音响、播放机	由养护处人员和保安队不定期对小区内的背景音乐进行检查		音响效果良好，正常播放	音响效果良好，播放机正常播放背景音乐
12	商业用房		每周检查一遍	由养护处按相关维修保养规程实施	相应建筑部分维修保养规程；电气设备维修保养规程	正常、安全使用，各项设施设备完好

（三）物业公共设施安全管理的意义

（1）物业公共设施的安全管理在为人们提供良好的工作、学习和生活环境方面，起到了基础性的管理作用，并为此提供了有力保障。

（2）物业公共设施的安全管理是实现物业高效率发挥使用功能，促进物业管理现代化、规范化的有力手段。

（3）物业公共设施的安全管理是提高现有设备设施性能与完好率，延长设备设施使用寿命，节约资金投入，保障设备设施安全运行的保证。

（4）物业公共设施的安全管理是城市现代化建设的需要，为城市环境卫生建设工作保驾护航。

（5）物业公共设施的安全管理有助于维护和提升物业管理企业的基础建设水平。

（四）物业公共设施安全管理的目标

用好、管好、维护检修好、改造好现有的公共设施，提高公共设施的完好率及利用率。

（五）物业公共设施安全管理的注意事项

（1）物业公共设施安全事故可能造成或已经造成人员被困或人身伤害的，坚持“解救人员第一，保障财产安全第二”的原则，立即解救被困人员并拨打120，对伤员进行抢救。

（2）排除物业公共设施安全事故故障时，应注意保全证据，对事故原因进行调查取证，以便事后确定事故责任方。

（3）对电梯等物业公共设施故障的处理应在专业维保单位的指导下进行，当专业维保机构人员到达现场后，应立即向其陈述事故的起因、严重程度、危害范围、紧急处置过程等详细信息，并积极协助处理。

案例评析

物业公司的做法是正确的。

本案例中级物业公司不用承担赔偿责任。因为本案例中的物业公司提供的仅是停车位，这种停车位有偿使用的合同关系，在停车卡上已经标明（本大厦停车场只提供车辆的场地使用，不负责车辆的保管，请各位车主自行保管），即物业公司提供的仅是停车服务而不是保管服务，所以本案例中的物业公司不用承担赔偿责任。

任务四　物业突发事件应急管理

案例导入

酗酒后的访客自伤怎么办？

一天晚上10时左右，某小区值班人员通过监视器发现正在下降的1号电梯内情况异常。有两个年轻访客斜倚着轿厢，身上有明显的血迹。电梯到达一层，电梯门打开，两个年轻访客身上散发着很重的血腥气味，踉踉跄跄地走出来，其中一人的手背还在淌血，所经之处血迹斑斑。经查，两人是小区业主带回来的朋友，业主临时有事外出，两人醉酒后打碎了楼道消防橱窗，被玻璃划伤了。

? 问题与思考

1. 遇到上述突发事件，物业管理人员应具备什么心理素质？
2. 遇到上述情况，物业管理人员应该如何做？

知识探究

一、失火

（1）当消防监控中心接报火警或在园区范围内发现火警时应保持冷静，并立即用对讲机通知火警附近的秩序维护员赶到报警现场。

（2）到达现场后检查火警是否属实，如属误报应立即用对讲机通知消防监控中心，并调查误报原因；如属实应立即用对讲机或电话报警请求增援。

（3）到就近的消防箱内提取灭火器前往火场扑救。

（4）消防监控中心将所发生的火灾情况通报相关责任人。

（5）义务组织消防队到场扑救。

（6）消防监控中心详细记录相关负责人到达现场的时间，作为日后调查的依据。

（7）向秩序维护主管请示是否通过消防广播系统通知所有业主全面疏散。

（8）通知消防监控中心、工程部将所有的电梯迫降在首层，切断总电源。

（9）组织疏散队伍将业主疏散到指定安全地点。

（10）提供园区平面图供消防队制订灭火计划。

（11）维持现场秩序，除消防员外，禁止任何人进入火灾现场。

（12）在指定的安全集合点，要求各单元的消防责任人清点人数以确保所有人已安全撤离。

（13）当火扑灭后，经公安消防部门同意方可安排业主分批进入。

（14）及时通知保险公司。

（15）评估损失情况。

（16）做好相关记录并拍照存档，填写损失清单。

二、泄漏气体

（1）当接获气体泄漏通知或察觉异味时应迅速穿戴防毒面具、消防服装前往现场查看，同时关闭气体总开关。

（2）查看人员在离现场 50m 时，应先用对讲机通知控制中心将准备进入危险范围，并关闭对讲机、手机。

（3）到达现场后，切勿按动门铃或触动任何电器，以免产生火花而发生爆炸。

（4）缓慢打开现场窗或门让空气流通。

（5）封锁现场，禁止任何人进入现场，同时通知其他业主撤离。

（6）如有人晕倒应立即将其搬到户外空气流通处进行急救，并等待救援。

（7）通知工程部或有关部门进行抢修。

（8）拍照存档。

（9）及时通知保险公司。

三、水浸

（一）暴雨洪水

（1）当接到政府有关部门暴雨洪水预报后，物业公司应立即成立临时紧急救援小组。

（2）对重点保护部位（变电所、空调主机房、水泵房、电梯和地下车库等）采取紧急防范措施。

（3）在各机房门口放置手提式抽水泵以备应急。

（4）工程部需做好相关准备。为免雨水倒灌，可先放下停车场入口两条渠内铁闸封住倒灌口。同时工程部主任需安排人员到负一层集水井和车库巡查，观察集水井处积水情况，并将情况反馈给客服部。客服部需安排人员巡查车库及主干道地漏去水情况，做好初步防洪处理，并将了解的情况及时汇报。

（5）将抽水泵接驳管准备好，以便在入口水渠满水时，立即接驳抽水泵并启用，当班主管在必要时应立即组织本部、工程部及清洁公司做好防洪闸。若发现马路上的雨水涌入停车场入口时，可调动人员于入口最顶处堆放沙包以阻挡水流。

（6）停车场入口开始做防洪工程时，注意事先通知停车场员工，并安排人员到入口和出口处指引车辆暂时由出口进出，同时在入口处摆放告示牌。将入口处的停车票拿到出口，手写停车票，入场时车辆尽量安排停泊在负一层。

（7）当负一层集水井开始有水倒灌时，除通知不要安排车辆停泊在一层外，还要及时通知各车主将停泊于负一层的车辆驶走。

（8）雨水倒灌入车场时，把电梯停在首层，以免电梯受淹而引发故障。

（9）各部门需要按实际情况调配人手协助抢险工作。

（10）检查接电部分是否受水淹影响并及时修缮受损设备，尽量避免损坏。在必要时可先关掉设备并切断电源以免发生意外。检查各排水系统及设施是否处于备用状态。

（11）派人留守值班。

（12）如有受损情况，做好记录并对现场进行拍照，提交保险公司。

（二）水管爆裂

（1）当发现有水浸现象时，应立即通知工程部当班人员关闭相应的总阀，并将浸水情况通报物业公司负责人。

（2）将电梯升至顶层并关闭电梯。

（3）用沙包筑墙阻止水势蔓延，避免给其他业主及公共设施设备造成更大损害。

（4）通知保洁应急人员赶往现场，用吸水机对积水进行抽干清理。
（5）通知物业受损的业主赶往现场，以避免造成更大的损失。
（6）工程部抢修。
（7）现场拍照并做好相关受损物品的登记。
（8）提交保险公司。

四、电梯困人

（1）发生电梯因人事件时应立即查看监控中心闭路电视和显示信号。
（2）确定被困人所处电梯的编号及所停位置。
（3）通知值班电工立即赶往发生故障的现场，从闭路电视中观察轿厢内的情况，用轿厢内设置的对讲机与被困者保持联络，尽量安抚使其冷静，并告知最新的施救情况。
（4）向被困者询问轿厢内的照明和排气是否正常。
（5）劝说被困者坐下休息。
（6）查探被困者是否患有心脏病或呼吸困难，若有应及时拨打120。
（7）若电工不能在短时间内救出被困者，应立即致电维护商寻求支援。
（8）当被困者被救出后应询问是否需要帮助。
（9）督促电梯维保公司找寻故障原因，尽快修复。
（10）协助客服部做好回访工作。

五、高空坠物

高空坠物是一种极其危险的行为，严重者可能触犯法律，当物业公司员工接到该类投诉时，必须做到：
（1）立即进行调查，设法寻找行为人。
（2）向行为人发出警告，并可知会警方。
（3）如果未能找出行为人，应张贴告示警告所有业主，并指出该行为的严重性。
（4）拍照存档。
（5）记录相关情况。
如高空坠物致人受伤，物业公司员工应：
（1）打120并通知警方。
（2）协助照顾伤者。
（3）设法寻找行为人或证人。
（4）封锁现场，等待警方人员到场。
（5）对现场进行拍照并存档。

六、抢劫盗窃

（1）当接到有人已经犯案或意图犯案时立即派人赶往现场。

（2）督促业主拨打110报警。

（3）询问嫌疑人特征及逃离方向，用对讲机或电话通知各出入口门卫及巡查人员密切注意有无可疑人员。

（4）协助业主保护好现场，直到警方到达现场。

（5）配合公安机关做好调查工作。

（6）将过程记录在工作日志内。

七、车内失窃

（1）接到车主或目击者报告车内被盗，立即派人赶往现场。

（2）仔细观察出事车辆情况。

（3）封锁现场，禁止任何人接触车辆。

（4）保护现场证物并拍照存档。

（5）建议车主报警。

（6）检查车辆出入记录，翻查控制中心监控录像，看能否发现与案情有关的信息。

（7）询问当班秩序维护员在案发前后有无发现异常情况。

（8）组织人员巡查各公共部位，搜查犯罪嫌疑人是否隐藏在小区内。

（9）将相关情况记录在工作日志内。

八、机动车丢失

（1）车主报告有关车辆遗失或怀疑车辆被盗时，向车主索取有关资料并做好详细记录（如车辆类别、车牌号码、车辆进入时间等）。

（2）向停车场管理员查询有关资料。

（3）翻查录像。

（4）陪当事人到停车场进行全面搜查。

（5）建议车主报案。

（6）将相关情况记录在工作日志内。

案例评析

对于本案例突发事件的处理，首先要保持冷静，弄清事情真相，不要妄下结论，一旦造成误解或在错误判断的引导下处理问题，就会给工作带来难以弥补的损失。

本案例值班人员能够及时发现异常，说明其工作认真负责，而观察如此之细，很大程度上得益于监控设备良好的技术状态，为在第一时间妥善地处理问题抢得了先机。值班人员应马上通知巡逻保安员并报告物业公司领导，然后继续密切监视显示器中的变化。保安员可机警地迎住两人，物业公司领导随之赶到并在快速地弄清情况后，应当机立断，指挥有关人员采取一系列急救措施。如立即将伤者送往医院并检查治疗；详细记录现场情况，保存好现场录像；迅速清洁大堂、电梯和楼道，然后喷洒空气清新剂；想办法联系业主，请其来物业公司商讨善后处理事宜。

项目小结

物业安全管理是从业主居住安全的需求出发，尊重业主和他们的隐私权，保护其居住权，促进物业区域环境的最优化、居住场所的有序化、人际关系的和谐化，最终达到他们心理上安全需求的满足感而提供的一种系统的、综合的、连续的服务。狭义的物业安全管理主要是指居住活动的安全管理。物业安全管理是物业管理的重要组成部分，是提升物业质量的重要手段和途径。

拓展园地

平凡物业人，服务暖人心

有这样一群人，他们平时是普普通通的物业工作人员，但在业主需要帮助的时候，处处都能看见他们的身影。在这群人中有这样一个人，无论休假还是工作，只要业主的一个电话，他总是以最短的时间出现，他就是金鑫源物业服务的香颂城小区的一名普通秩序队员——吴学安。

几年前，香颂城小区业主谢先生在骑车时遭遇车祸，导致高位瘫痪，只能卧床或者坐轮椅，这一突然变故彻底改变了他的生活，带来诸多不便。吴学安在得知谢先生的情况后，无论是上班还是休假都默默无闻给予他帮助，还互相留下联系方式，以便谢先生家人外出后也能够及时上门对他进行帮助。吴学安不仅经常照顾谢先生的生活起居，还对他进行心理辅导，让他逐渐对生活重拾信心，也露出了久违的笑容。

吴学安表示："我能够做的仅仅是一些力所能及的事情，他才这么年轻就遭遇这么大的变故，心里还是挺难受的，所以能够帮助到他我很开心，经常开导他能够让他心情愉悦，对他身体是非常有好处的。同时，我也经常听到一些传闻，有人觉得我是有所图。但我觉得问心无愧就好，帮助别人其实也是在帮助自己。"

谢先生的父亲说："这位工作人员经常帮忙照顾儿子的个人生活，还对他进行心理辅导，真的是帮了我们家的大忙了，非常感谢他。"物业小区负责人高经理表示，吴学安自从了解到这家业主的情况，就一直在给予帮助，不求回报，这不仅传承和弘扬了中华民族的传统美德，也体现了大公无私、默默奉献的精神。他用真心为业主服务，在平凡的岗位上诠释着自己的人生价值，希望所有物业人员以吴学安为榜样，在工作中做好本职工作，在生活中帮助他人，用实际行动给予业主帮助和关怀，用贴心的服务提升业主的幸福感。

资料来源：佚名．平凡物业人 服务暖人心——记物业人吴学安工作纪实．眉山人网，2021-09-14.

思考：学习完上述案例后，你如何理解物业服务？

实训练习

一、选择题

1. 根据《物业管理条例》第（　　）的条规定：物业服务企业应当按照物业服务合同的约定，提供相应的服务。因物业服务企业未能履行物业服务合同的约定，导致业主人身、财产安全受到损害的，应当依法承担相应的法律责任。

A. 56　　B. 35　　C. 24　　D. 32

2. 消防管理的基本原则是（　　）。

A. 谁主管，谁负责　　B. 依靠群众

C. 依法管理　　D. 预防为主，防消结合

3. 违反治安管理，主要根据（　　）进行处罚。

A.《中华人民共和国刑法》

B.《中华人民共和国治安管理处罚条例》

C.《中华人民共和国劳动合同法》

D.《中华人民共和国刑事诉讼法》

4. 从狭义来看，物业安全管理主要是指（　　）的安全管理。

A. 居住物业的安全管理　　B. 居住环境的安全管理

C. 居住活动的安全管理　　D. 居住者心理的安全管理

5. 当火灾发生时，下列情况错误的是（　　）。

A. 最大限度地保持镇静　　B. 选择拥挤的路线逃生

C. 充分利用身边的工具逃生　　D. 保持足够的体能

二、案例分析题

案例名称	高空抛物，车辆受损
工作任务	某日下午4点左右，值班保安员在检查小区停车场停放的车辆时，发现一辆白色桑塔纳车的前挡风玻璃被一花盆砸坏了，地上散落着泥土及花盆碎片
完成时间	40分钟
任务目标	知道发生突发事件时该如何处理
任务要求	1. 遇到这种情况，保安员应该怎么做？负责小区安全的负责人又该如何做？ 2. 物业公司在事件处理过程中和事件处理完毕后需要做哪些事情？
研讨内容	
研讨成果	
讨论过程	
自我角色	
自我评价	
小组评价	
教师评价	

参考文献

［1］张天琪，黄金华．物业环境管理［M］．北京：中国财富出版社，2011.

［2］宁艳杰．物业环境管理［M］．北京：中国林业出版社，2013.

［3］张秀萍．物业环境管理与服务（第二版）［M］．北京：中国建筑工业出版社，2013.

［4］余源鹏．物业环境管理（绿化保洁培训与管理手册）［M］．北京：机械工业出版社，2014.

［5］康亮．物业绿化管理（第二版）［M］．上海：华东师范大学出版社，2015.

［6］刘夔．庭院景观养护管理［M］．北京：机械工业出版社，2015.

［7］田禹，刘德明．物业管理概论［M］．北京：清华大学出版社，2015.

［8］王素梅．物业管理概论［M］．北京：机械工业出版社，2008.

［9］戴璐．物业环境管理［M］．武汉：华中科技大学出版社，2004.

［10］刘嘉．物业环境与安全管理［M］．北京：中国建筑工业出版社，2006.

［11］武永春．物业管理［M］．北京：机械工业出版社，2009.

［12］郭淑芬，田霞．小区绿化与景观设计［M］．北京：清华大学出版社，2006.

［13］余源鹏．物业环境绿化与清洁管理实操一本通［M］．北京：机械工业出版社，2009.

［14］宋英华．突发事件应急管理导论［M］．北京：中国经济出版社，2009.

［15］余源鹏．物业安全管理——治安、交通、车辆、消防、应急管理与培训手册［M］．北京：机械工业出版社，2014.

图书在版编目（CIP）数据

物业环境管理/张天琪主编．—北京：中国人民大学出版社，2018.8
教育部中等职业教育专业技能课立项教材
ISBN 978-7-300-25475-3

Ⅰ.①物… Ⅱ.①张… Ⅲ.①物业管理-环境管理-中等专业学校-教材 Ⅳ.①F293.347

中国版本图书馆 CIP 数据核字（2018）第 027045 号

"十三五"职业教育国家规划教材
教育部中等职业教育专业技能课立项教材
物业环境管理
主　编　张天琪
副主编　郭　冰　周道姗　李昌茂
Wuye Huanjing Guanli

出版发行	中国人民大学出版社		
社　　址	北京中关村大街 31 号	**邮政编码**	100080
电　　话	010－62511242（总编室）		010－62511770（质管部）
	010－82501766（邮购部）		010－62514148（门市部）
	010－62515195（发行公司）		010－62515275（盗版举报）
网　　址	http://www.crup.com.cn		
经　　销	新华书店		
印　　刷	北京溢漾印刷有限公司		
开　　本	787 mm×1092 mm　1/16	**版　　次**	2018 年 8 月第 1 版
印　　张	15	**印　　次**	2023 年 6 月第 2 次印刷
字　　数	360 000	**定　　价**	32.00 元

版权所有　侵权必究　印装差错　负责调换